웃음의
철학

서양 철학사 속 웃음의 계보학

웃음의
철학

**Kleine
Philosophie des Humors**
Manfred Geier

**만프레트
가이어**
지음

이재성
옮김

글항아리

차례

일러두기

원서에서 이탤릭체로 강조한 것은 고딕체로 표기했다.

짧은 서곡 또는 '철학이란 웃음이다'

흔히 사유는 풍자와 유머보다 높이 평가된다.
그리고 이러한 평가는 우스운 것에 대한 의미를 전혀 모르는
사상가에 의해서 내려진다. 정말 웃기는 일 아닌가?[1]

— 쇠렌 키르케고르(1846. 2. 27)

모든 것은 헤이그에서 시작되었다. 나는 갈수록 거세지는 폭우를 피해 마우리츠하위스 미술관으로 몸을 피했다. 당시만 해도 나는 이 건물의 의미를 전혀 알지 못했다. 이 건물은 나사우의 백작 요한 마우리츠가 1634년과 1644년 사이에 의고주의擬古主義 양식으로 지은 저택으로, 홀란트와 제일란트의 통령統領 자리에서 물러난 백작이 헤이그에서 남은 생애를 보내기 위해 마련한 거처였다. 마우리츠의 저택이 박물관이 된 것은 1822년으로, 그리 많은 미술품을 소장하고 있지는 않지만 가히 걸작의 보고라고 할 만한 오라녜 왕실의 미술관이 있는 곳이다. 우리는 이곳에서 홀란트와 플랑드르 회화의 황금시대를 연 당시의 피터르 브뤼헐, 한

스 홀바인, 페테르 파울 루벤스와 프란스 할스의 유명한 작품들을 감상할 수 있다. 또한 이곳에는 렘브란트의 저 유명한 「툴프 박사의 해부학 강의」(1632), 즉 공개적인 시체 부검에서 의사가 벌거벗은 사자死者의 왼쪽 팔을 해부하면서 근육과 건을 노출시킨 어두운 그림도 걸려 있다. 그리고 이곳에서는 얀 페르메이르의 신비한 피조물인 「진주 귀걸이를 한 여자」도 감상할 수 있다. 그러나 내 시선을 잡아끈 어떤 그림에 의해 이 모든 걸작은 뒷전으로 밀려났다. 그 그림 속의 젊은 남자는 폭소를 터뜨리며 지구본 위로 몸을 숙이고 있다. 새끼손가락과 검지를 내민, 약간은 파렴치한 제스처를 취하고 있는 듯한 그는 마치 세상을 농락하려는 것처럼 보인다. 그의 웃음은 명랑하고 유쾌하며 환호하는 듯도 하다. 그러나 그 웃음에는 약간의 조소도 섞여 있다. 그것은 악마의 표정이 깃든 세상에 대한 장난스러운 비웃음이었다.

나는 그 웃음 속에서 사육제 때 마음껏 웃음을 분출함으로써 사회적인 가치들과 위계질서를 뒤엎은 중세와 르네상스의 민속 문화를 느꼈다. 그러나 그림 속 웃음에는 그보다 더 많은 의미가 담겨 있었다.[2] 적어도 내게는 그 웃음이 특수한 상황에서 터져나오거나 어떤 특정한 것을 향하지 않은, 철학적인 웃음으로 이해되었다. 말하자면 세상 전체를 향한 시대 초월적 웃음이었다. 그것은 보편적인 웃음이며, 유쾌하고 조롱 섞인 주인공의 표정이 관찰자에게 전염되는 웃음이었다. 그림 속 주인공을 바라볼수록 나 스스로도 웃음을 참기 힘들었다.

나는 마우리츠하위스 미술관의 한 코너에서 웃는 소년의 복사본 한 점을 샀다.(그러나 이 그림을 그린 화가와 그림의 주인공에 관심을 갖게 된 것은 몇 년이 지나서였다.) 크기가 84.5×73센티미터 인 이 그림에는 'JoM'이라는 이름의 머리글이 새겨져 있다. 박물 관의 소장품 카탈로그에 이 그림은 705번으로 등록되어 있었고, 요하너스 모레일서라는 이름을 발견할 수 있었다. 그러나 모레일 서라는 작가에 대해 알아보기는 생각보다 어려웠다. 몇 권이나 되는 예술사 백과사전에는 등장하지 않는 인물이었고, 인터넷 구글에서 검색해도 그에 대한 명확한 정보를 얻을 수 없었다. 모 레일서라는 이름을 검색할 때마다 확인할 수 있는 정보는 1571 년에 태어나 1638년에 사망한 위트레흐트 출신의 화가 파울뤼 스 모레일서에 대한 내용뿐이었다. 가끔은 폭소를 터뜨리는 철 학자의 그림 복사본에 이 화가의 이름이 인쇄되어 있었다.[3] 혹시 'JoM'이라는 화가가 자신의 이름을 잘못 알고 있었던 것은 아닌 가 하는 의심이 들 정도였다.

그러나 요하너스 모레일서라는 화가는 실제로 존재했다. 그는 파울뤼스의 아들로, 1602년에 위트레흐트에서 태어났으며 1634년 에 아버지보다 먼저 사망했다. 그리고 오늘날까지 아버지의 그늘 에 가려 빛을 보지 못하고 있다. 나는 「헤라클레이토스」라는 작 품을 통해 그에 대한 정보를 알게 되었다. 두 손을 깍지 끼고 이 맛살을 잔뜩 찌푸린 채 지구본을 내려다보는, 탄식하는 노인의 모습이 담긴 그림이었다. 그리스 철학자 헤라클레이토스를 형상 화한 이 노인에게 세상은 아마도 한탄하며 울 수밖에 없는, 참으 로 우울한 곳임에 틀림없다.

요하너스 모레일서는 울고 있는 헤라클레이토스에 대조되는 작품으로 웃고 있는 데모크리토스를 그렸다. 육체적인 욕망을 겸비한 이 젊은 르네상스인이 구현한 늙은 연구자 데모크리토스는 진정한 지혜를 사랑하는 자Philo-sophos였을 뿐만 아니라 유머와 웃음을 사랑하는 자Philo-gelos이기도 하다. 그의 사유는 신적인 웃음Gelos('Geols'가 그리스어로 웃음을 뜻하며, 어원은 건강hele이다 ─옮긴이), 즉 인류의 어리석음에 대한 웃음이 특징이다. 데모크리토스에게 인간은 웃을 수 있기 때문에 특별한 존재이기도 하지만 조롱감이 될 수밖에 없는 운명에 처해 있기도 하다. 삶을 즐기듯 쾌활하면서도 조롱하듯 우월하게 웃고 있는 데모크리토스의 미묘한 매력은 이러한 조화 속에서 비로소 드러난다.

요하너스 모레일서가 아버지의 유명세에 가려졌던 것처럼 데모크리토스에게도 그를 압도하는 인물이 있었다. 적어도 서양 철학사는 그렇게 기록하고 있다. 그러나 프리드리히 니체 같은 철학자들은 그 사실을 매우 못마땅하게 여겼다. 데모크리토스의 등장으로 인해 서양 철학은 인간의 존재를 "올바른 길로 이끌어 갈" 수 있었지만 소크라테스와 그의 제자 플라톤 "때문에"[4] 한 번도 그 목적에 도달하지 못했기 때문이다. 도덕적 진지함과 인식론적 엄격함으로 무장한 그들은 웃음을 철학으로부터 추방했다. 철학자들은, 적어도 플라톤의 저작들이 기초를 닦아놓은 철학적 전통에서는 웃지 않는다.

데모크리토스는 에게해의 북쪽 해안에 위치한 도시 압데라 출신이었다. 압데라는 트라키아 지방에 속해 있었다. 철학에서 또는 철학적인 이유로 찾아보기 어려운 데모크리토스의 웃음과 같은 유쾌함은 아마도 트라키아 사람들 특유의 것인지도 모른다. 밤하늘의 별을 바라보며 걷느라 웅덩이에 빠진 밀레토스학파의 탈레스를 비웃었던 트라키아의 젊은 하녀에 관한 이야기는 이미 속담이 되어 있었다. 플라톤은 진지한 철학자의 원형인 탈레스와 "유머가 넘치며" "예뻤다"[5]는 젊은 하녀가 마주친 장면을 묘사했고, 그 결과 이 에피소드는 철학을 모르는 무지한 사람들의 투박한 단순함을 역설하는 본보기가 되었다.

"철학은 웃음이다. 그리고 무지할 때 웃는다."[6] 웅덩이에 빠진 철학자에 대한 비웃음을 거부했던 플라톤으로부터 오늘날에 이르는 이 기나긴 이야기의 핵심을 한스 블루멘베르크는 이렇게 요약했다. 이는 바보스러운 사람들만이 철학과 철학의 전문가들을 보고 웃을 수 있다는 말이 아닌가. 그렇다면 철학 안에 웃음을 위한 자리는 없다는 것인가? 철학적인 관심을 지닌 채 웃음의 금기를 거부한 영리한 사람들은 정말 없단 말인가?

당연히 있다. 그러나 우리는 그들을 애써서 찾아내야만 하며, 그 탐색 과정에서 가끔은 철학사의 본류에서 벗어나 표면에 드러나지 않는 흐름으로 깊이 들어가야 한다. 왜냐하면 강단 철학 내에 있는 엄숙한 플라톤과 그의 수많은 추종자 말고도 독자적인 전통을 개척한 데모크리토스 같은 철학자들이 존재하기 때문이다. 따라서 나는 데모크리토스와 디오게네스에서 출발하여 칸트와 키르케고르를 넘어, 언어에 대한 철학적인 경탄을 해학으로 승화시켜 웃음의 재미를 직접적으로 체험하게 해준 카를 발렌틴에 이르기까지 2000년을 아우르는 철학사를 짚어보고자 한다.

트라키아의 하녀를 따랐던 많은 추종자도 배제할 수 없다. 그녀의 웃음에는 엄숙한 철학자들이 감히 꿈도 꿀 수 없었던 명민함이 엿보인다. 그녀의 웃음은 지혜에 대한 사랑을 획득하기 위해서는 생생한 삶과 거리를 유지할 수밖에 없다는 유럽 철학의 근본적인 거짓을 한순간에 꿰뚫어보는 해방적인 웃음이다. "젊은 트라키아 여인은 노예임에도 불구하고 억압당한 여인이 참아내야 하는 고통 또는 묵묵한 순종을 대변하지 않는다. 트라키아 여인의 모습은 신랄한 냉소를 머금은 방식으로 지혜의 짧은 잠언을 포함하는 웃음의 폭발을 말해준다. 탈레스와 더불어 현실을 이탈하기 시작한 철학에서 세상의 일들은 언제나 비밀일 수밖에 없다."[7]

인간의 웃음은 삶을 실천적lebenspraktisch으로 이해한 세상의 가장 아름다운 작업 가운데 하나다. 유머에 관한 우리의 작은 철학은 이러한 웃음의 원인에 대한 탐구다. 한편으로는 사람들이 왜 웃는지 그리고 무엇에 대해서 웃는지를 해명할 것이며, 다른 한편으로는 "근사하고 흔하지 않은 재능"[8]인 유머가 인생과 작품에 중요한 역할을 했던 웃는 철학자들의 존재를 일목요연하게 설명할 것이다. 물론 나 자신이 그들과 동감한다는 것은 두말할 나위 없다.

WORÜBER
KLUGE
MENSCHEN
LACHEN

Kleine
Philosophie
des
Humors

venschen Lachen

1장

철학으로부터
웃음의 추방

아테네 출신의 플라톤이
우스꽝스러운 것에 대해서 사유했으나
정작 자신은 웃지 않은 이유

아테네 출신의 플라톤(기원전 428~기원전 347)이 오늘날 우리
가 이해하고 있는 철학의 토대를 마련했으며 우리에게 가장 많
은 영향을 끼친 위대한 사상가라는 사실을 의심할 사람은 아무
도 없을 것이다. 물론 유럽의 철학 전통이 무궁무진한 관념의 풍
요의 원천이라 할 수 있는 "플라톤의 저작들에 대한 일련의 각
주들로 이루어진 것"[1]이라는 단언은 과장일지도 모른다. 어쨌든
다른 수많은 동시대인과 달리 거의 모든 저작이 보존되어 전해
지는 이 위대한 철학자는, 그의 사상을 따르고 싶지 않더라도 적
어도 철학하려는 의지가 있는 한 그 누구도 벗어날 수 없는 영
향력을 지속적으로 끼쳐왔다.

'도대체 철학이란 무엇인가?'라는 물음 역시 플라톤식 질문이다. 이 물음에 대한 답변은 철학함의 모든 가능한 형식을 단순하게 확인하는 것으로 얻어질 수 없으며, 진정 철학함은 무엇을 의미하는가라는 본질로서의 그 '무엇'을 향해 있다. 그리하여 플라톤은 그의 스승인 소크라테스를 따라 다음과 같이 묻는다. 미美란 무엇인가? 덕德이란 무엇인가? 진정한 앎Wissen이란 무엇인가? 그리고 그는 엄청난 정신적 에너지로 (찬성과 반대, 문답법을 통해 무엇이 옳으며 무엇이 옳지 않은 것인지를 증명하려 했던) 정교하게 발전시킨 대화법 형태로 이러한 물음들을 갈고닦았으며, 이에 대한 답변을 찾으려고 노력했다.

이때 플라톤은 전승된 의견들에 의존하지 않으려 했으며, 단지 어떠한 것을 주장하기 위해서 우연히 옳은 것일 수도 있는 의견을 펼치려 하지도 않았다. 그는 앎을 추구했고, 동시에 인식 가능한 것의 가장 깊은 근거를 찾으려고 했다. 그는 결국 다른 무엇보다 더 플라톤이라는 이름과 결부되어 있는 '이데아'에서 그 근거를 발견했다고 믿었다. 그는 다양하고 변화무쌍한, 감각적으로 지각할 수 있는 물질의 세계를 벗어나서 근원적이며 변하지 않는, 감각으로는 파악할 수 없으며 이데아의 왕국에 대한 인간 영혼의 "참여Teilhabe"라는 정신적 행위를 통해서만 이해할 수 있는 비물질적인 이데아로 올라섰다.

플라톤은 존재의 실재를 가상의 세계에 대비시켰고 관념적인 이데아의 직관을 감각적인 지각에 대조시켰다. 그는 단순한 주장과 더불어 모든 형태의 가상 지식Scheinwissen에 맞서서 이데아

플라톤의 관점에서 '웃는 철학자'는 '나무로 된 쇠'와 같이 모순된 단어의 결합일 수밖에 없었다.

의 지식에 도달하고자 했다. 이때 선善의 이데아는 방향을 제시하는 나침반 역할을 할 뿐만 아니라 그의 인식적 관심의 최종적인 목적이기도 하다.

플라톤은 철학의 본질에 있어서 근본적인 의미를 차지하는 선의 이데아라는 목적에 도달하기 위한 새로운 길을 걸었으며, 새로운 길을 개척했다. 그리고 우리는 오늘날까지 그 길을 따라 움직이고 있다. 그러나 그는 동시에 특정한 양식의 철학함을 발전시켰고 특수한 유형의 철학자를 특징지었다.(진지함은 진정으로 지혜를 사랑하는 자의 본질적인 특징이다.) 웃으면서 거리 두기도, 유희적인 즐거움도, 가볍게 살아가는 유쾌함도, 이데아 인식 Ideen-Erkenntnis의 사상적인 엄숙함과 정신적인 깊이에는 어울리지 않는다. 플라톤 유형의 철학자는 웃지 않는다. 그는 모든 것을 진지하게 받아들인다.

플라톤과 함께 웃음은 철학에서 추방되었다. 플라톤의 관점에서 "웃는 철학자들"은 "나무로 된 쇠"나 "검은 우유"와 같은 모순적인 단어의 결합일 수밖에 없다. 철학의 이데아와 비교할 때 철학자의 본질은 그를 웃지 못하게 만들었다. 그럼에도 불구하고 철학에서 웃음을 추구하는 사람은 진정한 철학자라기보다는 단지 진정한 철학자처럼 보일 뿐이다.

플라톤의 웃음과 관련해서 널리 유포되었던 일화에 따르면, 그는 "어린 시절 매우 예절 바르고 규칙적인 아이였기 때문에 지나치게 웃지는 않았을 것"[2]이라고 한다. 약 20세의 나이에 추종하기 시작한 소크라테스(기원전 469~기원전 399)와의 두터운 관계도 플라톤의 흥을 돋우는 데 크게 기여하지 못했다. 아테네 시민들이 자랑히는 지식은 착각일 뿐이며 그늘의 생활 방식은 도덕적으로 아무 짝에도 쓸모없다는 사실을 증명함으로써 소크라테스가 아테네 시민들을 혼란에 빠뜨린 것에 대해, 수많은 젊은 아테네 청년과 마찬가지로 플라톤도 처음에는 즐거워했을지 모른다. 그러나 이 도덕주의자가 아테네 시민들에게 (돈과 명성 대신에) 영혼의 "상태를 돌보도록"(Apologie 29e) 끊임없이 양심에 호소했던 도덕주의적인 엄격함에 대해서는 웃을 수 없었다. 사람들은 이 괴팍한 양반을 피하는 쪽을 선택했기 때문이다. 소크라테스의 대화 상대였던 메논은 그를 아주 정확하게 "머릿속이 혼란한 전기메기"에 빗댈 정도였다.

"전기메기는 다가와서 만지려 하는 사람들을 얼어붙게 만듭니다. 나는 당신이 내게 그러한 일을 저지르고 있다는 느낌을 받습니다. 그렇지 않고서는 어찌 내가 이리 경직되었겠습니까? 내 영혼과 몸은 얼어붙어 당신에게 무슨 대답을 해야 할지 모르겠습니다. 나는 덕에 관해서 수천 번, 그리고 수많은 사람 앞에서 내가 생각하기에 아주 훌륭한 연설을 해왔으나, 이제는 도대체 덕이 무엇인지조차 모르겠습니다."(Menon 80a)

플라톤은 오로지 자발적인 책임감에 따라 자신의 "다이몬 daimon", 즉 선善을 향한 내적 동기를 따랐을 뿐인 소크라테스가 70세의 나이로 심판을 받자 끝내 웃음을 잃고 말았을 것이다. "소크라테스는 국가가 인정한 신들을 부정함으로써 죄를 지었으며, 새로운 신들을 도입함으로써 죄를 지었다. 그는 또한 청년들을 유혹하며 그들에게 범행을 저지른다. 그러므로 피고인에게 사형을 판결한다."[3] 501명의 대법원 배심원 가운데 사형 판결에 찬성한 사람은 과반을 넘은 정도에 불과했으나, 소크라테스를 고발한 이들에게는 큰 성공이었다.

아테네 사람들은 군사적으로 패배하고 도덕적으로 불안하며 대내적으로는 독재자들과 민주주의자들의 정치 싸움이 끊이지 않던 시기에 자신들을 더 큰 혼란에 몰아넣는 이 늙고 뻔뻔한 철학자에게 싫증 나 있었다. 그의 끊임없는 추궁, 즉 자신들의 초라한 가상의 지식과 타락한 생활상에 대한 폭로를 견딜 수 없던 것이다.

플라톤은 『소크라테스의 변명Apologie des Sokrates』에서 자신의 철학적인 우상에 대한 오판이 야기한 법적 살인이 얼마나 큰 충격이었는지를 솔직히 드러냈다. 아마도 그에게는 매우 끔찍한 체험이었을 것이며, 그의 철학에도 깊은 흔적을 남겼음에 틀림없다. 플라톤이 소크라테스를 위해 아테네 법정에서 연설했던 감동적인 변론문은 지극히 정교한 구성과 뛰어난 설득력 그리고 엄격한 논리 전개를 갖춘, 플라톤의 글들 가운데 가장 아름다운 글이다. 그런 동시에 플라톤이 생각하는 이상적인 철학자의 화신으로서 소크라테스가 등장하는 매우 진지한 글이기도 하다. 플라톤이 보기에 소크라테스는 덕을 갖추어 자신의 영혼이 가장 선한 상태에 놓이도록 늘 경계했던, 죽음을 두려워하지 않는 동시에 진지함을 지닌 이상적인 철학자였다. 소크라테스를 타협 없는 행동과 사유로 몰고 갔던 그의 다이몬은 미소를 짓지 않았다.

플라톤이 독재자 디오니시오스 1세의 초대를 받아 시칠리아섬의 시라쿠사에서 머무는 동안(대략 기원전 389년에서 기원진 387년 사이)에도 그는 웃을 일이 그리 많지 않았다. 시라쿠사의 참주로서 도시를 무력으로 통치했던 폭군 디오니시오스의 궁전에서 접한 화려한 생활은 그의 취미에 맞지 않았다. 덕의 결핍, 절제 없는 환락과 음식에 대한 지나친 집착이 불편했던 것이다. "왜냐하면 이러한 생활로는 어떠한 사람도, 젊었을 때부터 다른 것을 전혀 모른 채 자란 게 아니라면 도저히 이성을 찾을 수 없기 때문이다."⁴ 그리고 플라톤이 디오니시오스와의 불화 이후 아테네로 되돌아가는 길에 아이기나에서 거의 살해될 뻔했다가 정치적 고려조차 받지 못한 채 하찮은 철학자로서 노예시장에 팔려갔던 사실도 사태의 심각성을 축소하지 못했다.

아테네로 돌아온 플라톤은 기원전 385년경 아테네 근교에 위치한, 신화의 영웅 아카데모스의 이름을 따서 '아카데미아 임원林苑'이라 불리는 나무가 무성한 신역神域에 자신의 학원을 세운다. 기원전 423년 아리스토파네스가 소크라테스를 웃음거리로 만들었던 희곡 「구름들」에서 아카데미아를 서정적으로 칭송한 바, 무척 목가적인 장소였던 모양이다.

아카데모스의 성스러운 올리브 나무 정원에서
그대는 그늘 아래 산책을 즐길 것이다
빛이 반사되는 듯 푸른 갈대의 낙엽은 그대의 머리카락을 감싸며
곁에는 예의 바른 벗이 조용히 함께 걸어간다

봄빛 속에서 느릅나무와 플라타너스가 속삭이며 짝을 이룰 때

인동덩굴과 축제일 포플러 나무의 은색 낙엽에서는

향긋한 내음이 풍겨온다[5]

　한때 소크라테스도 좋아했던 이 아름다운 곳에서 플라톤은 그의 독자적인 철학 학원인 '아카데미아'를 개설한다. 그러나 아카데미아에서의 즐거운 산책은 수학과 천문학에 관한 엄밀한 연구 뒤로 밀려나야 했다. 플라톤으로서는 자신의 이데아론을 통해 학생들을 도덕적인 삶과 진지한 사유로 이끄는 것이 무엇보다 중요했기 때문이다. 세간에는 아카데미아에서 웃음이 금지되었다는 소문이 돌기도 했다. '아카데미 철학'이라고 하는, 플라톤에게서 비롯되었다고 말할 수 있는 오늘날의 강단 철학에도 이 웃음의 금기가 여전히 영향을 끼치고 있다는 인상을 지울 수 없다. 아카데미아의 수업 분위기를 전하고 있는 몇몇 대화록에 웃음에 대해 언급한 대목이 있기는 하지만 애써 참아야 하는 것으로 기술되어 있다.

　플라톤은 시칠리아섬의 모험에서 돌아와 아카데미아를 개설한 직후, 진정한 철학자들의 왕국으로 칭송되는 이상적인 국가에 대한 그의 대규모 구상인 『국가론Politeia』에서 "웃음에 대한 욕구의 해로움"(388d-390a)을 비판하며 깊이 생각하는 진지함을 주문했다. 자유롭고 정직한 남자가 되고자 한다면 끔찍한 저승에 대한 묘사로써 여자들에게나 어울릴 법한 비탄에 빠지거나 통곡을 해서는 안 되며, 혐오스러운 종류의 문학이 손짓하는 웃음의

유혹에 넘어가서도 안 된다는 것이다. 같은 이유로 "누군가 존경받을 만한 사람들을 마치 웃음에 압도된 양 묘사한다면"(388e) 우리는 그것을 묵과해선 안 되며 마땅치 않다는 걸 표현해야 한다고 했다.

한편 플라톤은 웃는 신들에 대한 묘사를 더욱 혐오했다. 그가 보기에 호메로스와 헤시오도스가 올림포스 신들의 웃음을 묘사한 것은 신적 존재에게 어울리지 않는 신성모독이었다. 그리하여 이 엄격한 철학자는 제아무리 위대한 서사시인일지라도 호메로스가 자신의 서사시 『일리아스Ilias』(I, 599)에서 "신들을 범하며" 지어낸 것("그러자 이리저리 분주하게 움직이는 헤파이스토스를 본 신들은 엄청나게 웃기 시작했다")을 "절대로 용납할 수 없었던 것이다."(389a).

올림포스산에서 떨어진 이후로 절름발이가 된 헤파이스토스가 가쁜 숨을 몰아쉬며 신전을 이리저리 돌아다니면서 술을 따르고 헤라에게 남편 제우스를 잘 다룰 수 있는 방법을 가르치려 드는 우스꽝스러운 모습을 지켜본 신들 중에서 다른 누구보다 크게 웃었던 신은 제우스였다. 신의 웃음gelos은 "엄청났다"고 전해진다. 표현을 직역하자면 '지울 수 없을 정도asbestos'라는 뜻이다. 그러나 플라톤은 '엄청난 신의 웃음asbestos gelos'에 관한 이 기록을 믿지 않았다. 게다가 『국가론』의 시민이라면 결코 이러한 신들의 웃음에 자극받아 엄청나게 웃기 위한 동기로 삼아서는 안 될 일이었다. 그가 세우고자 하는 이상 국가에서 시민들은 언제나 "웃고 싶은 마음"을 억제하고 살아야 했다. 고삐를 놓치고 웃음을 사랑하는 "웃음의 친구philo-gelos"로서 욕망에 몸을 맡긴다면 "그런 사람에게는 예외 없이 격렬한 변화가 찾아온다" (388e)고 플라톤은 믿었기 때문이다. 이 "변화Metabole"라는 용어에는 주관적인 심경의 변화뿐만 아니라 객관적인 정치적 전복이 포함되는데, 플라톤은 둘 다 달가워하지 않았다.

플라톤에게는 하나의 속담이 되어버린 "호메로스식의 박장대소"가 매우 낯설었다. 그러나 그가 '웃음gelos'을 떨쳐내려 했다고 해서 '우스꽝스러운geloios' 것에 대한 센스가 부족했던 것은 아니다. 소크라테스처럼 진정한 지식과 진실한 미덕을 추구함으로써 플라톤 본인이 우스꽝스러운 존재로 비치지 않았던가? 생각해보면 그의 동시대인들 사이에는 건강한 유머가 존재했고, 많은 이는 웃지 않는 사람을 성격이 나약한 염세주의자로 생각했다.

이쯤 되면 우리는 플라톤이 『국가론』의 저 유명한 동굴의 비유에서 선택된 자를 "우스꽝스럽게" 묘사한 이유를 알 수 있다. 선택된 자는 고통 속에서, 불빛을 받아 앞쪽 벽에 비치는 그림자들의 움직임이 실재라고 착각하는 동굴로부터 강제로 끌려나와, 모든 것을 압도하는 태양의 광채 아래 빛나는 "선의 이데아" (517b)를 목격한다. 가상의 세계Scheinwelt의 착각들을 좇는 인간들에게 돌아와 다시 "신적 직관에 의해 인간적인 불행을 겪게된"(517d) 그로서는 거세게 저항하지만 우스꽝스러운 존재로 전락한 느낌을 받는다. 사람들은 충만한 햇볕에 눈이 부셔서 아직 혼란에서 헤어나지 못한 채 마음의 안정을 찾지 못한 듯 보이는 그를 비웃는다.

역할은 뚜렷하게 분담되었고 플라톤은 자신의 후기 대화록인 『테아이테토스Theaitetos』에서 그 역할들을 다시 자세하게 거론한다. 선하고 진지한 방식으로 철학에 몰두하는 사람은 이웃들이 보기에 우스꽝스러운 인물이다. 그러나 사람들이 그를 비웃는다는 사실은 참된 통찰과 진정한 덕의 본질에 대해 아무것도 모르는 자들의 무지를 여실히 보여줄 뿐이다. 예컨대 일상적으로 일어나는 일들을 잘 알아채지 못하고 삶의 실천적인 면에서 경험이 부족하여 "구덩이에 빠지거나 여러 곤경에 처하곤 하는" (174c) 위대한 탈레스를 조롱했던 주제넘은 트라키아의 하녀처럼 말이다.

하지만 플라톤은 철학에서 웃음을 추방했을 뿐만 아니라 우리를 울리고 웃기는 문학작품을 쓰는 시인들을 그의 이상 국가에 거주하지 못하도록 거주권을 박탈했으며, 익살꾼과 재담꾼을 철학의 무대에서 완전히 내쫓아버렸다. 진지한 남성들이 어려운 문제에 대하여 철학적으로 사유하는 곳에 웃음을 자극하는 사람들이 설 자리는 없었다. 그들은 플라톤이 주도하는 학술대회와 논쟁을 방해하고 스스로 우스꽝스러운 인상만 남기는 존재일 뿐이었다.

플라톤의 가장 다양하고 흥미로운 대화록인 『프로타고라스 Protagoras』 역시 매우 점잖고 진지하다. 부유하고 사치스러운 칼리아스 저택에서 이루어진 이 대화는 당시 아테네 사람들의 문화생활에 대해 생동감 넘치는 내용을 담고 있다. 덕의 본질과 그것을 교육할 수 있는지 없는지를 놓고 싸운 소크라테스와 압데라 출신의 프로타고라스, 즉 영혼의 상태로서의 덕에 모든 것을 걸었던 변증가Dialektiker 그리고 정교한 화술과 세련된 사고의 유희를 즐기던 유명한 소피스트 사이에서 벌어진 이 논쟁은 상당히 무미건조하게 묘사되고 있다. 일반적으로 이 대화록에는 대체 무엇을 말하고자 하는지 헤아리기 어려운 시인들과 그 시는 물론이거니와 돈을 받고 피리를 부는 여인, 무희 또는 현악기인 라우테를 연주하는 여인들조차 등장하지 않는다. 플라톤이 생각하는 소크라테스는 "교양이 없고 비천한 사람들"(347c)의 향연에서나 볼 수 있을 법한 "시시한 익살과 시시덕거림"(347d)을 좋아하지 않았다. 철학자들이 순전히 "자발적인 동기로 우리 자신과 진실을 탐구하기 위해서 대화를 나눌"(348a) 때에는, 설령 술을 많이 마셨다 하더라도 진지하고 "매우 점잖게"(347d) 행동해야 한다는 것이다.

그러나 크세노폰은 기원전 380년경 칼리아스 저택의 향연에 대해 완전히 다른 분위기를 전한다. 크세노폰(약 기원전 431~기원전 350)은 군인으로서 여러 전쟁에 참가하기 전인 젊은 시절에 소크라테스의 문하생이었고, 이후 여러 저서에서 스승의 성격에 관하여 자세하게 묘사했다. 그러나 스승의 추상기追想記인 크세노폰의 『소크라테스 회상록Erinnerungen an Sokrates』에서 묘사된 소크라테스와 『소크라테스의 변명』의 소크라테스는 전혀 다르다. 일찍이 플라톤은 자신의 적대자인 크세노폰을 전혀 언급할 가치가 없는 인물로 간주했다. 철학사가인 디오게네스 라에르티오스의 보고에 따르면, 사람들은 크세노폰을 "묘사의 우아함 때문에 아테네의 뮤즈라고도 불렀다. 그래서 그와 플라톤은 언제나 서로를 시기했다."[6]

크세노폰의 철학적·미학적 가벼움은 철학자들 사이에서 경박스러움으로 간주되어 오늘날까지 용서받지 못하고 있다. 심각한 우울증과 삶에 대한 극도의 염증으로 괴로워했던 키르케고르는 크세노폰의 경박성에 대해 못마땅한 감정을 가장 분명하게 표현했다. 그에 따르면 크세노폰은 소크라테스를 "천진난만할 뿐만 아니라 한마디로 전혀 위협적이지 않은 인물로 보이도록" 변론했다. "그래서 아테네 사람들은 도대체 무슨 귀신이 씌었기에 (아무에게도 이롭지도 해롭지도 않은, 말 많고 투덜대기는 하지만 아무도 방해하지 않는, 세상 모든 사람에게 호의적일 뿐인) 소크라테스의 지루한 잡담을 들으면서 평범한 늙은이 그 이상을 발견했는지 그저 의아스럽기만 하다."[7] 엄숙한 철학사 서술은 이러한 판단을 따르고 있다. 한 가지 예를 들자면 메타윤리 이론으로 20세기 윤리학에 지대한 영향을 끼친 영국의 도덕철학자 리처드 헤어는 플라톤과는 달리 크세노폰을 철학자로 여기지 않았다. "그래서 그는 소크라테스가 어떠한 문제들에 몰두했는지 심도 있게 이해하지 못했다."[8]

헤어의 판단이 이토록 냉혹하다면 크세노폰은 『소크라테스 회상록』의 유쾌한 부록으로 읽히는 『향연Symposion』에 대해서는 뭐라고 했을까? 이 향연에서 소크라테스는 유쾌하고 사소한 일에 얽매이지 않는, 세상 물정을 잘 아는 도외적인 손님으로 참가한다. 그리고 사교놀이와 번뜩이는 언쟁, 재치 있는 도발로 떠들썩한 아테네의 연회들에서 흔히 볼 수 있듯이 진지한 발언과 농담 사이를 능수능란하게 넘나든다. 이러한 향연에는 좋은 음식도 중요할뿐더러 포도주도 넉넉히 준비되어야만 했다.

크세노폰의 『향연』 첫 문장은 이미 강령적이다. 플라톤을 겨냥한 이 문장은 플라톤이 쓴 『향연』을 간접적으로 언급하고 있다. "점잖은 귀족 출신의 남자들에게는 진지한 마음으로 수행하는 것만 중요한 건 아니라고 나는 생각한다. 농담과 유쾌한 기분으로 무료함을 달래는 시간도 그만큼 중요하다."[9]

크세노폰은 대화체로 구성된 드라마틱한 이야기에서 기원전 422년의 어느 따스한 여름밤을 상상한다. 부유한 칼리아스는 그날 밤 소크라테스와 몇몇 철학자 친구를 거리에서 만났다. 그의 젊은 연인인 아름다운 아우톨리코스가 방금 전 권투시합에서 승리했고, 그것은 마땅히 축하할 일이었다. 철학자들은 향연 초대에 기꺼이 수락했다. 그러나 식사 시간의 대화는 원활하지 못했다. 손님들은 아우톨리코스의 아름다움에 도취된 나머지 점점 말수가 줄어들더니 에로스 신의 비밀스러운 의식에 입회라도 한 듯 몽상에 빠져들었기 때문이다.

그 순간 누군가 문을 두드린다. 문밖에는 향연에 끼고 싶어하는 익살꾼 필리포스가 서 있었고, 합석이 허락되었다. 그는 사교모임에서 사람들에게 웃음을 선사하고 그 대가로 "기식자寄食者"[10]처럼 부자들과 함께 식탁에 앉아 음식을 먹을 수 있는 불쌍한 사람 중 한 명이었다. 대개 이런 사람은 남을 웃게 해주는 이, 즉 웃음의 화신인 겔로스의 신하 "겔로토포이오이Gelotopoioi"로 통했다.[11]

아테네의 향연에서 전문적인 익살꾼이 빠지는 경우는 거의 없었다. 안으로 들어와 홀 입구에 선 필리포스는 침묵하고 있는 손님들에게 소리쳤다. "내가 사람들을 웃게 만든다는 것을 여기 계신 모든 분은 잘 알 겁니다. 초대받아 오는 것보다 초대받지 않고 오는 것이 더 재미있을 것 같아서 그냥 한번 들러봤답니다." 칼리아스가 말했다. "자네도 편안히 눕게. 보다시피 여기 이 사람들은 너무 심각해서 조금은 웃어도 괜찮다네."[12]

필리포스에 이어 시라쿠사 출신의 또 다른 전문적인 재담꾼이 등장했다. 그리고 피리 부는 여인, 곡예하는 무용수, 멋들어지게 칠현금을 타면서 그 선율에 맞추어 춤까지 추는 아름다운 소년도 나타나 만찬이 끝날 무렵에는 분위기가 흥겹게 무르익었다. 춤과 음악 사이사이에 기발한 철학적 대화도 오갔다. 손님들은 춤을 추며 포도주를 마셨고, 즐겁게 웃으며 여러 재능과 행동의 도덕적인 가치에 대해 논하기도 했다. 소크라테스는 이 연회장에서 술을 마시는 것을 반대하거나 분위기를 깨지는 않았다. 다만 포도주를 과도하게 마심으로써 대화의 유희dialektische Spiel가 고무되기보다 변질되는 것을 경고했다. "서로에게 술을 너무 많이 따라준다면 얼마 안 가 기절하고 말 것이네. 우리는 숨조차 쉬기 힘들어지고 한마디 말도 하기 어려워질 것이네. 그러나 소년들이 작은 접시로 한 방울씩 우리 입을 적셔준다면 우리는 포도주에 의해 모든 신경이 마비되는 대신 부드럽게 설득될 것이고, 재치와 총명한 언변이 가능할 것이네."[13]

소크라테스의 이러한 경고는, 지나친 알코올 섭취로 거슬리는 행동을 하거나 싸움을 거는 술꾼들의 "천박한 음주 습관"에 관한 가벼운 논쟁거리를 제공했다. 소크라테스는 자신의 철학 동료인 헤르모게네스에게 특유의 유도 질문을 던진다. "천박한 음주 습관이란 무엇인지 자세히 말해줄 수 있겠나?" 플라톤의 대화록에서처럼 소크라테스는 여기서도 본질 규정을 요구한다. 그러나 크세노폰의 저서에서 이러한 대화는 풍자적인 반플라톤주의를 엿볼 수 있는 새롭고 흥미로운 전환을 이룬다. 소크라테스의 유도 질문에 헤르모게네스가 다음과 같이 답변하고 있기 때문이다. "천박한 음주 습관이 실제로 무엇인지를 묻는 것이라면, 나는 잘 모르겠네. 하지만 그것이 내게 무엇으로 보이는지는 말해줄 수 있다네."[14] 물론 두 친구 사이에는 흥미로운 대화가 이어지고 두 사람 다 즐거워했다.

그러나 대체로 유쾌한 모방과 어릿광대짓으로 시간을 보냈던 크세노폰의 『향연』에서는 도덕적 견해에 관한 기발한 생각들이 쏟아져 나오기도 했다. 모든 참석자는 각자 자기가 자랑할 만한 유용한 재능에 대해 이야기한 다음 소크라테스의 제안을 받기로 했다. "그렇다면 이제 우리가 표방한 것들이 실제로 가치가 있는지를 보여줄 과제가 남았네."[15] 소크라테스는 진지한 대화와 농담을 넘나드는 뛰어난 대화술로 좌중을 압도하더니, 마지막에는 포도주의 힘을 빌려 "우리 모두 그의 추종자에 속하는"[16] 사랑의 신 에로스를 칭송했다. 또한 어떤 유익함 때문에 자신의 익살을 자랑스럽게 생각하느냐는 소크라테스의 질문에 대한 필리포스의 답변도 재치 있었다. 그는 다음과 같이 대답했다. "이유는 충분하지 않나요? 사람들은 내가 익살꾼이라는 사실을 알고 축제 때마다 기꺼이 초대합니다. 그러나 나쁜 일이 닥쳤을 때는 행여 의지와는 다르게 웃음이 터져나올까봐 나를 피하곤 합니다."[17]

그렇다면 플라톤의 저서들에서 "겔라토포이오스"가 등장하지 않는 이유는 자기 의지에 반하여 웃게 되거나 자기를 웃게 만든 사람으로부터 도망칠까봐 두려워서였던 것은 아닐까? 플라톤은 실제로 불쾌한 경험을 했다. 어떤 경우라도 그는 웃음이 보내는 유혹의 손짓에 지고 싶지 않았을 뿐만 아니라 혐오스러운 재주로 철학하는 분위기를 흥겨운 쪽으로 이끄는 모든 아첨꾼과 기식자와 시시한 익살꾼을 못마땅하게 여겼다. 그들은 플라톤의 철학적인 목표였던 선 또는 최선을 알지 못한 채 단지 안락함만을 추구하기 때문이다. 무엇보다 지혜를 사랑했던 이 필로소포스philosophos는 웃음의 친구인 필로겔로스Philogelos를 가까이하고 싶지 않았다.

고대 로마 후기에 만들어진 것이기는 하지만 실제로 "필로겔로스"라는 제목으로 265가지 우스갯소리가 수록된 책이 전해지고 있다. 최초의 농담집인 이 『필로겔로스』의 전승 기원은 서기 3세기까지 거슬러 올라간다. 그러나 가장 최근의 사본도 크세노폰의 재담꾼 필리포스처럼 오래된 전통에서 재미의 가치를 뽑아낸다. 정곡을 찌르는 농담을 기대하는 부자들의 향연에 슬쩍 끼어든 전문 기식자들이 우스갯소리 모음집을 식탁 밑에 몰래 숨겨놓고 있었음을 입증하는 단서들이 전해지고 있기 때문이다. 필리포스가 어떤 우스갯소리로 칼리아스의 손님들을 즐겁게 해주려고 노력했는지 우리는 알 수 없다. 그러나 그의 우스갯소리가 그다지 흥미롭지 않아서 사람들이 웃지 않자 이 익살꾼은 머리를 옷 속에 집어넣고는 직업상의 실패로 실의에 빠져서 통곡하는 과장된 몸짓을 연출했다. 그의 요란스러운 한탄에 손님들은 드디어 웃기 시작했고, 옷 밖으로 머리를 내민 이 웃음의 친구는 "사교 모임에 계속 나갈 수 있게 되어 다행"이라며 두근거리는 마음을 진정시켰다.[18]

특기할 만한 것은 『필로겔로스』라는 이 농담집에 "스콜라 철학자scholasticos"에 관한 위트가 꽤 많은 부분을 차지한다는 사실이다. '스콜라스티코스'라는 용어는 원래 매우 진지하고 깊이 있게 강의scholes하는, 학식이 높고 똑똑한 사람들을 일컫는 말이다. 그런 점에서 열정적으로 연구하고 철학적으로 사유하기를 좋아하는 그리스인들조차 일찍이 스콜라 철학자들을 최대의 명칭으로 간주했다는 사실은 매우 놀라운 일이며, 그 원인에 대해서는 아직도 명확하게 규명되지 않았다. 스콜라 철학자에 관한 위트 가운데 다섯 가지만 열거해도 향연을 즐길 때 그리스 사람들이 어떤 지점에서 폭소를 터뜨렸는지를 금방 알 수 있다.[19]

1) 어떤 사람이 의사를 찾아왔다. 그 의사는 스콜라 철학자였다. 환자가 의사에게 말했다. "선생님, 저는 아침에 잠에서 깨어날 때마다 어지러워서 30분쯤 꼼짝 않고 앉아 있어야만 합니다. 30분이 지나야 조금 괜찮아집니다." 그러자 의사가 대답했다. "그렇다면 30분

늦게 일어나도록 하시오."

2) 잠을 자는 동안 자신의 모습이 봐줄 만한지 어떤지 궁금했던 한 스콜라 철학자는 눈을 감고 거울을 들여다봤다.

3) 유년 시절 사랑스럽지 못하고 꽤 잔인했던 두 스콜라 철학자는 각자 자신의 아버지가 아직 생존해 있다며 불만을 토로했다. 그중 한 스콜라 철학자가 각자 아버지를 죽이자고 제안했다. 그러자 다른 스콜라 철학자가 말했다. "어째서 패륜을 저지르겠다는 말인가? 절대로 있을 수 없는 일일세. 그보다는 내가 자네 아버지를 죽이고 자네가 내 아버지를 죽이는 편이 낫지 않겠나?"

4) 어떤 사람이 한 스콜라 철학자를 만나서 말했다. "당신이 나에게 팔아넘긴 노예가 어제 죽었답니다." 스콜라 철학자가 말했다. "맙소사, 나한테 있을 때는 그런 짓을 저지르지 않았는데……."

5) 한 스콜라 철학자가 지인을 만나서 말했다. "자네가 죽었다는 소식을 들었는데……." 그러자 그 지인이 대꾸했다. "내가 아직 살아 있는 것을 보면서 어떻게 그런 말을 하나?" 그러자 스콜라 철학자가 대답했다. "하지만 자네가 죽었다고 전해준 사람은 자네보다 훨씬 믿을 만한 사람이었다네."

철학자로서 플라톤은 웃게 만드는 자들과 웃음을 사랑하는 자들을 좋아하지 않았으며, 그가 농담을 듣고 웃었다는 기록은 어디에서도 찾아볼 수 없다. 그는 그러한 쓸데없는 장난에 시간을 낭비하고 싶지 않았지만 세상과 동떨어진 멍청이로 취급되고 싶지도 않았기에 웃음이라는 현상을 완전히 무시할 순 없었다. 그래서 플라톤은 우스꽝스러운 것을 진지한 철학적 주제로 다루어 이러한 딜레마를 교묘하게 극복하려 했다. 그는 '우스운 geloios'이라는 형용사를 명사화한 '우스꽝스러운 것geloia'을 하나의 이데아로 이해하려고 한 것이다. 물론 '우스꽝스러운 것'은 자신의 이데아 서열에서 최상의 이데아인 선의 이데아로부터 아주 멀리 떨어진 낮은 단계에 자리 잡고 있다.

기원전 360년과 기원전 347년 사이에 쓰인 플라톤의 후기 대화록『필레보스philebos』는 우스꽝스러운 것을 철학적으로 설명한 고대 문헌들 가운데 현존하는 가장 오래된 기록이다. 그 책은 개념사적으로 매우 중요한 방향을 제시했다. 아리스토텔레스는 그의 희극 이론에서 우스꽝스러운 것의 개념을 가장 심도 있게 다루고 발전시켰다. 그러나 이러한 영향사적 가치를 떠나서, 우리는 이 작품에서 크세노폰의 어떠한 행실이 플라톤을 그토록 화나게 했는지를 알 수 있다. 플라톤은 크세노폰을 직접적으로 상대하지 않은 채 자신의 모든 분노를『필레보스』에 담았다.

플라톤이 보기에 크세노폰의『향연』을 읽은 독자들을 웃게 만든 모든 것은 그저 우스꽝스러운 것이었다. 그러나 우스꽝스러운 것의 본질은 무엇인가? 소크라테스는 프로타르코스와의 대화에서 이 질문에 대한 설득력 있는 답변을 찾고자 했고, 그러한 고찰은 플라톤 도덕론의 일반적인 문제점에 속한다. 그 자체로 쾌快를 불러일으키는 선이란 무엇인가? 상식을 갖춘 모든 사람들에게 불쾌를 야기하는 악은 무엇인가? 최후에 다시 이성과 덕이 이 변증법적 검증의 승자가 된 것은 놀라운 일이 아니다. 그러나 쾌와 불쾌가 혼합되는 영혼의 상태에 대한 관찰은 매우 섬세하게 이루어졌다. 영혼 속에서 일어나는 일은 단순하지도 분명하지도 않으며, 관객이 희극을 보고 웃는 것은 우스꽝스러운 것과 관계없이 쾌와 불쾌가 뒤섞이는 현상으로 설명해야 한다는 것이다.

물론 소크라테스는 자신의 고찰에서 불쾌의 출발점을 분명히 했다. 불쾌는 대부분의 사람이 "너 자신을 알라!"는 델포이 신전의 계명을 따를 수 없거나 따르려 하지 않는 추한 '악', '나쁨'그 자체에서 출발한다. 사람들은 자기 자신을 속이면서 살아간다. 그리고 자기 자신에 대해 알지 못한 채 허위의 자아로 살아간다. 그들에게는 존재Sein와 가상Schein이 일치하지 않는다.

이러한 자기 오해는 플라톤의 구분법에 따르면 물질적인 것, 육체적인 것, 영혼에 관한 것이라는 세 개의 영역으로 나눌 수 있다. 먼저 사람들이 "돈과 재산과 관련해서"(48e) 오해하는 것은, 그들이 소유하지 않은 것을 소유했다는 믿음이다. 그보다 더 자주 나타나는 것이 두 번째 자기 오해인데, 사람들은 자신의 외모에 대해 실제보다 더 크거나 아름다운 쪽으로 상상하며 "망상적인 아름다움"(49d)의 유혹에 빠져 방향감각을 상실한다. 그러나 가장 크고 가장 널리 퍼진 자기 환상은 소크라테스 철학의 중심에 놓여 있는 세 번째 영역에서 일어난다. 대부분의 사람은 자신을 실제보다 더 도덕적인 존재로 생각하며, 잘못된 "지혜에 대한 의견doxosophia"에 사로잡혀 있음에도 불구하고 진정한 덕에 대해서 많은 것을 알고 있다고 굳게 믿는다.

"너 자신을 알라!"는 계명에 어긋나는 이 모든 그럴듯한 오해
는 악으로 규정된다. 따라서 그 악들은 사실상 불쾌를 불러일으
켜 마땅하며, 실제로 환상을 일깨우는 발언으로써 아테네 시민
들을 당황하게 한 소크라테스에게는 불쾌를 유발하는 것이었다.
이때 소크라테스는 우스꽝스러운 것에 대한 지각을 특징짓는 영
혼에서의 쾌와 불쾌의 혼합을 더 잘 이해하기 위해서 이 세 가
지 영역의 악을 다시 두 개로 나누었다. 우선 사람들은 자신에
대한 오해와 잘못된 의견에 대해 비난을 받았을 때 본인의 권력
이나 사회적 지위에 따라 분명한 차이를 보인다고 했다. 비웃음
을 당했을 때 상대에게 복수할 수 있을 만큼 강하고 권력을 지
닌 상태인지, 조롱을 참을 수밖에 없는 약하고 힘이 없는 상태
인지에 따라서 큰 차이가 있다는 것이다. 힘 있는 자들은 자기
자신을 모르는 악의 상태가 끔찍한 결과를 초래할 수 있는 반
면, 힘 없는 자들은 그저 우스운 상황에 그치고 만다. "권력자들
의 무지는 적대적이고 해롭기 때문이다. 그들의 무지는 타인을
해치며 그들 자신과 그들이 섬기는 신들에게도 해롭다. 그러나
힘이 없는 자들의 무지는 우리의 본성과 우스꽝스러운 것의 영
역에 속한다."(49c) 즉 우스꽝스러운 것은 약한 자들의 자기 과대
평가다.

이러한 플라톤의 규정들은 분명 그의 인생사적 배경에서 출발
한다. 무엇보다 플라톤은 소크라테스의 재판 과정에서 권력자들
의 끔찍한 자기기만을 깨닫게 되었다. 죽음을 부르는 힘 있는 자
들의 복수는 실로 가혹했다. 또한 시라쿠사의 독재자들에게서도

진정한 자기 인식에는 무관심한 적의 가득한 태도를 발견했다. 이러한 일련의 실망스러운 상황들은 플라톤으로 하여금 웃음을 낯선 것으로 인식케 하는, 지극히 진지한 철학자로 이끌었다.

그런 반면 약한 자들의 자기 오해는 플라톤이 보기에 그저 우스꽝스러운 현상일 뿐이지만 불쾌를 불러일으켜 마땅한 이런 악의 희극적인 연출이 관객들에게 유쾌한 웃음을 부여한다는 사실까지 부인할 수는 없었다. 그는 우월한 감정에서 오는 희열도 인간의 본성이라고 생각했다. 그러나 그러한 본성은 나약하고 무능한 것이어서 철학자에게 진정한 쾌를 부여하기보다는 하찮은 어떤 것을 드러내게 만든다고 보았다. 결국 플라톤은 진정한 쾌를 선에서 찾았다.

스타기라 출신의 아리스토텔레스(기원전 384~기원전 322)는 그의 스승보다 웃음과 희극을 더 관대하게 다루었다. 인간만이 "창조물 가운데 유일하게 웃을 수 있다"[20]고 확신한 그는 이러한 진기한 현상에 관심을 기울였다. 웃음이 인간의 본성이며 동물의 세계로부터 인간을 돋보이게 해주는 것이라면 그것은 결코 하찮거나 철학적으로 무의미한 것이 아니라고 생각했다.

아리스토텔레스는 청중을 사로잡는 수사학에 관한 그의 초기 저서에서 젊은 사람들에 대해 설명하면서 웃기를 좋아하는 특징을 언급했다. "그래서 그들은 자주 장난치는 경향이 있다. 왜냐하면 위트는 교양 있는 흥겨움이기 때문이다."[21] 게다가 놀이, 휴식과 웃음, 해학적인 말과 행동은 능동적인 생활에 활력을 불어넣는 쾌적한 요소들로 간주했다. 아리스토텔레스의 『니코마코스 윤리학Ethika Nikomacheia』에서는 농담할 줄 알고 웃을 수 있는 능력이 "사교의 덕들"[22] 중 하나로 지목된다.

아리스토텔레스가 보기에 유머가 없는 사람들, 즉 농담에 얼굴을 찌푸리거나 즐거운 분위기에 아무 기여도 하지 않는 자는 무뚝뚝하고 매력 없는 고집쟁이였다. 하지만 장난도 지나쳐서는 안 된다고 여겼다. "어떤 상황에서나 우스꽝스러운 것을 붙잡으려 하고" 아무도 듣고 싶어하지 않는 우스갯소리를 쉴 새 없이 늘어놓는 사람은 "멍청이"에 불과하며 사교적인 대화에 전혀 도움이 안 되기 때문이다.

아리스토텔레스는 그의 『시학Peri poietikes』에서 유쾌함의 경계를 넘지 않는 좋은 희극의 성공 비결을 전개했다. 움베르토 에코가 흥미진진한 탐정소설을 썼을 만큼 웃음이라는 주제는 기독교에 의해 완전히 매도되었지만,[23] 아리스토텔레스는 그의 기본적인 지향에 대해 분명한 윤곽을 제시하고 있다. 희극에서는 우스꽝스러운 것이 드라마틱하게 연출되며, 도덕적으로 비난받아 마땅한 요소들은 비웃음을 당하는 자의 복수를 두려워할 필요가 없을 만큼 추하게 묘사된다. "희극은, 말하자면 우리보다 더 악한 사람들에 대한 모방mimesis이다. 그러나 그것은 모든 종류의 나쁨에 대한 모방이 아닌, 추하게 여겨지는 우스꽝스러움에 국한된다. 말하자면 우스운 가면이 추하고 일그러지기는 했으나 고통의 표현이 없는 것처럼 우스꽝스러운 것은 고통이나 파멸을 초래하지 않는, 추함과 관련된 결함이다.[24]

플라톤은 이러한 자기기만과 불충분한 자기 인식에서 오는 추한 우스꽝스러움에는 어떤 식으로도 가담하고 싶지 않았기에 희극을 관람하지는 않았지만, 철학적으로 무관심할 수만은 없었다. 특히 그의 제자 아리스토텔레스가 희극을 깊이 있게 연구한 이후로는 더욱 그러했다.[25] 그래서 기원전 347년, 법을 다룬 방대한 미완성 대화편인 『법률Nomoi』에서 그는 마지막으로 다시 유희와 진지함 같은 현상에 몰두했고, 이때 희극과 비극에 대해서도 철학적으로 고찰했다.

결국 플라톤은 의심할 나위 없이 그의 가장 보수적인 저작인 『법률』에서 국가적 차원의 통제 아래 이루어지는 도덕적 삶에 관한 일체의 규칙과 규범, 생활 태도 등을 해결하려고 했다. 법률에 따라 운영되는 이 국가에서 사람들은 타협 없이 진지하게 살아간다. 물론 플라톤은 인간적인 대소사에서 어느 정도는 진지함이 결여될 수밖에 없음을 인정하면서, 오직 신만이 그의 본성에 따라 "모든 것을 구원으로 이끄는 진지함으로 대할 만한 가치"(803c)가 있다고 말한다. 그럼에도 인간은 자신의 행위와 목적에 진지함을 담아야 한다고 주장했다. 플라톤의 이 마지막 몇 마디에는 묘한 실망감이 묻어난다. 신의 진지함에 비해 인간의 생활 방식은 어쩔 수 없이 불완전한 모습으로 비치기 때문이다. 대부분의 사람은 자기를 꿰뚫어볼 수 없을뿐더러 규칙을 알 수 없는 놀이의 장난감에 불과한 존재다. 그들은 대부분 언급할 가치가 없는 아주 작은 부분에서만 "진실에 참여하는" 꼭두각시 같은 존재, 즉 "줄에 매달려 움직이는 인형들"(804b)이다.

자신이 그린 인간상이 경멸로 가득 차 있다는 대화 상대자의 비난에 대해 이 아테네 철학자는 한 걸음 양보했다. "자네의 소망이 그러하다면 나는 인간이 경멸스럽지 않고 어느 정도 진지하게 고려해볼 만한 가치가 있다고 말해두겠네."(804c) 그리고 그와 같은 진지한 관점으로 희극을 연구했다. 더 이상은 자신이 구상한 국가에서 희극을 완전히 추방하려 들지 않았다. 혹시라도 관객의 웃음을 자극하는 어릿광대의 놀음에서 의미 있는 무엇인가를 발견할 수 있을지도 모르지 않는가? 그리고 매우 플라톤다운 변증론적인 반전으로 해답을 제시했다. 희극 무대 위에서 한껏 드러내는 꼭두각시 배우들의 우스꽝스러움은 덕의 진지한 측면을 보여줄 때만 가치가 있다는 것이다. 즉 어릿광대 같은 우스꽝스러움의 모방은 오로지 국가에 널리 퍼져 있어야 할 선善과 관련하여 폐기될 대립상으로서만 허용할 수 있다. "악한 형상과 악한 성격들에 대한 모사, 말과 노래와 춤과 같은 모사 행위로 희극을 연기하고 관객을 웃게 하고자 노력하는 이들의 익살도 때로는 관람하고 자세히 알아볼 필요가 있다. 왜냐하면 진지함은 우스꽝스러운 것 없이 존재하지 않으며, 그것은 마치 누군가 모든 대립된 것 중에 그것과 대립된 것 없이는 어떠한 것도 파악할 수 없다는 통찰에 도달하려는 것과 같기 때문이다."(816d)

우스꽝스러운 것을 피하기 위해서는 오직 거리를 두고 희극을 관람하는 관객으로서 접근하는 것, 이것이 플라톤이 말하는 희극의 진정한 가치다. 배우들에 의해 연기되는 우스꽝스러움은 사실상 실제 인생에는 전혀 중요하지 않다. 그래서 우스꽝스러움을 스스로 모방할 때 발생할 수 있는 위험성을 예방하기 위해서 플라톤이 취하는 법적인 조치는 어느 정도 예상된 것이라고 볼 수 있다. "더 나아가 금전이 시급한 이방인이나 노예에게 우스꽝스러움의 모방을 맡겨야 하며, 여자든 남자든 간에 자유인은 어떤 경우에도 진심으로 몰두해서는 안 된다."(816e)

WORÜBER
KLUGE
MENSCHEN
LACHEN

Kleine
Philosophie
des
Humors

venschen Lachen

2장

웃는 철학자에 관한
이야기

압데라 출신의 철학자 데모크리토스가
웃음을 즐김으로써 고향 시민들로부터
미치광이 취급을 당한 이유

플라톤은 의심의 여지 없이 유럽 철학사에서 가장 중요하고 영향력 있는 선구적인 사상가이다. 그럼에도 우리는 다음과 같은 질문을 가정해볼 수 있다. 플라톤의 모든 저작이 미완성으로 전해지거나 제2 또는 제3의 사상가나 그들의 저서를 통해 간접 인용만 가능한 상태로 남겨졌다면, 그런 반면 여기저기 파편처럼 흩어져 300여 개의 개별적 인용문으로만 존재하는 데모크리토스의 많은 저서가 현재까지 온전하게 보존되었다면, 서양 철학사는 어떠한 방향으로 발전했을까? 그랬더라면 아마도 플라톤의 관념주의는 데모크리토스의 물질주의에 자리를 내주었을 것이고, 철학은 이데아라는 초월적인 세계에서 둥둥 떠다니게 되지도 않았을 것이다. 그랬더라면 아마도 철학적인 범주로서의 웃음의 위상도 상당히 달라졌을 것이다.

데모크리토스는 상당히 생산적이며 창조적인 인물이었음에 틀림없다. 그는 메디아 출신의 이집트인 트라실로스가 4부작으로 정리한 60권의 중요한 저작 덕분에 전해질 수 있었다. 서기 1세기까지만 해도 알렉산드리아의 어느 도서관에 소장되어 있던 그 저서들은 데모크리토스의 업적과 훌륭한 면모를 입증한다. 사람들은 그에게 경탄했으며 물리학, 수학, 윤리학과 보편적인 문화에 대해서도 깊고 폭넓은 학식을 갖춘 그를 '철학의 5종 경기자'라고 불렀다. 게다가 그는 "예술에도 아주 조예가 깊었다."[2]

그럼에도 이 압데라 출신의 현자는 영향의 흐름으로 보았을 때 플라톤이라는 거대한 철학자에 완전히 가려져 있어서 그 윤곽을 겨우 알아볼 정도다. 분명히 알 수 있는 사실은, 고대의 철학사와 수많은 일화에서 그가 주요한 플라톤의 적대자로 묘사되었다는 것이다. 플라톤의 저서들에는 한 번도 데모크리토스라는 이름이 등장하지 않음에도 불구하고 후대인들은 그의 저작 전체를 데모크리토스와의 논쟁적인 대화라고 인식했다.

많은 동시대인도 데모크리토스의 존재를 부인한 플라톤을 매우 의아하게 여겼다. 그들은 소크라테스를 제외한 거의 모든 철학자에게 반기를 들었던 플라톤이 어째서 가장 명확하게 상반된 주장을 펼치곤 했던 "데모크리토스를 언급하지 않았는지"[3] 궁금해했다. 플라톤이 가능한 한 데모크리토스의 모든 저서를 불태워버리려 했다는 일화는 데모크리토스의 철학과 삶의 자세가 그에게 얼마나 큰 위협이었는지를 잘 보여준다. 결국 데모크리토스의 저서들을 전량 수거하여 불태워 없애기에는 너무 많은 독자가 존재한다는 단순한 장애로 인해 플라톤이 공격을 포기한 것으로 전해진다.

그렇다면 플라톤으로 하여금 파괴의 분노까지 불러일으킨 이러한 극도의 경멸은 어디서 비롯된 것인가? 현자들의 빛이라고 불렸던, 존경을 넘어 경탄해 마지않았던 스승 소크라테스가 일인자의 자리를 유지하도록 보호하기 위함이었을까? 아마도 고대 철학사가 디오게네스 라에르티우스가 이미 시인했듯이, 플라톤은 데모크리토스가 "최고의 철학자 중 최고라는 사실을 인식했기에"[4] 이 압데라 출신의 이방인을 두려워했던 것인지도 모른다. 또는 철학과 삶에 대한 서로 다른 태도의 충돌에 대해 플라톤이 타협을 거부했던 것은 아닐까?

공개적으로 진행되지 않았던 이 논쟁에서 누가 승자였는가는 그다지 중요하지 않다. 데모크리토스는 진지한 플라톤이나 싸우기를 좋아하는 플라톤의 우상 소크라테스와는 전혀 다른 유형이었고, 그 점은 매우 주목할 만하다. 그는 어떠한 학파도 만들지 않았으며 제자를 모으지도 않았다. 그는 사회적인 인정을 갈구하지 않았으며, 정치에 관여하지 않았고, "표상의 유희를 여러 방법으로 시험하기 위해"[5] 고독을 즐기곤 했다. 그렇다고 해서 언제나 혼자만의 생각에 빠져 타인과의 교류를 피했다는 뜻은 아니다. 그는 스스로를 세계시민으로 이해하고 언제든지 농담하며 웃을 준비가 되어 있는, 세상을 향해 열려 있는 사람이었다.

사람들은 데모크리토스를 "웃는 철학자"라고 부르기도 했다. 이러한 도드라진 성격이 플라톤을 가장 많이 자극하고 불안하게 했을지도 모른다. 플라톤은 웃음을 철학에서 추방한 사람이었으나 데모크리토스는 그 웃음을 다시 메아리치게 했다. 그래서 플라톤은 귀를 막고 데모크리토스를 애써 외면하려고 노력했다.

플라톤의 마음에 들지 않았던 것은 속담처럼 회자되는 데모크리토스의 웃음만이 아니었다. 이 두 사상가는 물리학, 윤리학, 종교 그리고 실용주의적 기본 원칙에서도 적대적이었다. 그렇다면 압데라 출신의 데모크리토스라는 철학자는 도대체 어떠한 사람이었는가?

그의 인생에 관해서는 알려진 바가 많지 않다. 데모크리토스에 관한 신뢰할 만한 전기 기록들을 발견하기도 어렵다. 다만 기원전 470년경 유명한 소피스트 프로타고라스의 고향이기도 한 트라키아 지방의 압데라에서 태어났다고 전해진다. 압데라는 에게해 북쪽에 위치한 이오니아의 식민지로, 기후가 건강에 그리 이롭지는 않으나 매우 번창한 상업도시였다. 데모크리토스는 상당히 부유한 부친 덕분에 훌륭한 교육을 받을 수 있었다. 나머지 두 형제와는 달리 그는 아버지가 죽기 전에 미리 유산을 상속받아 세계 여행을 즐겼다. 지식에 대한 욕구가 강했으며 기하학을 공부하기 위해 이집트로 떠난 적도 있다고 한다. 기록에 따르면 그는 인도를 여행하기도 했고 꽤 오랫동안 페르시아에 머물렀으며 홍해와 에티오피아 지역에서도 지낸 적이 있다. 그는 훗날 이처럼 다양

그랑빌의 판화. 라퐁텐의 우화「데모크리토스와 압데라 사람들」속 일러스트레이션.
플라톤은 귀를 막고 데모크리토스를 애써 외면하려 했다.

한 여행 경험을 바탕으로 다음과 같은 세계주의적인 결론을 내린다. "현명한 사람에게는 온 세상이 열려 있다. 훌륭한 영혼의 소유자에게는 만물 전체가 조국이다."[6]

데모크리토스는 폭넓은 지식욕을 가지고 탐구에 전념했으며, 경험을 쌓고 지식을 습득하기 위해 지구의 절반을 여행했다. 그는 철학자로서 추상적인 이념에서 출발하는 대신 주의 깊은 관찰에 몰두하면서 가능한 한 모든 이론과 세계관에 관심을 기울이고 다시 자신의 생각으로 걸러내는, 다재다능한 학자였다. 그는 여행에서 돌아오는 길에 잠시 아테네에 들렀다. 그곳에서 소크라테스를 만나게 되었지만 소크라테스는 그를 인식하지 못했다. 아테네에서는 "나를 아는 사람이 없었다."[7] 그는 주목을 끌지 않고 조용히 지내기를 원했다.

무엇 하나 가진 것 없이 가난한 그는 고향에 돌아와서 셀 수 없이 많은 저작을 집필하기 시작했으며, 자기 자신에 대해서 다음과 같이 말할 수 있는 현자sophos로서 명성을 얻었다. "나는 가장 멀리 떨어져 있는 것을 탐구하기 위해 그 누구보다 더 많은 곳을 여행했다. 나는 가장 많은 지역과 나라들을 보았고, 생각하는 사람들의 말을 가장 많이 들었고, 기하학적 구성과 논증에 관한 한 아무도 나를 능가한 이가 없었다."[8]

데모크리토스가 죽은 연도는 정확히 알려져 있지 않다. 다만 대략 100세라는 고령에 이르러 아무 고통 없이 즐겁고 태연히 세상을 떠났다고 한다.

인간의 모든 문제에 통달하여 다방면으로 뛰어난 이 연구자와 모든 것이 선의 이데아를 선회하는 엄격한 사상가 플라톤 사이의 대립은 몇 가지로 설명되는데, 이때 데모크리토스의 유쾌함은 가장 큰 논쟁거리였다.

데모크리토스에게도 역시 훌륭한 이념이 있었다. 그리고 그를 철학적으로 자극했던 모든 것은 그 이념으로부터 추론된 것이었다. 그러나 그의 이념은 물체세계와 동떨어진 초감각적인 영역에 속하는 신비로운 위대함이 아니었다. 그의 이념은 모든 경우에 해당되는 상당히 냉철한 근본 기획이었다. "페르시아의 왕이 되기보다는 차라리 유일한 제1원인을 발견하고 싶다"[9]고 한 그의 소망은 매우 유명하다. 그의 발견은 천재적이라고 할 수 있을 정도로 단순하고 급진적이었으며, 지속적인 영향을 끼쳤다. "만물의 근원은 원자atoma와 공허다. 다른 모든 것은 언제든지 변할 수 있는 사념에 불과하다."[10]

데모크리토스가 말하는 원자란 가장 작고 더 이상 나누어질 수 없으며 특정한 공간을 채우는, 감각으로는 지각할 수 없는 물질적인 요소들이다. 원자들은 "꽉 찬 것"이며 그것의 위치, 배열과 형태로부터 우리가 사물로 지각하는 모든 것이 형성된다. 그런 반면에 텅 비어 있는 것은 풍부하고 변화무쌍한 모든 사물의 다양성을 형성하기 위해서 원자들이 활발하게 움직이고 상호 연결하며 다시 분리되는, 원자로 채워지지 않은 공간이다.

실제로 원자로 꽉 차 있는 것과 텅 비어 있는 것만 존재한다면 인간의 질적인 감각인상들은 주관적인 가상에 불과하다. "어떤 사물은 단지 색깔이 있을 듯하고 맛이 달콤한 듯하거나 아니면 쓴 듯하다. 실제로는 원자와 텅 빈 공간이 존재할 뿐이다."[11] 데모크리토스에게 인간의 모든 지각과 감각은 영혼의 불火 원자들이 외부적인 사물들의 원자적인 반사에 의해서 움직이는 물질적인 사건들이었다.

그 당시의 시대적 상황으로 보았을 때 원자론은 상당히 이교적인 생각을 초래하는 것이었다. 원자와 텅 빈 공간들로 이루어진 만물에는 신들이 설 자리가 없다. 데모크리토스의 원자론은 경쾌한 무신론으로 이어졌다. 이제는 더 이상 분노하는 신들을 두려워하거나 그들의 호의를 구걸할 필요가 없게 되었다. 왜냐하면 신들의 실존은 텅 빈 공간 안에서 발생하는 원자들의 소용돌이가 만들어낸 가상이기 때문이다.

모든 사건과 모든 사물의 원인이 무無에서 빚어진 원자들의 상호작용 때문이라면 일종의 원자적인 도덕도 생각할 수 있지 않을까? 이와 같은 결론은 플라톤이 심혈을 기울인 최고의 이데아를 부정하는 것으로, 이 점이 플라톤을 더욱 화나게 했을 것이다. 신성한 이데아인 선은 망상으로 사라지고, 영혼의 원자로부터 발생하는 다양한 인간의 생활 방식들이 그 자리에 들어서는 형태였기 때문이다. 그러나 도덕의 범위를 물질화했다고 해서 데모크리토스가 윤리를 하찮게 여기거나 무의미하게 생각한 것은 아니다. 오히려 그 반대였다. 물리적인 세계질서에 관한 많은 저서와 더불어 윤리에 관한 저서들은 그의 철학적 저서 가운데 두 번째로 중요하다.

데모크리토스는 모든 인간이 소우주이며 그 작은 우주가 거대한 우주적 질서에 부합하도록 구상되었다고 생각했다. 인간은 소우주로서 거대한 만물의 질서에 부합할 때만 '잘' 살 수 있다는 것이다. 데모크리토스 윤리학의 두 주요 개념이 그의 자연철학과 관계 맺고 있는 것은 어찌 보면 당연하다. 만물 안에 퍼져 있는 조화는 인간의 성격에 전이되어 도덕적인 크기로 자리 잡는다. 이때 영혼의 원자들이 필요 이상으로 소용돌이치거나 지나치게 고요한 상태에 머물지 않도록 알맞은 정도metron를 발견하는 것이 중요하다. 그는 "모든 사물에는 균형이 가장 아름답다. 나는 넘치지도 부족하지도 않는 상태가 마음에 든다"[12]고 했다. 또한 지나치게 많거나 적은 원자들의 역동성에 의해 지배되는 사람의 영혼은 "대립적인 감정 움직임들의 심한 동요"[13]에 내맡겨져 태연하거나 유쾌할 수 없다고 했다. 데모크리토스는 이러한 '정도'의 조화로부터 올바른 생활 방식의 이상인 유쾌함Euthymia을 도출했다. "최종 목적은 영혼의 유쾌함이다. 어떤 이들은 오해하고 있으나 그것은 쾌락과는 무관하며, 영혼이 조화로우며 균형 잡힌 현존을 영위함으로써 어떠한 공포나 미신 또는 다른 종류의 방해 요소들에 의해 균형을 잃지 않는 상태다."[14]

우리는 데모크리토스를 매우 쾌활했던 인물로 상상해야 한다. 왜냐하면 그는 자신에게 "웃는 철학자"라는 명칭을 안겨준 "명랑한 태연함"[15]을 이성적인 절제로부터 이끌어냈기 때문이다. 그렇다고 해서 그가 슬픔이나 눈물을 흘리는 부분에 대해 몰랐다는 뜻은 아니다. "우리는 인간이기에 인간의 불행에 대해서는 웃지 않고 눈물을 흘리는 것이 적합하다."[16] 그렇지만 그는 웃는 것을 가장 좋아했다. 데모크리토스 자신의 특징이기도 했던 인생의 '명랑한' 즐거움 때문이든, 아니면 세상 어디서나 관찰 가능한 인간 자체의 어리석음 때문이든 간에 그는 웃기를 좋아했다.

데모크리토스의 이러한 웃음이 플라톤을 특히 자극했고, 그의 웃음 금지령은 다른 어떤 철학자보다 압데라의 현자에게 큰 상처를 입혔다. 이 사실은 오늘날까지 유효한데, 데모크리토스의 업적을 호의적으로 평가하거나 매우 신선하다고 경탄했던 사상가들에게서도 확인된다. 예를 들어 프리드리히 알베르트 랑게는 1866년에 발표한 저서 『물질주의의 역사Geschichte des Materialismus』에서 데모크리토스를 고대의 위인 중 한 명으로 평가하면서 웃는 철학자라는 세간의 '일그러진 상'을 벗겨내려고 했다. 왜냐하면 앞서 게오르크 빌헬름 프리드리히 헤겔이 "시시한 일화들"[17]이라며 옆으로 제쳐두었던 이야기들은 다방면에 관심이 많았던 이 연구자의 본성과는 아무 관계가 없는 것으로 치부되었기 때문이다. "그들은 그를 오직 세상의 어리석음을 유쾌하게 비웃는 조롱자로만 인지했으며, 아무것도 깊이 있게 다루지 않으면서 모든 것을 긍정적으로 받아들이는 철학적 경향의 창시자로 보았다."[18]

데모크리토스 사유의 방법에 관해 가장 전문적일 뿐 아니라 최근에 이루어진 연구에서도 이러한 전형적인 거리 두기를 발견할 수 있다. 데모크리토스에게 따라다니는 "웃는"이라는 수식어는 진지하게 받아들일 만한 도덕주의자로서의 명성에 "적잖은 피해를 입혔다"[19]고 했다. 대개 쾌락을 강조하는 그의 윤리학에 대한 잘못된 해석들을 피하기 위해서는 이러한 수식어를 단호하게 거부해야 한다는 것이다.

그러나 데모크리토스의 웃음을 거부하는 강단 철학의 태도에도 불구하고 우리는 유럽의 문화사에 그의 웃음이 남긴 흔적을 다른 측면에서 살펴볼 필요가 있다.[20] 그 흔적들은 어디서 시작되며 어디로 가고 있는가? 이 기나긴 여정에 데모크리토스의 두 가지 제안을 길잡이로 삼고자 한다. "바보들만 삶에 대한 기쁨이 없다."[21] "인간은 되도록 많은 시간을 즐거운 평정 가운데 살아가고 언짢은 감정을 억제할 때 비로소 잘 지낼 수 있다."[22]

웃음과 관련하여 처음으로 데모크리토스의 이름이 언급된 것은 그리스 문헌이 아니었다. 전거 있는 최초의 글귀는 라틴어로 쓰였고, 별 의미 없는 짤막한 경구였다. 출처 역시 데모크리토스를 회고하는 철학적인 텍스트가 아니라 뛰어난 정신의 소유자들과의 논쟁에서 이길 수 있는 웅변술에 관한 웅변가의 수사학적 저서였다. 바로 로마의 유명한 웅변가이자 정치가인 마르쿠스 툴리우스 키케로(기원전 106~기원전 43)가 쓴 『웅변가에 관하여 De Oratore』로, 어떤 위트와 유머로써 반대자들을 설득하고 청중을 자기편으로 만들 수 있을까 하는 문제에 대한 해답을 시도한 이 책은 정교하게 잘 다듬어진 문체로 웅변의 기술을 장황하게 제시하고 있다.

키케로는 그 분야의 전문가였다. 당시 가장 위트 있는 웅변가였던 그는 로마인들의 유머를 자랑스럽게 여겨 이를 장려하려 했다. 초창기에 키케로는 달변의 집정관으로서 명성을 쌓았으나 기원전 58년에 유배를 당하여 절망의 늪에 빠지게 되었다. 정치적으로 고통스러운 상황에 처한 그로서는 웃을 일이 그다지 많지 않았음에도 불구하고 위트와 유머를 웅변가가 지닐 수 있는 가장 큰 무기로 인식했다. 로마로 돌아왔을 때 그는 더 이상 정치에 관여하지 않는 대신 철학과 수사학에 집중했다. 그 결과 기원전 55년, 압데라의 현자가 잠시 언급된 그의 첫 대작 『웅변가에 관하여』가 탄생하기에 이른다.

키케로는 유학 차 아테네에 잠시 머물러 있는 동안 플라톤의 아카데미아에서 그리스 철학의 풍부한 유산을 직접 접할 수 있었다. 그의 웅변가론은 그러한 바탕에서 로마의 현실과 자신의 숱한 개인적 체험이 결합된 산물이다. 어쩌면 키케로는 기원전 91년에 자신이 주도했던 대화의 상대자들과 같은 운명에 처하리라는 예감에 사로잡혔는지도 모른다. 그날(기원전 91년 9월 19일)은 유명한 웅변가이자 법률학자였던 루키우스 리키니우스 크라수스가 암살되기 며칠 전이었다. 키케로는 크라수스에게 감화되어 있었으며, 훗날 자신의 잘린 머리와 못에 박힌 손이 내걸리게 될 로마의 광장에서 개최된 크라수스의 연설에 열광했다.

유머와 위트의 장점을 서술한 이 대화에서 두 번째로 중요한 등장인물이자 청중을 열광시키는 영향력 있는 정치가였던 마르쿠스 안토니우스(기원전 143~기원전 87) 역시 불행한 최후를 맞았다. 그는 가이우스 마리우스와 루키우스 코르넬리우스 킨나의 폭정 아래 살해당하고 말았다. 이 동맹의 세 번째 구성원이자 가장 재치 있는 인물이었던 가이우스 율리우스 카이사르 스트라보도 기원전 87년의 공포정치에서 살아남지 못했다.

암살로써 최후를 맞은 이 세 인물이 웃음의 원인과 그 유용성에 관한 키케로의 성찰 과정에서 부활했다는 사실은 어딘가 섬뜩한 구석이 있다. 그들은 크라수스의 정원에 있는 커다란 플라타너스 아래 앉아 웅변술이라는 주제로 논쟁을 벌이고 있다. 그들은 하나같이 웅변술이야말로 인간이 이룩한 문화적인 성취 중 으뜸이라고 보았다. 웅변술은 생각을 언어로 표현하고 교환할 수 있는 능력으로서, 동물과 구별되는 인간의 본질적인 우월성을 가장 멋있게 표현해주기 때문이다.

수사학 찬양으로 시작한 대화의 둘째 날에는 다른 사람의 마음을 움직이는 방법이 논의되고, 이때 재치와 유머가 매우 유용하다는 결론에 이른다. 대화의 참석자들은 사람들을 웃게 만드는 데 가장 뛰어난 스트라보에게 유머의 의미를 자세히 파헤쳐 달라고 부탁한다. 그러나 스트라보는 친구들의 부탁을 거절하면서 "유머가 풍부한 남자는 위트를 제외한 다른 모든 주제를 더 재치 있게 다룰 수 있다"[23]고 지적한다.

카이사르 스트라보는 자신은 이론가가 아니라 실천가라는 이유로 친구들의 부탁을 계속 회피한다. 그러나 핵심을 짚어주기를 고집스럽게 거부하던 이 뛰어난 웅변가는 끈질긴 재촉에 못 이겨 "전 분야에 대해서 짧게나마 의견을"[24] 피력하겠노라 말한다. 그리고 현재까지 유머 철학의 걸작으로서 매력을 발산하고 있는 긴 연설이 이어진다. 이 연설은 엄밀한 체계를 갖추고 있진 않지만 다양한 농담과 그 농담들이 사람들을 웃게 만드는 이유, 웅변가가 유쾌한 분위기를 만들어야 하는 이유, 어느 정도까지 위트를 구사해도 되는지, 그리고 우스꽝스러움에는 어떤 종류가 있는지를 설명하고 있다. 위트와 유머를 절묘하게 사용할 수 있는 방법과 적절한 상황도 포함되어 있다. "그러니까 우리는 영리함과 품위로써 재치 있는 한마디의 기회를 판단할 수 있다. 그처럼 적절한 판단을 내릴 수 있는 체계가 주어져 있다면. 하지만 우리의 스승은 자연이다."[25]

위트는 일화 형식의 이야기에 표정 연기가 어우러지며 사물을 대상으로 하는 것으로, 언어로 표현되는 유머러스한 말장난과는 다르게 작동한다. 특히 후자의 경우 키케로의 직업적인 배경이 잘 드러난다. 왜냐하면 대부분의 위트는, 그것이 웃음의 근거를 탐구하도록 사용되었다 할지라도 일종의 수사학적인 어법이기 때문이다.[26]

이후 무수한 계승자가 동조했던 웃음에 대한 철학적 해명 가운데 특히 의미 있는 것은 "우리 예상이 빗나갔음을 알아차릴 때"[27] 우리가 자주 웃는다는 통찰이다. 이러한 인식은 그다지 창의적이진 않더라도 키케로에 의해 웃음을 이해하는 일종의 표준이 되었다. 아리스토텔레스는 이미 그보다 300년 앞서서 그의 『수사학』에서 번뜩이고 재치 있는 매력이 종종 수사학적인 "요령"에 의해 야기된다는 점을 지적했다. 예사롭지 않은 표현 또는 뜻밖의 비유로써 듣는 사람이 지금껏 생각하지 못했던 어떤 새로운 것을 일깨워야 한다는 것이다. 그럴 경우에 듣는 사람은 "참으로 내가 잘못 생각했구나"라고 말하게 된다. 아리스토텔레스는 이 상황을 다음과 같이 해석했다. "그것은 어떤 것에 대해서 예상이 빗나가고 기존의 의견과 일치하지 않았을 때 일어나며, 웅변가들이 재담꾼처럼 비틀어서 말할 때 일어난다. 이러한 효과는 알파벳의 순서를 뒤섞는 단어 유희로 예상을 뒤집을 때도 발생한다. 또한 듣는 사람의 기대와 다르게 표현되는 시도 마찬가지다. 예를 들어 '그는 발에는 종기를 신고 있었다'라는 문장에서 독자들이 기대하는 단어는 물론 종기가 아니라 신발이다."[28]

『웅변가에 관하여』에서 키케로는 소크라테스의 이러한 고찰을 받아들이고 발전시켰다. 우리는 기대했던 것과 다른 말을 들었을 때 자신이 착각한 사실을 깨닫고 웃으며, 이러한 상황은 간혹 의도치 않게 발생하기도 한다. 전형적인 착각은 곧이곧대로 이해되는 말과 그 말에 숨어 있는 의미 사이의 불균형에서 일어난다. 스트라보는 이러한 종류의 위트로 상대를 웃게 만들려고 했다.

"사람들이 예를 들어 폰티디우스에게 '외도 현장을 들킨 남자는 어떨 것 같으냐?'고 묻자 그는 '느리다'[29]고 대답했다. 물론 여기서는 외도에 들킨 남자의 특성이 아니라 그 순간의 반응을 묻는 문제였다.

"나시카의 질문에 대한 카토 검열관의 대답도 재미있다. 나시카가 '양심에 손을 얹고 말해보게. 자네 여자가 있는가?'라고 묻자, 카토는 '신이시여! 양심에 손을 얹고 말해서 여자가 없습니다'라고 대답했다. 이와 같은 대답은 매우 진부하게 들리지만 다른 대답을 기대했을 때는 우습다."³⁰ 왜냐하면 카토에게 묻고자 한 것은 그가 기혼인지 미혼인지였을 뿐인데, 그는 이 엄숙한 질문을 자기 아내의 가치에 대한 평가와 연관 지어 그녀를 (여자가 아니라는 식으로) 멸시하는 발언을 한 것이다.

그 당시 스트라보가 주변 사람들에게 들려준 많은 위트는 이제 더 이상 우습거나 매력적이지 않다. 그 위트들이 웃음의 효과를 발휘할 수 있었던 독특한 문화적 배경이나 감동에 불을 붙이는 점화력이 지금은 없기 때문이다.

"징병 검사를 할 때 메텔루스는 내 시력에 대한 변명을 받아들이지 않았다. 그는 나에게 '그렇다면 아무것도 보이지 않는다는 뜻인가?'라고 물었다. 그래서 나는 또다시 비슷하게 대답했다. '보이고말고요! 에스퀼린 언덕의 성문에서 당신의 성문이 보입니다.'"

여기서 도대체 무엇이 우스운지 알기 위해 우리는 이 농담에 대한 해설을 읽어야 한다.³¹

그러나 카이사르 스트라보의 설명이 아무리 똑똑하고 위트가 넘친다 하더라도 다음과 같은 근본적인 문제에 대한 해답을 제시할 수는 없다. 인간을 특징짓는 표현의 제스처, 즉 입언저리가 살짝 올라가는 것을 비롯하여 경련하듯 온몸을 들썩이게 만드는 웃음의 정체는 도대체 무엇인가?

스트라보는 웃음의 인상학적인 측면과 생리학적인 측면을 자세히 다루지 않았다. 그 영역들은 수사학의 대가인 그가 탐구할 분야가 아니었으므로 다른 전문가의 자문이 필요했다. 이 시점에서 데모크리토스의 이름이 등장한다. "첫 번째 문제에 관해서, 즉 웃음 자체는 무엇이고 어디를 어떻게 자극하는 것인지, 어째서 멈추고 싶어도 멈출 수 없을 정도로 갑자기 터져나와서는 입과 핏줄과 눈과 표정을 엄습하는지를 설명하는 일이 데모크리토스에게 주어진 과제라고 할 수 있겠다."[32]

키케로의 저서에는 압데라의 현자가 스스로 웃기를 좋아하고 많이 웃었다는 사실이 언급되지 않는다. 뿐만 아니라 인간의 명랑하고 즐거운 영혼의 상태에 관심이 많았던 철학자이자 윤리학자라는 설명도 없다. 그는 단지 웃음의 생리학이라는 연구 대상에 심취했던 자연과학자로만 부각되었다. 키케로의 저서에 묘사된 데모크리토스는 웃음을 자극하는 우스운 계기들을 깊이 있게 관찰하면서도 스스로 웃기를 좋아했던 도덕주의자가 아닌, 신체적인 변화 과정을 연구했던 순수한 원자론자로 등장한다.

웃음에 대한 데모크리토스의 물질주의적 분석, 즉 신체적인 변화 과정에 대한 내용은 전해진 바가 없다. 그러나 키케로만 해도 이 부분에 대한 데모크리토스의 관점을 익히 알고 있었던 듯하다. 아마도 그는 아리스토텔레스의 논문 「동물의 신체기관에 관하여」를 통해 윤곽으로나마 데모크리토스의 관점을 익숙하게 받아들였는지도 모른다. 물론 아리스토텔레스가 자신의 생물학적인 체계를 확립하는 데 데모크리토스의 연구를 얼마나 차용했는지는 확실하지 않다. 사실 아리스토텔레스는 이 해부학적인 글에서 웃음을 정신적인 변화의 과정으로 보기보다는 신체적인 현상으로 설명하려 했다. 그는 복부의 아랫부분과 심장과 머리의 윗부분을 나누는 필수적인 경계막 또는 가리개로 이해되었던 횡격막이 따뜻해지는 것, 그리고 횡격막의 진동에서 웃음의 신체적인 원인을 찾고 있다. 그에 따르면 모든 "피가 흐르는 동물"은 횡격막을 필요로 하는데, 이는 단순 영양 섭취를 위해 존재하는 하위 신체로부터 신체의 귀중한 부분과 지각하는 활동을 분리하기 위해서라는 것이다. 이러한 분리는 물론 "윗부분과 아랫부분이 분리 가능한 동물들에게서 볼 수 있다. 왜냐하면 윗부분에 위치한 신체 부위들은 목적이자 귀중한 것이며, 아랫부분에 위치한 신체 부위들은 영양 섭취를 위한 필수적 수단일 뿐이기 때문이다."[33]

아리스토텔레스에 따르면, 분리막인 횡격막 아랫부분의 신체 활동이나 다른 어떤 변화에 의해 진동이 일어날 경우 그 사람은 웃을 수밖에 없다. 그것은 간지럼이 보여주는 것처럼 자기도 모르게 일어나는 변화라는 것이다. "누군가 간질이면 금방 웃게 된다. 움직임이 그 부위에 발생하여 열이 아주 조금만 오르더라도 의지와는 상관없이 인간의 성향이 밖으로 표출되도록 자극이 발생하기 때문이다. 인간만이 간지럼을 타는 이유는 인간의 피부가 매우 민감하고 모든 동물 중에서 인간만이 웃을 수 있기 때문이다. 간지럼은 겨드랑이 주변 부위를 마찰함으로써 자극되는 웃음이다. 전해진 바에 따르면 간혹 전투장의 군인들도 횡격막 근처의 타격으로 인해 웃음이 터지곤 하는데, 아마도 타격에 따른 횡격막 부위의 체온 상승 때문일 것이다. 어쨌든 이러한 주장은 머리가 절단되어도 말을 계속할 수 있다는 주장보다는 신빙성이 있다."**34** 아리스토텔레스는 실제로 살아 있는 모든 피조물 가운데 인간만이 웃을 수 있다고 확신했다. 왜냐하면 동물들은 간지럼을 태우거나 횡격막에 타격을 주어도 "아예 웃지 않기 때문에" 이것을 이해하기는 어렵지 않다.

이러한 아리스토텔레스의 생각이 데모크리토스의 연구로부터 자극을 받은 것인지는 증명할 수 없으나, 데모크리토스에 대한 키케로의 인상을 규명한다. 데모크리토스는 웃음과 그 원인에 대해 순수하게 물리적으로 설명하려 했던 신체의 연구자로 간주되었던 것이다. 하지만 다른 동물들도 횡격막이 진동할 수 있는데 왜 인간만이 웃는지에 대해서는 아리스토텔레스와 마찬가지로 데모크리토스 역시 해명하지 않았으며, 키케로의 저서에서는 데모크리토스가 잘 웃는 쾌활한 사람으로 묘사되지도 않았다.

"데모크리토스 리덴스Democritus ridens", 즉 웃는 주체와 그 웃음의 근원으로의 전환은 4세기 후에야 비로소 이루어졌다. 이번에는 웅변가가 아닌 한 시인이 자신의 시문학적인 의도를 명료히 하는 과정에서 데모크리토스를 상기했다. 고대 로마의 시인으로서 공화제를 옹호하는 진영에 가담했다가 실패한 뒤에 하급 관리를 지내며 시를 썼던 호라티우스(기원전 65~기원전 8)는 시작詩作, 특히 풍자시와 송가頌歌에 탁월한 재능을 보였다. 뿐만 아니라 그는 시적 상상력의 기원과 한계를 시문학적으로 규정하려 했던 이론가이기도 했다. 피소 가문에 보내는 서간문 형식으로 쓴 『시학Ars Poetica』에서 그는 시인과 화가들의 자유를 칭찬하면서도 정도程度를 지켜야 한다고 훈계했다. 이것은 시학의 범주에 들어맞지 않는 것, 즉 사람의 머리에 말의 목을 붙이고 상상할 수 있는 짐승 세계의 모든 신체 부위를 갖다 붙인 것처럼 뒤죽박죽으로 우스꽝스럽게 급조된 혼합물은 허용할 수 없다는 뜻이다. 그러한 상상의 산물은 웃음을 참을 수 없는 "환자들의 공상만큼 쓸모없는"[35] 것이다.

아우구스투스 황제는 호라티우스가 피소 가문에 보낸 편지에 대한 이야기를 듣고는 자신도 당시의 문학적인 취미에 관한 서한을 받기를 원했다. 호라티우스는 자신과의 서신 왕래를 열렬히 원하는 황제의 부탁에 응하여, 기원전 14년 아우구스투스 황제에게 서신을 보내 로마의 시문학이 처한 어려움을 지적했다. 그 어려움이란 독자들이 갈수록 흥미만을 추구하여 시문학이 점점 타락의 길로 접어든다는 것이었다. 선정적인 재미와 단순한 센세이션에 대한 욕구가 진지한 예술의 향유를 밀어낼 참이었다.

호라티우스는 자신의 독자들에 대한 모독을 철학적으로 뒷받침하기 위해 그 방면의 권위자인 데모크리토스를 인용했다. 시인이 그토록 환멸을 느꼈던 흥미 위주의 떠들썩한 볼거리에 대해 데모크리토스는 도대체 무슨 말을 했을까? 호라티우스는 이에 대한 답을 이미 알고 있었다. 데모크리토스는 아마도 모든 멍청이와 바보를 비웃었던 모양이다. 이 대목에서 드디어 웃는 철학자, 즉 '리덴스 데모크리토스'가 등장한다. "웃기를 좋아했던 데모크리토스가 살아 있었다면 아마도 (표범과 낙타의 기이한 혼합물) 기린 그리고 하얀 코끼리가 사람들의 시선을 사로잡는 것을 보고 매우 즐거워했을 것이다. 분명 그는 연극보다는 사람들의 표정과 동작에 더 호기심을 느꼈을 것이다. 하지만 곧 귀가 먼 당나귀들을 위해 시인들이 공연을 바치는 듯한 느낌을 받았을 것이다."[36]

호라티우스는 기원전 46년 카이사르의 개선凱旋을 기념하는 행사에서 처음 로마에 기린이 공개되었을 때 사람들이 깜짝 놀라고 열광하는 것까지는 이해할 수 있었다. 그러나 이러한 볼거리가 단지 민중의 오락을 위한 것이라는 데 분노했다. 이제는 아무도 시인들의 목소리에 귀를 기울이려 하지 않았기 때문이다. 연극의 관중은 마치 철썩이는 파도처럼 시끄럽게 떠들어대고 시인의 음성은 그 소음에 묻혀버렸다.

호라티우스는 절망적인 수준은 아니지만 실망스러운 어조로 웃는 철학자인 데모크리토스를 자신의 보증인으로 끌어들였다. 즉 해방적이거나 즐거운 웃음이 아닌 멸시 가득한 웃음으로 관중을 우스꽝스러운 멍청이로 심판한 것이다. 그 웃음의 발로는 당시의 사회상에 동조하지 않는, 자신이 속해 있지 않은 사회의 혐오스러운 "민중의 모습"을 먼발치에서 고통스럽게 관조하는 듯한 심성이었다.

수사학자인 키케로는 신체적인 웃음을 자연학자 데모크리토스의 연구 대상으로 언급했으며, 시인 호라티우스는 웃는 철학자 데모크리토스를 통해 자신의 문화염세주의를 뒷받침하려 했다. 그렇다면 데모크리토스를 재등장시킨 세 번째 인물인 루시우스 아나에우스 세네카는 어떠한 관점으로 접근했을까? 데모크리토스는 세네카에 의해 전형적인 스토아학파의 특성을 부여받았을 뿐만 아니라, 대조적인 철학자끼리 짝지우는 당시 유행에 따라 한 명의 동반자를 얻게 되었다. 세네카가 설정한 대조적인 한 쌍은 웃고 있는 데모크리토스와 울고 있는 헤라클레이토스였다. 소티온의 다음과 같은 발언이 전해지는 것을 보면, 대조적인 한 쌍으로서 웃는 데모크리토스와 우는 헤라클레이토스의 밑그림은 세네카의 스승인 소티온이 먼저 그려낸 것일지도 모른다. "현자들은 분노에 직면했을 때 헤라클레이토스처럼 눈물을 보이거나 데모크리토스처럼 웃음을 발산한다."**37** 현자들은 분노하지 않는다. 그들은 웃거나 운다. 소티온에게 이러한 상극의 반응은 친숙한 일상의 심리적인 사건이기도 한 반면 중요한 철학적 가치를 지니는 것이었고, 분별 있는 사람의 특징이기도 했다. 우는 것보다 웃는 것을 더 선호해야 하는 이유에 대해서는 제자인 세네카가 설명을 시도했다.

세네카는 유배생활(41~49) 8년 동안 자신이 집필한 3부작 대화록 『분노에 대하여De Ira』에서 곧바로 스승의 관점을 논제의 실마리로 삼았다. 분노란 인간을 상도常度에서 완전히 벗어나게 만드는 마음의 질병이라고 세네카는 진단했다. 그리고 이 마음의 질병을 피하기 위한 방법으로 관용의 자세를 제안했다. 대부분의 사람이 저지르는 실수와 오류를 예상해야 하며, 그것 때문에 분노를 터뜨려서는 안 된다는 것이다. "무엇이 현자의 분노를 누그러뜨리는가? 큰 무리의 죄인들이다. 현자는 보편적인 부도덕에 대해서 노여워하는 것이 얼마나 부당하고 위험한지를 깨닫는다."**38**

그런 까닭에 차라리 울거나 웃기만 했던 두 그리스 철학자처럼 반응하는 쪽이 더 권장할 만하다고 한다. "헤라클레이토스는 수변 사람들이 부도덕한 삶을 살아가다 못해 부도덕으로 파멸하는 모습을 볼 때면 언제나 눈물을 흘렸으며, 명랑하고 행복해 보이는 사람들은 불쌍히 여겼다. 그는 온화했으나 자신의 감정을 숨기기는 어려운 성격이었다. 반면 데모크리토스는 사람들과 어울리면서 한 번도 웃지 않은 적이 없었다고 한다. 그러나 모든 것이 우스꽝스럽거나 통곡할 수밖에 없는 것일지라도 그중에 진지하게 고려할 만한 게 하나도 없단 말인가?"[39]

이에 대해서는 두 가지 반응이 동일하게 평가된다. 분노는 울음 또는 웃음을 통해 똑같이 극복된다. 헤라클레이토스와 데모크리토스를 구분 짓는 것은 오로지 서로 다른 성격일 뿐이다. 예로부터 "침울한 현자"로 알려진 에페수스 출신의 헤라클레이토스(기원전 540~기원전 480년경)는 사람들이 몽유병자처럼 살아가면서도 잠을 자고 있는 사실조차 의식하지 못한다며 불평을 늘어놓았던 인간 혐오자로 유명하다. "그는 사람들과 함께 지내는 생활에 염증을 느낀 나머지 타인과의 교제를 완전히 끊어버린 채 산속으로 들어가 외롭게 살았다."[40] 반면 데모크리토스는 사람들의 무지에 일상적으로 맞닥뜨렸음에도 불구하고 삶을 즐기는 경향이 있었다.

세네카는 그의 후기 교육서인 『영혼의 평정에 대하여Von der Rube der Seele』에서 다른 부분을 강조한다. 그는 울음보다 웃음을 우위에 두었다. 그는 권태, 의기소침과 인간혐오증에 시달리는 사촌 아나에우스 세레누스로부터 감정 기복을 조절할 수 있는 방법이 무엇이냐는 질문을 받는다. 이에 세네카는 그에게 철학적인 치료법으로 "영혼의 평정tranquillitas animi"을 처방하며 자신의 생각을 데모크리토스의 저서인 『영혼의 유쾌함에 대하여 Peri euthymies』와 결부시키려 했다. 그는 "마음에 밤"이 찾아와 "눈앞이 캄캄해지지" 않으려면 데모크리토스를 따르라고 한다. "우리는 천민의 모든 부도덕을 혐오스럽게 받아들이기보다 그저 우스꽝스럽게 받아들이는 자세를 견지해야 하며, 그러기 위해서는 헤라클레이토스보다는 데모크리토스를 따르는 편이 바람직하다. 왜냐하면 전자는 사람들과 섞일 때마다 울어야 했으며 후자는 웃어야 했기 때문이다. 전자는 우리의 모든 행동이 비참하다고 여겼고 후자는 어리석다고 여겼다. 그래서 모든 것을 가볍게 넘기고 즐겁게 참아내라고 말하고 싶다. 삶을 비관하는 쪽보다 삶에 대해 웃는 쪽이 더 인간적이다."[41]

세네카는 인간의 조건conditio humana에 대한 지각과 관련해서 우는 헤라클레이토스와 웃는 데모크리토스를 대비시킨 것이 아니다. 인간의 삶의 조건에 대한 두 철학자의 판단은 일치했다. 그러나 인생의 처절한 비극 앞에 거의 좌절해버린 헤라클레이토스의 눈물보다는 데모크리토스의 웃음에 '인간적인' 경향이 묻어난다. 그의 웃음은 마음속의 깊은 밤을 알고 있으나 더 행복한 삶에 대한 갈망을 포기하지 않는 자세로 어두운 밤에 맞선 것이다. 웃고 있는 눈에서 흘러내리는 한 방울의 눈물처럼 데모크리토스의 웃음은 울음의 동기까지 포함하는 것이기에 헤라클레이토스의 울음보다 더 복잡하다.

그러나 스토아학파인 세네카가 생각하는 최선은 두 가지 모두를 억제하는 것이었다. 흔들리지 않는 평정의 상태야말로 진정한 현자의 특징이기 때문이다. "그러나 보편적인 부도덕과 인간적인 불합리성을 태연하게 참고 견디며 웃음이나 울음을 터뜨리지 않는 편이 더 좋다. 그 까닭은 타인의 결점에 대한 괴로움은 끝없는 고통이고, 타인의 결점에 대한 기쁨은 비인간적인 쾌락이기 때문이다."[42]

세네카는 데모크리토스를 일종의 선구적인 스토아학파로 여겼다. 그는 깊은 엄숙함이 지배하는 자신의 세계상과 인간상으로 데모크리토스를 끌어들였고, 그 결과 데모크리토스의 웃음은 특유의 경쾌함을 잃게 된다. 세네카의 평정tranquillitas은 데모크리토스의 유쾌함으로부터 위트를 추방했다. 이는 대충 넘길 만한 부분이 아니었다. 그래서 이름이 알려지지 않은 어느 철학 작가는 현대 철학과 풍자문학까지 그 생각이 이어지는, 오늘날까지 위트에서 상실되지 않은 놀랍고도 유쾌한 착상을 떠올렸다.

서신 교환의 형태로 작성된 『조증躁症에 대하여Peri manies(정열, 광기, 광란과 조증에 대하여)』라는 작품의 저자에 대해서는 오늘날 정확하게 알려진 바가 없다.[43] 그러나 분명한 것은 서기 1세기 중반에는 이 의학철학적인 저서가 널리 알려져 있었다는 사실이다. 그때는 웃는 데모크리토스에 대한 인상이 우호적이었던 시기다. 아마도 기원전 460년경 에게해 남동쪽 코스섬에서 태어나 기원전 370년경에 사망한 그리스의 의학자 히포크라테스가 작성한 편지일 가능성이 높다. 히포크라테스는 데모크리토스와 동시대인이었을 뿐만 아니라 가장 유명한 고대 의학자였으며, 그의 여러 저서는 인간이 걸릴 수 있는 모든 질병의 종류와 그 치료 방법까지 포함할 만큼 다양하며, 그의 학설을 모은 『히포크라테스 전집Corpus Hippocraticum』은 의학사에 결정적인 기여를 했다.

『조증에 대하여』를 읽은 최초의 독자들은 유명한 소크라테스의 학설이나 그가 내렸던 처방들과 일치하는 구절이 적지 않은 것을 알고 무언가 이상하다는 느낌을 받았을 것이다. 특히 열일곱 번째 편지에 묘사된 히포크라테스와 데모크리토스의 만남은 상상력이 풍부한 단순 서간 소설, 즉 허구의 세계로 보인다. 실체가 확인되지 않은 어느 작가가 자신이 지어낸 흥미로운 이야기를 마치 실제로 일어난 사건인 양 꾸며낸 게 틀림없다. 히포크라테스의 학설을 심도 있게 연구해온 학계에서는 이 서간 소설을 가짜로 규정했고, "사이비 히포크라테스Pseudo-Hippocrates"라는 제목을 달아 작품 후미에 배치하고는 더 이상 관심을 두지 않았다. 이 위작은 철학사를 기술하는 사람들에게도 관심 밖이었다. 고대 그리스의 철학과 의학에 관한 문헌학적 연구로 유명한 고전문헌학자 헤르만 딜스는 「사이비 히포크라테스」를 "파렴치한 졸작"[44]으로 평가했고, 이 글에 관심을 갖는 사람은 분명 취향에 문제가 있다고 했다.

「사이비 히포크라테스」에 대한 이러한 평가 절하는 인문학사 차원에서 의미 있는 사실들을 간과한 것이다. 이 작품은 유럽 최초의 서간 소설이자 주인공이 이론가인 최초의 소설이며, 웃는 데모크리토스의 '조증'과 '광기'가 묘사된 최초의 텍스트이기 때문이다. 더 나아가 히포크라테스의 소설을 폄하한 사람들은 이 글이 이후에 특히 르네상스와 인문주의에서 중요하게 대두되는 의학과 철학의 밀접한 연관성을 처음으로 담고 있다는 사실도 간과했다. 철학은 히포크라테스의 관점에 맞추어서 의학적인 인식들에 근거하여 방향이 설정되고 있으며, 의학 연구는 인문주의적인 철학적 인간상을 제시하고 있기 때문이다. 그리고 인간적인 특성인 웃음에는 '웃으면 건강하다'는 치유력이 부여된다.

「사이비 히포크라테스」를 되돌아봄으로써 웃음의 치료 효과에 대한 히포크라테스의 가르침과 더불어 데모크리토스의 웃음 철학도 크게 인정받을 수 있었다. 저자가 상상으로 꾸며낸 『히포크라테스의 서간들briefe des Hippokrates』[45]은 2부에서 편지의 발신자인 이 그리스 의사가 소피스트인 프로타고라스와 철학자인 데모크리토스의 고향 압데라로 여행하는 과정을 그리고 있다. 실제로 압데라는 히포크라테스에게 그리 낯설지 않은 도시였던 모양이다. 그는 그곳의 좋지 않은 기후 때문에 병에 걸린 환자들의 사고력을 해치는 여러 질병을 진단했다. 한때 강력한 상업도시로서 영향력을 과시한 압데라였으나 당시 그곳 주민들은 정신적으로 미숙하다는 불명예스러운 소문이 퍼져 있었다. 그런 의미에서 "압데라 사람들"이라는 표현은 하나의 관용구로 자리 잡았고, 고대의 풍자집인 『웃음을 사랑하는 자Philogelos』에는 어리석은 압데라 사람들에 관한 위트가 18개 수록되어 있다. 예를 들어 다음과 같은 위트다.

—압데라는 동쪽과 서쪽으로 나뉘어 있었다. 갑작스런 적들의 침략으로 모두들 혼란에 빠졌다. 그러자 도시 동쪽에 사는 시민들은 이렇게 말했다. "우리가 혼란스러워할 필요는 전혀 없다네. 적들은 서쪽 성문으로 쳐들어오지 않는가!"

—압데라 시민 한 명이 목을 매어 자살하려 했다. 하지만 끈이 끊어져 땅에 떨어지는 바람에 머리에 상처가 났다. 그는 의사를 찾아가 붕대로 상처를 감싼 다음 집으로 돌아와서 다시 목을 맸다.

—양파를 너무 많이 먹으면 배에 바람이 든다는 말을 들은 어느 압데라 시민은 배를 타고 가다가 바람이 잠잠해지자 자루에 양파를 가득 채운 뒤 배 뒷부분에 매달았다.[46]

히포크라테스를 주인공으로 한 서간 소설의 작가는 압데라 사람들에 대해 전해지는 그다지 유쾌하지 않은 후문을 실마리로 자신의 이야기를 풀어갔다. 그가 구상한 플롯은 다음과 같다. 압데라 시민들은 코스섬의 저 유명한 의사에게 도움을 청했다. 왜냐하면 이 도시의 시민인 데모크리토스가 너무 많은 지혜로 인해 병에 걸렸기 때문이다. 그는 "모든 것을 잊어버리고 때로는 자신을 망각한 상태에서 밤낮을 뜬눈으로 지새우면서 모든 것(사소한 일과 중요한 사건)에 대해 쉴 새 없이 웃어대고 그것들을 아주 하찮게 여기면서 일생을 보내고 있었다."(31쪽) 그의 병명은 환자를 우둔하게 만드는 웃음병으로 진단되었고, 다른 압데라 사람들도 위험해질 수 있었다. 웃음은 전염된다고 하지 않던가? 이 질환에 걸린 환자는 미쳐버릴 위험에 속수무책으로 노출된 것이다. 히포크라테스는 압데라 사람들을 돕기로 약속했다. 물론 그는 유명한 자연학자의 정신 질환에 대한 이야기를 들었을 때 기분이 좋지는 않았지만 끊임없이 웃는 것에 대해서는 심각하게 생각했다. "그가 모든 것에 대해 웃는다면 아마도 상태가 매우 나쁠 것이다. 그 정도가 지나쳐도 심각한 일인데, 그 대상이 모든 일에 확장된다면 더욱 심각하다."(38쪽) 그는 일단 만나서 자신이 어떻게 도울 수 있을지를 알아보기로 했다. 그리하여 의사와 철학자의 기념비적인 만남이 이루어졌다. 이야기의 결말에 이르면 병에 걸린 것으로 생각했던 철학자는 사실 매우 똑똑하며 세상에 대한 경험이 매우 풍부한, 어찌 보면 "지나칠 정도로 사려 깊은"(43쪽) 사람으로 판명된다. 그런 반면 압데라 시민들은 비이성적인 사람들로 밝혀졌다. 히포크라테스는 그들에게 '크리스마스로즈'라고도 불리는 미나리아재비과의 헬레보어 뿌리radix hellebori albi에서 추출한 진액을 처방했다. 히포크라테스의 학설을 따르는 의학자들에게는 이 진액이 광기를 몰아내는 데 매우 효과적인 약재로 통했고, 그것의 위험성과 부작용에 대해서는 스물한 번째 편지에 전문적으로 기술되어 있다.

열일곱 번째 편지에는 상상에 근거한 히포크라테스와 데모크리토스의 만남이 전개되고 있다. 사람들은 이 에피소드를 동화와 우화의 세계로 추방한 동시에 그 철학적 내용까지 배척해 버렸다. 그 철학의 핵심은 일종의 역할 바꾸기를 통해 드러난다. 코스섬에서 온 의사는 웃음병에 걸린 철학자를 진찰했고, 본인의 지혜를 잘 사용하도록 권고함으로써 최선의 치료법을 제시했다. 그래서 철학자는 인간의 어리석음을 분석하고 그에 관한 방대한 연구를 추진했으며, 그 결과는 이후에 의학과 약학 연구에 수용되었다.

압데라의 현자는 전반적으로 삶의 교차 지점에서 웃음이 근본적인 역할을 한다는, 현재까지도 유효한 통찰에 이르렀다. 이러한 철학적 의사의 치유적 웃음은 플라톤 같은 철학자 왕에게 저항하는 정도였다. 데모크리토스의 실제적인 논적論敵은 우는 헤라클레이토스가 아니라 (이 이야기에서 그의 이름이 등장하지는 않았지만) 유머 없는 플라톤인 셈이다.

히포크라테스는 몇 명의 압데라 주민을 따라 도시에서 벗어난 언덕에 있는 데모크리토스의 허름한 숙소로 찾아갔다. 그는 몹쓸 웃음병에 걸렸다고 소문난 학자가 연구에 몰두하고 있는 모습을 발견했다. 플라타너스 아래에 앉아 있던 데모크리토스는 책을 들여다보고 잠시 생각에 잠겼다가 무언가를 적곤 했다. 그의 앞에는 도살된 짐승 몇 마리가 놓여 있었고, 그는 반복해서 그 짐승들의 내부와 생물학적 원리를 유심히 관찰하고 있었다. 이러한 기이한 행동이 압데라 시민들의 편견에 확신을 심어주었다. "히포크라테스, 당신은 데모크리토스의 생활이 보이지 않습니까? 보시다시피 그는 정신이 혼미하여 자신이 무엇을 하고 있는지, 무엇을 원하는지도 모르고 있지 않습니까."(44쪽) 그들의 말에 데모크리토스는 미소를 지으며 고개를 가로저었다. '압데라 시민들이라니!' 그들은 도대체 연구라는 것에 대한 인식이 없었다. 그러나 가까이 다가오는 낯선 인물은 똑똑한 사람처럼 보였다. 데모크리토스는 그에게 '이방인'이라고 하며 먼저 인사했다. 두 연구지는 서로를 높이 평가했으며 세계주의적 형세애를 느꼈다. "어떠한 열망이 그대를 이곳으로 인도하였는가, 친구여?" (45쪽) 히포크라테스는 의학적인 진단의 오류를 피하기 위해 방문의 진짜 이유를 말하지 않았다. 그는 단지 "한 명의 현자를 만나기 위해서"(45쪽) 왔다고 대답한다.

손님으로 온 히포크라테스는 대화를 나누기 위해 데모크리토스에게 무엇에 몰두하고 있는지를 물었고, 데모크리토스는 정신착란의 생리학적 원인을 연구한다고 대답했다. 데모크리토스는 자신이 『조증에 대하여』란 책을 쓰고 있으며, 동물들의 몸속을 들여다보는 이유는 쓸개가 광기를 일으키는 데 중요한 원인이 된다고 보기 때문이라고 설명했다. 코스섬에서 온 의학자는 동료의 병인학病因學이 전적으로 납득할 만한 가설이라고 생각하면서 열성적인 그의 연구 자세를 칭찬했다. 히포크라테스가 보기에 데모크리토스는 참으로 행복한 사람이었다. "자네에게는 여유가 있지 않은가. 우리 같은 사람한테는 그러한 여유가 주어지지 않는다네. 밭일, 아이들, 돈 벌기, 질병과 사망, 문제를 일으키는 하인들, 그리고 결혼과 같은 사건들이 우리의 시간을 모두 빼앗아간다네."(46쪽) 데모크리토스는 히포크라테스의 찬사에 웃음을 지었다. 그는 도대체 왜 아무 때나 웃는 것일까? 게다가 보통 사람들보다 지나치게 많이 웃는 이유는 무엇인가? 히포크라테스는 도발적으로 질문을 이어갔다. "나는 자네가 당하고 있는 고통의 원인을 알고자 하네. 내 말이나 인격의 어떠한 부

히포크라테스와 데모크리토스는 동시대인이다. 『사이비 히포크라테스』는 최초의 유럽 서간 소설이며, 웃는 데모크리토스의 '조증'과 '광기'가 묘사된 최초의 텍스트다.

분이 자네의 웃음을 자극했는지 알고 싶다네. 그래야 내가 배워서 잘못을 고치거나 자네가 적절치 않은 웃음을 멈추지 않겠는가?"(47쪽)

데모크리토스는 도전을 받아들였고, 두 사람은 길고도 재미있는 대화를 나누었다. 압데라의 철학자는 이 대화에서 자신의 웃음을 개인의 기질로 정당화했을 뿐만 아니라 삶에 대해 취할 수 있는 적절한 반응이라고 설명했다. 그리고 자기를 찾아온 손님을 향해 매우 날카로운 시선을 던지면서 대부분의 사람이 수없이 많은 위기에 빠지면서도 스스로 극복하지 못하는 이유에 대해 이야기했다.

그가 생각하기에 모든 생태학적인 문제는 사람들이 은과 금을 캐느라고 땅을 황폐하게 만들 때의 무절제한 이기심에서 발생한다. "그들은 금을 얻기 위해 지구의 핏줄을 끊고 어머니와도 같은 대지에 흙덩어리만 남긴다. 그들은 자신들이 찬탄하는 대지를 발로 짓밟는다. 숨겨진 쓸모 있는 땅을 사랑하면서도 눈에 보이는 땅을 학대한다는 사실이 얼마나 우스운가!"(48쪽)

생태학적 위기의 원인은 갈수록 더 많은 것을 추구하는 금전욕이었다. 그러한 무분별함은 "비이성적인 동물들"(52쪽)의 자족을 넘어서는 것이다. "어떤 황소가 탐욕으로 배를 채우는가? 어떤 표범이 불만족에 시달리는가? 멧돼지는 목마른 만큼 물을 마시고 늑대는 필요한 만큼 먹이를 먹어치우고 나면 멈춘다."(53쪽) 그러나 인간은 더 많은 돈과 재산을 사냥하며, 그러한 끊임없는 탐욕이 경제적 동력을 초래하여 인간 스스로를 점점 더 왜소하게 만들었다고 데모크리토스는 주장한다. 인간은 돈의 굴레에 사로잡혀 스스로는 제어할 수 없는 자체 동력의 흐름에 휘말려 헤어날 수 없게 되었다는 것이다. "그들은 넓은 지역에 경계를 쳐놓고 자신의 재산이라고 주장함으로써 그 땅의 절대적인 주인이 되려고 한다. 그러나 정작 자기 자신은 마음대로 할 수 없게 되었다."(48쪽)

가장 심각한 것은 정신적 위기로, 사람들은 더 이상 자기 자신에 대해 알지 못하게 된 것이다. 그들은 자신이 무엇을 하고 있고, 무엇을 원하는지 깨닫지 못한 채 무덤에 가져갈 수 없는 재산을 두고 싸움을 벌인다. 그들은 성취할 수 없는 것을 욕망하면서 자신들이 갖고 있는 것에 대해 기뻐할 줄 모른다. 그들은 생명 없는 조상彫像을 우상으로 여기고, 말이 없는 그림을 숭배하면서 정작 말할 줄 아는 이웃은 증오한다. 그들은 삶을 혐오하면서도 죽음이 두려워 살아남길 원하고, 오래 살고 싶으면서도 오래 살았을 때는 한탄한다. "그들은 만사를 자신들의 욕망에 따라 왜곡하며"(49쪽), "어떠한 상황에서도 뚜렷한 생각이 없다."(51쪽) 그들은 분별없이 인생을 표류하는 가운데 아무 계획도 없이 여기저기 뛰어들고, "정신이 손상되어 교만하고, 비논리적인 사고 때문에 무질서한 행동을 바로잡을 수 없게 되었다."(50쪽) 그들은 세상의 이치를 분명하게 인식할 줄 아는 능력을 미친 짓으로 여기고, 자신들의 비이성을 일반적인 자명함으로 이해한다.

이러한 모든 어리석음이 데모크리토스로 하여금 울게 만드는 대신 웃게 만든 것이다. 그는 절망으로부터 스스로를 보호하기 위한 수단으로 웃음이 적절하다고 보았다. 동시에 그 웃음으로 압데라 사람들의 우스꽝스러운 비이성을 일깨워주려 했다. "그들은 볼 수 있는 눈도 들을 수 있는 귀도 없기 때문에 나의 웃음은 그들의 무계획성을 심판한다."(51쪽) 사실 데모크리토스는 압데라 시민들이 스스로의 행동을 깨달을 수 있을 거라는 희망을 품지는 않았다. 그러나 삶에 대한 기쁨이라는 인간의 권리를 포기하지 않았음을 웃음으로써 보여주었다.

이러한 지혜로운 명랑함의 일면은 진지한 히포크라테스에게도 전염되었다. 우선 그는 언덕 위에서 기다리고 있던 압데라 사람들에게 "매우 기쁘게" 진찰 결과를 발표했다. "나를 이곳으로 불러준 여러분에게 감사합니다. 나는 가장 지혜로운 사람인 데모크리토스를 만나게 되었고, 그만이 유일하게 사람들에게 이성을 되찾아줄 수 있다는 사실을 알았습니다."(55쪽)

히포크라테스가 실제로 데모크리토스식의 웃음을 치료제로 제공하거나 처방했는지에 대해서는 전해진 바가 없다. 그보다는 헬레보어 추출액을 더 신뢰한 것으로 보인다. 그러나 이 뿌리 식물 역시 웃음 유발이라는 숨은 의도로 처방되었다. 웃음과 같은 치유 효과를 지닌 헬레보어는 히포크라테스 이후로 우울증을 치료하는 약재로 쓰였다. 어쩔 수 없는 재채기와 신체의 떨림을 일으킴으로써 우울증적 슬픔에 갇혀 있는 경직을 풀어주는 효과를 발휘하기 때문이다. 말하자면 경련처럼 몸이 흔들리는, 호탕한 웃음을 억제할 수 없는 효과와 같은 것이다. 두 연구자의 만남이 히포크라테스의 다음과 같은 약속으로 마무리된 것은 당연해 보인다. "이제 우연이 우리 두 사람을 만나게 한 이상 자네가 자주 편지로 연구 논문을 전해주었으면 하네. 나도 헬레보어 뿌리의 적용에 관한 내 논문을 보내주겠네. 그럼, 잘 지내게!" (67쪽)

데모크리토스는 호라티우스, 세네카 그리고 「사이비 히포크라테스」를 통해 유명한 인물이 되었다. 그는 훌륭한 현자였으며, 그의 웃음은 전도된 세상을 비춰주는 반면교사이자 그러한 세상에 굴하지 않고 일관되게 살아갈 수 있는 최고의 수단이었다. 그리고 이러한 데모크리토스에 대한 표상이 실마리가 되어 로마 황제 시대의 풍자 문학도 완결된 형태로 꽃피울 수 있었다. 인간의 어리석음에 대한 호라티우스의 시와 「사이비 히포크라테스」의 과장된 묘사에서 이미 풍자적 요소들을 찾아볼 수 있다.

그러나 서기 2세기 초, 상상 가능한 인간의 모든 부도덕과 어리석음을 심판하기 위해 데키무스 유니우스 유베날리스라는 풍자시인이 사용했던 의식적인 과장과 화해할 수 없는 조롱에 비하면 아무것도 아니다. 데모크리토스식의 웃음이 지니는 파괴력은 유베날리스에 의해 유머 없는 웃음만이 유발할 수 있는 일그러진 분노로 비화됐다. 민중은 더 이상 정치적 영향에는 관심이 없고 "빵과 놀이panem et circenses"를 원한다는 것이다.[47] 또한 인간은 "건강한 신체에 건강한 정신mens sana in corpore sano"[48]이 깃들도록 노력하기보다는 부, 권력, 무명武名, 언변술, 장수 혹은 아름다움을 갈망한다고 보았다. 유베날리스의 열 번째 풍자시는 바로 이러한 인간의 그릇된 갈망을 다루고 있다. 그의 풍자 문학이 지닌 설득력의 원천은 철학이 아니었다. 유베날리스는 숱한 사회적아과 개인적인 재앙에 관한 대담한 묘사의 힘을 빌렸으며, 직관에 따른 도덕적 통찰만이 중요하다고 보았다. 온전한 정신의 소유자라면 웅변술의 귀재인 키케로와 부유했던 세네카마저 죽음으로 내몰았던 '재산'을 갈망할 리 없다고 생각한 것이다.

그렇다고 해서 풍자에 능숙한 시인이 자신의 철학 지식을 감춘 것은 아니었다. 그는 소크라테스, 에피쿠로스 혹은 시노페의 디오게네스 같은 철학자들을 언급하며 그들의 이성적인 신중함을 칭송했다. 그러나 그가 가장 좋아했던 철학자는 데모크리토스였고, 그의 웃음을 헤라클레이토스의 울음보다 선호했다.

"그렇다면 이제, 두 현자 중 한 명은 울었지만 그의 반대자는 문턱을 넘어서 걸음을 뗄 때마다 웃음을 터뜨렸다는 점을 높이 사야 하지 않겠는가? (…) 그는 이미 사람들과의 만남에서 웃음의 소재를 발견했고, 그의 총명함은 어리석은 인간들의 고향과 탁한 공기 속에서도 높은 이상의 모범이 되는 위대한 인물이 탄생할 수 있다는 사실을 증명해주었다. 그는 백성의 걱정과 기쁨을 비웃거나 때로는 그들의 눈물을 비웃기도 하면서, 자신을 위협해오는 운명의 여신에게 목을 매라고 밧줄을 건네주며 가운뎃손가락을 내밀었다."[49]

데모크리토스의 풍자적 웃음은 유베날리스에 이르러 운명의 힘에 저항하는 불쾌한 자기주장의 제스처로 고양되었고, 이어서 고대 풍자 문학의 절정을 이룬 사모사타 출신의 루키아노스(120~180)의 작품으로 이어졌다. 루키아노스는 데모크리토스식

웃음에 담긴 풍자의 내용을 철학적으로 뒷받침함으로써 여러 철학적 사변과 오류를 비판했다. 변증론적 논쟁 문화에 능숙한 그는 철학으로 철학을 조롱할 수 있을 만큼 유희의 능력이 뛰어났다. 예를 들어 그는 『헤르모티모스Hermotimos』「대화편」에서 "철학이란 연구할 만한 가치가 있는가?"라는 주제를 던져놓고 두 철학자를 논쟁케 한다. 그러면서 이에 대한 부정적인 답변이 철학을 연구하는 의미를 담고 있는 것처럼 서술한다.[50]

그의 「대화편」 가운데 매우 흥미로운 대목인 '거짓의 친구들 Lügenfreunde'은 철학사에 대한 루키아노스의 높은 학식을 보여준다. 여기서 그는 영생하는 영혼과 유령의 존재, 플라톤의 이데아들의 정신적인 가시성可視性 또는 지글거리는 불구덩이의 저승세계에 관한 수많은 생각을 논하고 있다. 냉철한 사고의 소유자이며 초월적 존재에 대한 믿음이 없는, 루키아노스의 자아로 등장하는 티키아데스는 이러한 모든 것을 지어낸 이야기, "쓸데없는 것"[51]으로 여겼다. 그리고 지혜를 사랑하는 자들이란 거짓의 친구, 즉 거짓을 사랑하는 자Philo-pseudeis라고 폭로했다. 하지만 그는 철학적인 주장들의 거짓 속성에 개의치 않았고 자신이 권하는 해독제의 효과를 믿었다. "진리와 건강한 이성이라는 해독제를 사용한다면 헛되고 공허한 많은 망상 가운데 어떠한 것도 우리를 불안에 빠뜨릴 수 없다."[52]

비판을 받은 철학자들은 과연 신뢰성이 있고 진리를 아는 인물이 누구냐고 물었고, 티키아데스는 곧바로 유명하고도 존경받는 압데라의 데모크리토스를 언급했다. 그러면서 인간의 영혼도 다른 물질과 마찬가지로 원자로 이루어져 있으며 죽음에 이르렀을 때는 영혼의 활동도 종결된다는 데모크리토스의 물질주의적 사상을 상기시켰다. 데모크리토스에게 불멸의 영혼이란 단순한 환상에 불과한 것이었다. 루키아노스는 이러한 사상을 근거로 재미있는 짧은 일화를 지어냈다. 총명한 데모크리토스는 "방해받지 않고 생각에 집중하기 위해 성 바깥에 있는 오래된 무덤에 자신을 가둔 채 그곳에서 밤낮으로 글을 쓰고 명상에 잠기는 생활을 하고 있었다. 그러자 몇 명의 실없는 젊은이가 그를 겁주려고 수의를 차려입고 해골처럼 생긴 가면을 쓰고 나타나 날뛰듯 춤을 추었다. 데모크리토스는 그들의 변장에 놀라기는커녕 쳐다보지도 않은 채 글을 계속 쓰면서 장난을 집어치우라고 타일렀다. 몸에서 떠난 영혼은 절대 돌아올 수 없다고 확신하고 있었기 때문이다."[53] 반대로 다른 철학자들은 다름 아닌 일화 자체가 그의 어리석음을 증명하고 있다면서 데모크리토스를 거짓말쟁이라고 했다. 그들은 데모크리토스의 물질주의적 무신론에 대해서는 언급조차 하고 싶지 않았던 것이다.

루키아노스는 『철학적 종파들의 판매Verkauf der Philosophischen Secten』에서 조롱을 이어나갔다. 대체로 사람들은 데모크리토스와 그의 철학을 어디에 사용해야 할지 모를 만큼 어리석다는 것이다. 사람들의 무지는 루키아노스로 하여금 풍자적인 단상을 떠올리게 했다. 모든 신의 우두머리이자 하늘의 지배자인 주피터와 그의 조수이면서 상업의 신인 메르쿠리우스가 (피타고라스에서 아리스토텔레스, 소크라테스에서 에피쿠로스에 이르기까지) 모든 철학자를 경매하는 이야기였다. 입찰 금액을 올리는 과정에서 철학자들의 특별한 능력이 선전되었다. 그리고 마침내 주피터는 웃는 압데라의 현자와 우는 에페수스의 현자를 동시에 무대에 올렸다. "왜냐하면 이 두 사람은 반드시 같이 팔려야 하기 때문"이었다.[54]

메르쿠리우스 여러분, 앞으로 나오세요! 훌륭한 인물들을 공개합니다! 내가 내놓은 현자들 중 최고의 현자들입니다.

구매자 맙소사! 이렇듯 뚜렷한 대비라니! 한 사람은 끊임없이 웃어대고 다른 사람은 쉬지 않고 울어대는 것으로 보아 누군가 사랑하는 사람이 죽은 게 틀림없어. 어이, 거기 있는 친구여, 자네는 도대체 무엇 때문에 웃고 있는가?

데모크리토스 아직도 모른단 말인가? 나에게는 그대들의 모든 것과 그대들 자체가 우스꽝스럽다네.

구매자 뭐라고? 자네는 우리 모두를 비웃고 모든 인간사를 하찮게 여긴단 말인가?

데모크리토스 그렇다네, 모든 것은 특별한 의미가 없고 무한한 공허 속에서 춤추는 원자들에 불과하다네.

구매자 공허한 것은 자네 머리일세. 내가 보기에 자네는 틀림없이 대단한 허풍쟁이일세. 무례하기 짝이 없군. 도대체 저 웃음은 언제 잠잠해진단 말인가!

"공허"라는 단어를 두고 두 사람이 벌이는 설전은 시시한 말장난 이상이었다. 그것은 진지하면서도 유머러스한 방식으로 철학적인 인식과 일상적인 의식 사이에 존재하는, 풀리지 않는 긴장감을 보여준다. 만물의 근원을 이루는 모든 사물은 언제든 다른 것으로 변화할 수 있다는 데모크리토스의 학설에 구매자는 스스로 생각하기에도 위트 있는 단어를 떠올렸다. 그의 생각에 데모크리토스의 인식은 그 자체로 무의미하고 "공허하다"는 것이다. 그러나 그 말은 구매자 자신의 철학적 무지를 드러냄과 동시에 순박한 주장에 불과함을 여실히 보여주었을 뿐이다. 데모크리토스는 조롱하듯 크게 웃었으며, 구매자의 행동적 가치를 완전히 저하시켰다. 그의 웃음은 공허 속에 무한한 원자들의 놀이, 즉 거대한 무無 안의 무수한 어떤 작용들의 결과라고 할 수 있는 인간 세상에 대한 철학적 우월의 표현이었던 것이다. 상황이 이러하니 아무도 데모크리토스를 사려 하지 않았으며, 그것은 결코 놀라운 일이 아니었다. 그렇다고 인간의 운명을 "쇠락과 죽음에 예속된"[55] 것으로 인식하여 한탄과 절망 속에서 눈물을 흘리는 헤라클레이토스를 사려는 사람도 없었다.

그러나 적어도 "저 웃음은 언제 잠잠해진단 말인가!"라며 신경을 곤두세웠던 구매자는 곧 고무적인 답변을 얻는다. 루키아노스에 이어 데모크리토스도 철학의 무대에서 사라졌기 때문이다. 물론 후기 고대나 중세 문학에서 간혹 그를 기억한 흔적은 있지만 더 이상 그는 인기 있는 사상가가 아니었다. 반면 영향력을 점점 확대해나간 기독교 사상은 데모크리토스의 원자론, 무신론 그리고 웃음의 욕구를 거부하고 끝내 몰아내버렸다.

기독교에 의한 '수난'의 신성화 또는 고평가는 웃음을 경멸하도록 유도했다. 이 과정에서 데모크리토스와 같은 인물은 희생양이 되었다.[56] 웃음을 혐오하는 기독교의 교부敎父들은 웃음의 적이었고, 그들은 웃음을 사랑하는 모든 웃음의 친구들을 얼간이나 죄인 취급했다. 성서에도 "너희 이제 웃는 자여, 너희가 애통해하며 울리로다"[57]라고 경고하지 않았던가. 중세의 기독교 문화에서는 경직된 엄숙함이 진리와 선함에 어울리는 표현이었고, 모든 본질적인 것과 의미 있는 것 그 자체였다. 그러나 유쾌함, 웃음과 농담의 추방은 인간으로 하여금 웃고자 하는 욕구를 마음껏 발산할 분출구를 찾아 헤매도록 만들었다. 따라서 중세의 교회 의식을 풍자한 학교 축제나 '얼간이의 날'과 같은 특별한 축제 기간에는 실컷 웃을 수 있도록 했다. 또는 '부활절 웃음risus paschalis'과 '크리스마스 웃음'과 같은 의식도 도입했다.

그러나 이러한 기독교적인 엄숙의 기간도 1000년이 지나고 나서는 종결되었다. 그리하여 후기 중세로 접어들어 개인주의가 발견되고 해학이나 골계에 대한 새로운 감각이 환기되면서, 게다가 새로운 인문주의의 조명 아래 웃는 철학자에 대한 신화가 부활했다. 그리고 놀라운 호황을 누렸다. 데모크리토스의 웃음은 유쾌한 방식으로 인간을 사랑하면서도 스스로는 대중의 허황된 희망과 욕망으로부터 자유로운 자의 표현으로 해석되었다. 인간의 친구인 그는 대중에게 미소를 지으며 말한다. 보아라! 그대들의 고통을 안고도, 그대들의 기쁨 없이도 유쾌하게 살아갈 수 있지 않은가?

로테르담 출신의 인문주의 철학자 에라스뮈스는 1508년에 이미 그의 친구인 토마스 모루스(토머스 모어)에게 『우신예찬Moriae encomium』이라는 글을 헌정하면서 다음과 같이 지적했다. "인간의 삶에 대해 자네도 조금쯤은 데모크리토스처럼 이해하기를 좋아하지 않는가."[58] 에라스뮈스가 루키아노스처럼 비꼬기를 좋아하고 말장난을 늘어놓는다고 질책했던 악의적인 비판자들도 이 네덜란드 출신의 인문학자가 자신의 주장을 즐거운 경쾌함으로 펼치는 것을 방해할 수는 없었다. 어쨌든 "벌을 받지 않고 인간의 삶을 조롱"[59]하는 것은 예술가의 특권이 아니던가. 하지만 에라스뮈스는 "끊임없이 부도덕의 비밀스러운 발자국을 따라가는" 풍자시인 유베날리스처럼 조롱하려 들지는 않았다. "나는 수치스러운 것을 머릿속에 떠올리기보다는 웃기 위한 소재를 제공했다."[60]

이로써 '웃는 데모크리토스와 우는 헤라클레이토스Democritus ridens et Heraclitus flens'[61]가 주도적인 역할을 했던 가지각색의 윤무輪舞가 다시 펼쳐지기 시작했다. 피치노, 프레고소 그리고 뷔데 등의 르네상스와 인문주의를 선도한 작가들은 이 두 고대 철학자와 더불어 재치 있는 유희를 즐겼으며, 무엇보다 그들은 데모크리토스의 '유쾌함'을 삶의 이상으로 새롭게 평가하고 중요성을 부여했다.

프랑스의 작가 라블레는 1532년 자신의 유쾌한 '팡타그뤼엘주의'에 작은 힌트를 건네준 데모크리토스에게 헌사를 바치면서, 자신의 세기적인 걸작 『가르강튀아와 팡타그뤼엘Gargantua et

Pantagruel』을 독자들에게 다음과 같이 추천했다.

"친구들이여, 대담하게 웃을 수 있는 기술을 제외하면 그대들이 완벽해질 방법은 없다. 나는 그대들이 두려움과 근심으로 괴로워하는 것을 본 뒤 다른 소재를 선택할 수 없었다. 웃음은 인간의 가장 큰 재산일지니 용기 내어 울지 말고 웃기를 바란다."[62]

이미 16세기에 라블레와 데모크리토스를 동일시하여 공동의 "웃음 문화"에 편입시키는 토포스가 유행했다.

러시아 문예학의 거장인 미하일 바흐친(1885~1975)은 『라블레와 그의 세계Rabelais und seine』를 통해 고대로부터 현재까지 이르는 웃음 문화의 발자취를 가장 착실히 검토한 바 있다. 그는 1930년에 처음 체포되어 카자흐스탄으로 추방된 뒤 박사 논문에 열중해 있던 시기에 러시아 중서부의 사란스크에서 본인 연구의 근간이기도 한 이 작품을 썼다. 저술은 1940년에 탈고되었으나 1965년에 비로소 모스크바의 어느 출판사에서 출판되었고, 이후 바흐친은 학문적으로뿐만 아니라 정치적 숭배의 대상이 되었다. 라블레의 세계에 관한 연구 논문을 통해 바흐친은 스탈린의 프롤레타리아 독재에 저항하는 파괴력 있는 민중의 웃음 문화를 마법처럼 불러냈고, 르네상스 시대에 대한 독자적인 해석으로써 소비에트 연방의 전체주의를 대체할 안을 제시한 것처럼 보였기 때문이다.

바흐친에 따르면 민속적인 웃음 문화는 권력층의 가치를 전복시키고 모든 위계질서를 뒤집을 수 있다. 산발적으로 터져나오는 웃음은 가장 높은 문학적 차원에 이르게 하는 동시에 철학적 깊이를 부여하는 창의적 힘이라고 비흐친은 설명한다. "르네상스 시대에 웃음은 가장 극단적인 동시에 가장 보편적인, 어찌 보면 가장 세계적이며 가장 유쾌한 형식으로, 역사상 단 한 번(나라별로) 50년 또는 60년 동안 민중에 의해, ('비속한') 민중의 언어로써 위대한 문학의 세계와 당대의 이데올로기에 진입하는 데 성공했다. 이러한 상황 덕분에 보카치오의 『데카메론Decameron』, 라블레의 소설들 그리고 세르반테스, 셰익스피어의 희극들과 같은 세계 문학의 위대한 작품들이 탄생할 수 있었다."[63]

라블레와 히포크라테스 그리고 데모크리토스는 웃음의 회귀를 통해 다시금 철학 무대에 등장할 수 있었다. 그 이유는, 웃음 문화의 측면에서 문학 및 철학의 걸작인 『가르강튀아와 팡타그뤼엘』에 등장하는 신체에 대한 수많은 그로테스크한 구상은 『히포크라테스의 전집』에 대한 배경지식 없이는 이해할 수 없기 때문이다. 라블레는 자신이 공부했고 이후에는 가르치기도 했던 몽펠리에 의과대학에서 히포크라테스의 학설에 대한 지식을 섭렵했다. 당시 몽펠리에 의학계는 히포크라테스의 학설을 따랐고, 1531년 6월 라블레는 히포크라테스의 그리스어 원문을 강의하기도 했다. 이듬해인 1532년에는 히포크라테스의 격언을 모으고 자신이 해설을 붙인 『격언집Aphorismen』을 출간했다.

라블레는 「사이비 히포크라테스」에서 조증의 광기를 연상케하는 데모크리토스의 웃음에 자극을 받았다. 그리고 세계 문학에서 가장 웃음이 넘쳐나는 작품이라 할 수 있는 『가르강튀아와 팡타그뤼엘』에 그러한 광기의 웃음을 반영했다. 이 소설 속 주인공들은 종종 실신할 정도로 폭소를 터뜨렸고, 그들의 유쾌함이 점점 강해지자 "격렬한 수축으로 인해 뇌 안의 눈물샘에서 짜인 수분이 시신경으로 전달되어 눈물이 뺨을 타고 흘러내릴 때, 그들은 헤라클레이토스로 변한 데모크리토스 또는 데모크리토스로 변한 헤라클레이토스의 모습을 보인다."[64]

그런 반면 철학자이자 엄숙한 도덕주의자이며 기발한 에세이스트이기도 한 몽테뉴는 인간의 비참함을 고발하기 위한 증인으로 데모크리토스를 불러냈다. 그는 1572년과 1592년 사이에 집필한 『수상록Essais』에서 압데라 출신 현자의 권위를 근거로 인간의 행동에 대한 자신의 극단적인 회의와 경멸을 정당화했다. 그러나 라블레처럼 데모크리토스를 끌어들여 사람들을 웃게 만들려 하지는 않았다. 그에게 더 중요한 것은 인간이 매우 우스꽝스러운 존재라는 사실의 증명이었다. 그래서 그는 웃는 데모크리토스를 그의 우는 동료보다 선호했다.

"데모크리토스와 헤라클레이토스라는 두 철학자 중 한 명은 인간이라는 존재가 하찮고 우스꽝스러웠기에 언제나 비웃는 듯한 표정을 짓고 있었던 반면, 다른 한 명은 똑같은 인간의 하찮음이 불러일으키는 동정과 연민 때문에 언제나 슬픈 얼굴이었다.

'한 사람은 집에서 나갈 때 웃었고, 다른 한 사람은 곧바로 울음을 터뜨렸다.'

나는 데모크리토스의 기질이 더 마음에 든다. 우는 것보다 웃는 것이 더 기분이 좋아서가 아니라 더 큰 경멸의 표현이며 더 강력한 심판이기 때문이다. 우리 업적으로 볼 때 우리는 아무리 경멸을 당해도 보자라다고 생각한다. 어떤 대상 때문에 울거나 연민을 느낄 때 우리는 어느 정도 그 대상을 인정한다. 하지만 조롱할 때는 그 대상이 하찮아진다. 나는 인간의 내면에는 비참함보다 허영이, 비열함보다 무지가 더 강하게 자리하고 있다고 생각한다. 우리는 악으로 가득 채워져 있다기보다는 공허함으로 채워졌다. 우리는 가련하기도 하고 아무런 가치가 없기도 하다. (…) 인간의 특수함은 그가 웃을 수 있는 능력을 지니고 있는 동시에 우스꽝스러운 존재이기도 하다는 데 있다."[65]

서기 400년 전에 시작되어 유럽 문화사에서 오랜 기간 논의되어온 이 주제는 (인간에 대한 몽테뉴의 날카로운 견해보다는 따뜻하고 화해적인 인간상을 제시했던) 근대의 가장 유머러스하고 재기발랄한 철학자이자 작가인 한 인물을 꼭 언급하고 마무리 지어야 할 것 같다.

1772년 서른아홉 살의 궁정 고문관 빌란트(1733~1813)는 공작부인 아나 아말리아의 두 아들을 위한 가정교사로 고용되어 바이마르의 저택에 머물고 있었다. 1773년 어느 아름다운 가을 밤이었다. 저택의 위층 별실에서 그는 무엇을 보고 있는지도 모른 채 창밖을 내다보고 있었다. 그에게 무슨 일이 일어나고 있었던 것일까? "내 영혼의 모든 불꽃이 꺼져 있는 듯했고 내 기분은 한순간에 사라지는 소금처럼 향기가 모두 달아나버린 것 같았다."[66] 그는 자신이 약간 바보스럽다는 느낌을 받았다. "하지만 유감스럽게도 어리석음의 축복은 내려지지 않았다." 그는 이러한 우울한 분위기 속에서 갑자기 자신을 향한 목소리를 들은 듯했다. "앉아서 압데라 사람들의 이야기를 써라!"

그는 망설이지 않고 유머러스한 철학 작품인 『압데라 사람들의 이야기Der Abderiten』를 썼다. 빌란트 자신도 이 작품을 인류 전체의 익살과 해학의 이상적인 구성물로 이해했다.[67] 그는 루키아노스 취향의 거짓말을 지어내고 싶지는 않았다. 빌란트는 자신의 작품을 "인간의 지성의 역사에 대한 기여"(5쪽)로 써내려갔으며, 철학사 서술 및 고대 연구와 관련하여 자신이 찾아낼 수 있는 모든 문헌을 활용했다. 그리하여 시대를 막론하고 어디서나 발견할 수 있는 인간적인 생활 방식과 사고방식을 대변하는 전형으로서 압데라 시민을 묘사한 작품이 탄생했다.

빌란트의 열성 독자이기도 했던 칸트는 이 작품에 대해 '압데라주의Abderitismus'라는 역사철학적인 가설을 붙여 고양시켰으며 "이 지구상에서 인류가 그들끼리 행하는 모든 교제의 놀이는 결국 익살극이라고 볼 수밖에 없다"고 말했다.[68] 여기서는 데모크리토스와 그의 일과 성격을 이해할 수 없었던 압데라 사람들 사이에 빚어지는 갈등에 방점이 찍혀 있다. 그렇다면 『압데라 사람들의 이야기』는 도대체 어떤 글인가? 기발한 소설인가, 역사의 연구인가, 아니면 철학적인 연구 논문인가? 소제목에 "아주 그럴듯한 이야기"로 설명되었던 이 작품에서 철학적인 비중은 어느 정도인가?

이러한 질문이 『압데라 사람들의 이야기』와 관련지어서만 제기된 것은 아니다. 빌란트의 양면적인 면모는 1766~1767년에 첫 출간된 『아가톤의 이야기Geschichte des Agathon』를 통해 이미 공개되었다. 작가는 고대에 관한 한 의심의 여지 없는 전문가이며, 특히 고대 철학의 다양한 사조에 관해서는 뛰어난 학식을 자랑했다. 고향인 아테네에서 추방된 아가톤에 관한 이야기는 도덕적으로 올바른 삶에 대한 철학적 연구로 평가될 수 있다. 그러나 다른 한편으로 이 책은 정밀하고 주관적인 자기반성의 새로운 자전적 양식을 발전시켰다는 면에서 문학의 걸작이기도 하다. 독일의 극작가이자 비평가인 레싱은 이러한 『아가톤의 이야기』에 담겨 있는 특별한 가치를 재빠르게 발견했다. 물론 그 역시 처음에는 이 작품을 어느 장르로 분류해야 할지 잘 몰랐다. "이것은 고전적 취향의 사고하는 지성을 위한 최초의 소설이다. 소설이라고? 만약 소설이라는 타이틀로 더 많은 독자를 확보할 수 있다면 기꺼이 그렇게 부를 수 있겠다. 하지만 그러한 타이틀로 잃게 될 독자들은 어차피 불필요한 독자다."[69]

1768년에 세상의 빛을 보게 된 빌란트의 운문 이야기 『무자리온Musarion』 혹은 『우아함의 철학Philosophie der Grazien』은 철학적-문학적 알아맞히기 그림이었다. 이 책은 만찬에 모인 스토아학파, 피타고라스 추종자, 플라톤의 추종자 들이 크세노폰의 방식으로 논쟁을 벌이는 내용이다. 신랄하던 논쟁은 똑똑하고 아름다운 여인 무자리온의 치유적인 개입으로 인해 독단적이거나 학술적인 철학이 아닌, 목가적인 자연에서의 행복한 삶을 우아하게 칭송하는 철학으로 마무리된다.

사랑의 신 아모르가 즐겨 길을 잃는 비밀의 정원,

진지한 사고와 가벼운 농담이 자주 짝을 짓고

아담한 개울이 느릅나무의 그늘에 가려진 곳.[70]

괴테는 이 시를 읽고 감탄한 최초의 사람들 중 한 명이었다. "여기서 나는 부활한 고대를 새로운 눈으로 보는 듯했다. 빌란트의 선명한 천재성을 온전히 드러낸 부분이다."[71]

이러한 걸작들로 미루어보았을 때 독일 마인츠의 선제후選帝侯 에머리히 요제프가 철학적인 작가이자 문학적인 철학자 빌란트에게 관심을 보인 것은 꽤 이례적이었으나 충분히 이해할 만하기도 했다. 선제후 요제프는 에르푸르트대학교를 통해 세상물정에 어두운 젊은이들을 무기력에서 일깨우고자 했고, 1769년 2월에 '세상의 지혜'라는 과목을 가르칠 최초의 교수로 빌란트를 임명했다.

에르푸르트대학교의 동료 교수들은 빌란트 교수가 그리스 철학에 박식하다는 사실을 인정하지 않을 수 없었다. 하지만 그가 철학하는 방식은 플라톤의 형이상학적인 무게와 도덕적인 진지함이 아니라 디오게네스의 유머러스한 정신 또는 크세노폰에 의해 묘사되었던 소크라테스에 가까운 경향이어서 불신을 품고 있었다. 에르푸르트의 철학자나 신학자들이 보기에 빌란트는 "한낱 문예 애호가였을 뿐, 그가 어떻게 철학 교수가 되었으며 제1교수까지 될 수 있었는지 납득할 수 없었다."[72]

빌란트는 플라톤에 의해 웃음이 추방된 이후로 강단 철학이 전형적으로 취해온 방어적인 자세와 대결해야 했다. 그의 유머는 그의 철학에 무자격 판정을 내렸고, 그의 글들은 교수의 품격에 맞지 않았다. 그러나 빌란트는 그다지 당황하지 않았다. "나는 그러한 작품을 출간하기 위해 에르푸르트대학교의 교수로 남아 있을 필요는 없다고 생각했다. 이곳에서는 아득한 옛날부터 중력으로 삼아온 정신의 무게를 강단 교수의 본질적인 특성으로 믿었고, 독자와 총명한 이들을 위해 글을 쓰는 작가는 선생처럼 써서는 안 된다는 점을 인정하려 하지 않는다."[73]

빌란트는 3년 동안 대학 사회에 발을 담갔다가 바이마르로 되돌아왔고, 그곳에서 자유롭게 『압데라 사람들의 이야기』에 집중할 수 있었다. 압데라 사람들의 감정, 사고와 행동을 담고 있는 이 이야기는 당대에 볼 수 없었던 문학적 유연함과 우아함이 계몽주의 철학 정신과 결합한 것이다. 웃는 데모크리토스를 주인공으로 한 이 작품이 출간된 것은 1774년으로, 작가의 특징이 잘 드러나 있다.

얼핏 보면 『압데라 사람들의 이야기』는 압데라 시민들과 학식 있는 그들의 친구를 "참된 모습으로"(4쪽) 묘사하기 위해 모든 편찬 자료를 정리하여 활용한, 문학적인 소양과 철학적인 지식은 풍부하지만 이름이 알려지지 않은 어느 역사학자의 작품 같은 인상을 준다. 확실히 빌란트는 풍부한 역사 기록과 철학 문헌들을 십분 활용한 역사 서술가의 가면을 쓰고 집필에 임했다. 그는 단편으로만 전해지는 데모크리토스의 저술들을 주의 깊게 연구했으며 호라티우스, 세네카, 유베날리스 그리고 「사이비 히포크라테스」의 저자 들이 데모크리토스를 어떻게 묘사했는지에 대해서도 잘 알고 있었다. 풍부한 지식으로 이러한 작가들을 비판함으로써 자기 글에 진지함과 품위를 부여하기도 했다. 그는 데모크리토스가 "말 그대로 언제나 정신이 혼미해지도록 목청껏 웃었다"(165쪽)는 유베날리스의 과장된 표현을 정정했고, 세네카에 대해서는 데모크리토스의 웃음과 마찬가지로 헤라클레이토스의 반정립의 울음을 너무 보편화시켰다고 비판했다. 그리고 데모크리토스가 압데라의 동향인들을 대할 때 즐겨 웃기는 했으나 항상 웃지는 않았다고 설명한다. "어떻게 항상 웃거나 울거나 분노하거나 또는 무관심할 수 있겠는가? 인간의 어리석음 중에는 웃어넘길 만한 것이 있고, 인간을 진실로 사랑하는 자라면 깊은 한숨을 내쉴 만큼 심각한 것도 있으며, 성인의 기분을 상하게 할 수 있는 것들도 있다. 끝으로, 인간의 나약함에서 원인을 찾을 수 있는 어리석음도 있다. (…) 세네카와 그의 모든 반정립보다 더 나이 많고 명석하고 훌륭했던 솔로몬은 웃기, 울기, 사랑하기와 증오하기, 엄하게 가르치기와 내버려두기는 모두 때가 있다고 했다."(167쪽)

그러나 익명의 작가는 역사 철학에 관한 자신의 풍부한 학식을 과시하는 정도로 만족하지 않고 상상력을 발휘하고자 했다. 압데라인들은 결국 어리석고 고루한 사람들이었으며, 그들의 수많은 행동은 "그에 대해서 아무리 불합리한 이야기를 지어내도 정당화될 수 있을 만큼 어리석다."(299쪽) 그러나 바로 이러한 상상력에 의지하여 지어낸 이야기는 아이러니하게도 정반대의 효과를 가져왔다. 왜냐하면 빌란트의 '매우 그럴듯한 이야기'를 읽었던 대부분의 독자는 작가적 상상의 산물을 현실에 대한 모사로 받아들였고, 곳곳에서 작가가 지어낸 어리석은 등장인물들의 실제 인물을 발견했다고 했다. "사람들은 내가 한 번도 가보지 않았고 전혀 알지도 못하는 수많은 고장에 존재하는 압데라 사람들을 어찌 그리 잘 알고 있는지 매우 놀라워했다."(300쪽 이하) 압데라 사람들은 때와 장소를 불문하고 언제 어디서나 만날 수 있는, 영원히 살아 있으며 절대로 멸망하지 않는 민족임이 분명했다. "그러니까 가장 진실하고 믿을 만한 이야기 중 하나가 되어버린 압데라 사람들에 관한 이야기는 거짓말을 하지 않는 거울이라 할 수 있다."(306쪽 이하) 그리고 그 거울은 오늘날까지 효력을 상실하지 않았다.

여기서 그 누구보다 동시대인들에게 거울을 들여다보고 잘못을 깨닫도록 종용한 인물은 데모크리토스였다. 빌란트는 자신의 삶을 회고하면서 본인이 여행한 곳과 연구에 대해 자세한 정보를 제공했다. 그리고 주제를 살짝 벗어나 우는 현자의 성격과 철학에 관한 고찰을 삽입하면서 "독자들이 꼭 읽어보고 넘어가기를 부탁"(161쪽)했다. 『압데라 사람들의 이야기』의 두 번째 책인 『압데라로 간 히포크라테스Hippokrates in Abdera』는 「사이비 히포크라테스」의 서신 교환을 소재로 삼은 것으로, 철학적인 유머의 절정을 이룬다. 빌란트가 상상으로 쓴 히포크라테스의 편지는 모든 시기와 모든 나라의 압데라 사람들과 맞서야 하는 세계시민을 위한 변론이라 할 수 있다. 그래서 데모크리토스와 히포크라테스는 "두 세계시민의 첫 만남에서 곧바로 형성된 진심어린 인정과 상호 신뢰"(219쪽)로 인해 자연스럽게 가까워질 수 있었다.

물론 압데라 사람들은 둘 사이의 친밀한 관계를 이해하지 못했다. 빌란트는 그들이 데모크리토스의 연구에 공감할 수 없었을뿐더러 그를 미치광이 취급한 것에 대해, 비딱하기는 했지만 나름대로 이유를 제시했다.

"압데라 사람들이 동향인 데모크리토스를 좋게 평가하지 않은 진짜 이유는 다음과 같다. 그들은 그를 지혜로운 사람으로 생각하지 않았다. '왜 그렇게 생각하지 않았던가?' 그렇게 생각할 수 없기 때문이다. '그렇다면 왜 그렇게 생각할 수 없었던가?' 데모크리토스를 현자로 생각한다면 자기들은 얼간이가 되어야 했는데, 그렇게 받아들일 만큼 불합리하지는 않았기 때문이다."(24쪽)

빌란트가 묘사한 압데라 사람들은 스스로에 대한 우스꽝스러운 과대평가에도 불구하고 악의적인 구석은 찾아볼 수 없다. 작가는 그들의 이야기를 따라갈수록 그들에게서 사랑스럽고 우직한 면면을 발견하고 있다. 어쨌거나 그들은 "선한 심성"(85쪽)을 지닌 존재였다. 아테네의 배심원 재판이 소크라테스를 죽음으로 몰아갔던 완고함 같은 건 없었다. 빌란트는 철학적인 세계시민과 제한된 지평을 넘어 세상을 바라볼 줄 모르는 압데라 사람들 사이에서 끊임없이 벌어지는 갈등을 화해적 논조로 서술했다. 서로를 비웃는 장면에 나타나는 철학하는 작가의 유머러스한 목소리는 극도의 진지함으로는 찾아낼 수 없는 인간적인 가치를 발견하고 있다. 마지막으로, 전체를 인용할 수는 없지만 트라키아 해변에서 시작된 2000년 역사보다 더 많은 것을 남긴 이 구절은 매우 아름답다.

"압데라 사람들이 아무리 바보스러웠다 해도 악의적인 사람들은 아니었다. 소크라테스가 그들과 함께 살았다면 호머의 네스토르만큼 오래 살았을 것이다. 압데라 사람들은 소크라테스를 기이한 바보로 여겼을 테고, 바보스럽게 보이는 그의 행동을 비웃었을 것이다. 그러나 그들의 성향은 독배를 마시게 할 정도는 아니었다. 데모크리토스는 그들을 꽤 날카롭게 비판했으나 그들은 그를 견뎌냈다. 아마도 압데라 사람들보다 덜 친절한 민족이었다면 인내심을 잃었을 것이다. 압데라 사람들은 데모크리토스가 자기들을 비난하는 것과 똑같은 정도로 그를 비난하고, 그의 모든 행동을 지적하고, 그의 모든 말을 우스꽝스럽게 여기고, 그가 권고한 것과 다르게 행동함으로써 그에게 복수했다. '철학자의 의견에 반대해야 한다고 그들은 말했다. 그가 우리보다 더 많이 알고 있다고 착각하도록 내버려두어서는 안 된다.' 그리고 그들은 이 지혜로운 원칙에 입각하여 잇따라 바보짓을 저지름으로써 그가 불쾌함을 느낀다면 성공한 것이라고 믿었다. 그러나 그들의 목표는 빗나가고 말았다. 왜냐하면 데모크리토스는 그들의 바보짓에 웃기만 했을 뿐 그들의 장난질에 화를 낸 적이 한 번도 없었기 때문이다. 그는 때때로 큰 소리로 외치곤 했다. "압데라인들이여, 압데라인들이여! 그대들은 나에게 고통을 주리라는 희망으로 스스로의 뺨을 때렸노라!"(86쪽)

WORÜBER
KLUGE
MENSCHEN
LACHEN

Kleine
Philosophie
des
Humors

venschen Lachen

3장

개처럼 살던
철학자의
조롱하는 버릇

아테네 출신의 플라톤이
우스꽝스러운 것에 대해서 사유했으나
정작 자신은 웃지 않은 이유

> 한 사람이 그에게 "자네를 비웃는 사람들이 참으로 많다네"라고 했다.
> 그러자 그는 이렇게 응답했다. "그렇다네, 그리고 바보들은
> 나를 비웃는 자들을 비웃을 것이네. 하지만 나를 비웃는 자들이
> 그 얼간이들에게 무관심한 것처럼 나 또한 그들에게 무관심하다네."
>
> — 디오게네스 라에르티오스(D. L. Ⅵ, 58쪽)

1769년 5월 27일 일요일 저녁, 서른여섯 살의 빌란트는 "참을 수 없는 더위와 여독으로 인해 지칠 대로 지친"[1] 몸으로 에르푸르트에 도착했다. 그는 이곳 대학교에서 제1교수로서 철학을 가르치기로 되어 있었다. 하지만 빌란트는 철학 박사학위는 물론이거니와 석사학위도 없었기 때문에 돈키호테가 된 듯한 기분이었다. 문학적 상상력이 다분한 이 슬픈 몰골의 기사처럼 자신도 의심 많은 동료와 편협한 학생들에 맞서 싸워야 할 것만 같았기에, 걱정이 이만저만이 아니었다. 시작은 쉽지 않았고 불평스러운 일도 많았다. "운명이 이끈 이 땅에 나의 유골이 묻히지 않기를 바랄 뿐이다. 이 얼마나 기막힌 사람들이며, 기막힌 관습과 무례함

과 우둔함과 무정함과 저속함인가! 나한테 이 사람들을 인간으로 교육시키라니, 참으로 어처구니 없는 일이로다!"[2]

빌란트는 되도록 에르푸르트의 사교계와 거리를 두고 싶었다. 그는 수도원 뒤에 위치한 작은 숙박업소에서 가족과 함께 살면서 누구와도 교류하지 않고 글 쓰는 일에 집중했다. 1769년 여름, 빌란트는 시노페의 디오게네스를 주인공으로 삼아 그의 인생과 생각들에 관한 흥미로운 기록을 남기기로 했다. 이미 관련된 연구 문헌은 충분히 숙지한 상태였다. 더욱이 디오게네스 라에르티오스가 망라해놓은 고대 그리스 철학자의 생활과 의견 및 저자 목록을 통해 이 기묘한 사람에 관한 많은 일화를 확인한 상태였고, 디오게네스가 중심에 있었던 고대 '견유주의大儒主義, Zynismus' 철학에 관한 가장 새로운 연구들에도 정통했다. 그는 이 같은 방대한 자료를 근거로 기지에 찬 유쾌한 이야기를 썼고, 1770년 『발광한 소크라테스 또는 시노페의 디오게네스 대화록Sokrates mainomenos oder die Dialigen des Diogenes von Sinope』[3]이라는 제목으로 초판이 출간되었다.

빌란트가 디오게네스에게 부여한 "발광한 소크라테스Sokrates mainomenos"[4]라는 특징은 인용된 표현이었다. 일찍이 플라톤은 제멋대로이며 고집스러울 뿐만 아니라 자신을 몹시 괴롭혔던 디오게네스에 대해 "미쳐 날뛰는 사나운"(29쪽) 소크라테스와 같다고 비판했다. 플라톤의 의도는 디오게네스를 제정신이 아닌 미치광이에 기이하기까지 한 인물로 치부함으로써 그를 경멸하고 멀리하려는 것이었다. 그러나 그의 능력을 완전히 부정할 수는

헨드릭 테르브뤼헌의 「개와 함께 웃는 남자」. 시노페의 디오게네스는 고대 견유주의大儒主義 철학의 중심인물로, '발광한 소크라테스'로 비유될 만큼 이성적인 기인이었다. 그를 혐오하는 사람들은 그에게 "개 같은 놈"이라고 소리쳤다.

없었기에 자신이 존경하는 소크라테스와 같은 등급을 매겼다.

25년 후인 1795년에 이 작품의 세 번째 판을 출간하면서 빌 란트는 부록을 추가했는데, 여기에 "발광한 소크라테스"라는 다 소 혼란스러운 제목을 "시노페의 디오게네스 유고"라는 제목으 로 바꾸고 싶은 이유를 자세히 설명했다. 플라톤이 자신의 적수 에게 붙여준 별명, 즉 "미치광이가 된 소크라테스"(29쪽)라는 조 롱 섞인 명예로운 별명은 빌란트가 그려낸 주인공에 어울리지 않았던 것이다. 물론 그가 그려낸 디오게네스도 별난 인물이긴 했지만 "지금까지 보지 못했던 마음씨 좋고 쾌활하며, (감히 말하 자면) 이성적인 기인이었다."(29쪽 이하)

다 쓰러져가는 수도원 도서관에서 가공의 어느 발행인이 발 견했고, 부정확한 라틴어로 쓰인 것을 멋스러운 독일어로 번역한 것으로 알려진 디오게네스에 관한 이 『유고Nachlass』는 빌란트의 유머러스한 문학적·철학적 상상력의 산물이다. 전해 내려오는 디오게네스의 일화나 격언들과 느슨히 연결되어 다양한 모험과 대화와 성찰들이 전개되고 있으며, 이를 통해 드러난 유쾌한 모 습의 디오게네스는 빌란트가 저술에 참고한 여러 철학사 원전보 다는 빌란트 자신의 삶의 이상에 더 가깝다. 빌란트가 그린 디 오게네스는 상식에서 벗어나거나 미쳐버린, 세상 모든 사람과 대 상을 조롱하는 교양 없고 파렴치한 외톨이가 아니었다. 그는 인 생의 좋은 측면과 아름다운 측면을 사랑했으나 타인의 우스꽝 스러운 일상적 습관들을 꿰뚫어보기를 원했을 뿐 그 속에 참여 하고 싶지 않았기에 그들과 다르게 행동한 것이다.

빌란트에게도 디오게네스는 "제2의 소크라테스"였다. 하지만 플라톤과 같은 의미에서가 아니라 크세노폰이 묘사한바, 위트를 지닌 자유로운 정신의 소유자이자 유쾌하고 재미있는 동시대인 으로서의 소크라테스였다. 따라서 빌란트가 생각하는 디오게네 스는 독립적인 삶을 사랑하고 인간을 사랑하며 자신을 세계시 민으로 이해한 인물이었다. 또한 디오게네스는 아테네와 코린트 를 왕래하면서 그곳 시민들의 일반적인 무지와 무정과 저속함에 맞서 싸웠던 진정한 견유학파였다. 물론 디오게네스는 자신만의 "독특한 고집"(62쪽)이 있었으며, 종종 "어릿광대의 방울 달린 모 자"(62쪽)를 쓰고 익살을 부렸다. 그러나 그렇게 행동한 것은 자 유로운 판단과 자유로운 생활 방식을 보장받기 위해서였다. "보 통 사람들의 약점과 하나도 닮지 않은 지혜로운 자가 어찌 온전 할 수 있단 말인가! 어찌 그들이 그를 참아낼 수 있단 말인가? 그들의 방해를 받지 않고 자유를 영위하기 위해서는 몇 가지 실 제적인 어리석음 또는 위장된 어리석음이라는 대가를 지불해야 한다. 그는 어리석음을 가장하여 자신의 천재성과 덧없는 현 세 계를 화해시키고, 나머지 어리석은 자들에게 자신을 비웃을 권 리를 부여한다."(62쪽)

빌란트는 디오게네스를 유쾌한 사람으로 그렸다. 다른 시민들 의 어리석음을 폭로할 수 있는 능력에도 불구하고 웃으며 조롱 하는 이 철학자를 사람들은 좋아했다. 그것은 그가 취한 삶의 자세 덕분이었다. 디오게네스는 『유고』의 32절과 33절에서 자 신의 두 친구 디오판토스와 에우리바테스에게 이러한 삶의 자세에 대해 자세히 알려준다. 「기쁨을 위한 변론Schutwrede für die Freude」이라는 제목의 이 글은 계몽된 유머의 진수를 보여준다. 세상은 살 만한 곳이며 사랑할 만한 가치가 있다는 모든 생각이 짤막하게 집약된 교훈적인 글Diatribe로, 기분 좋은 상태에서 우러나는 웃음이 철학적으로 칭송된 적은 이후로 찾아볼 수 없다. 그러나 유쾌한 웃음은 언제나 웃음에 반대하는 자들과 맞서야 한다는 것도 분명하게 드러난다. 디오게네스에 투사된 빌란트의 유머는 삶의 희열에서 우러난 유쾌한 웃음을 물리치거나 극복하려는 대상을 대조시킴으로써 오늘날까지도 유효한 특별한 가치를 획득했다.

웃음의 반대자들은 "기쁨을 혐오하는 자들"(116쪽)로 확인된다. 그들은 오직 "엄숙하고 거만한 인상"(121쪽)만 풍기는 음울한 자들이며, 극도로 진지하여 "살면서 단 한 번도 웃어본 적이 없다는 사실을 마치 공로훈장처럼 달고 다닌다."(123쪽 이하) 그들은 코린트 시의회에서 풍기문란을 비탄하고, 내심 모든 배우와 광대와 익살꾼과 무용수와 피리를 연주하는 여인들을 도시에서 쫓아내고 "기쁨의 신들에게 제사를 지내는 모든 성전과 예배당"(124쪽)을 폐쇄시키고 싶어하는, "하얀 수염을 달고 앉아 있는 한 무리의 노인들"(124쪽)로 등장한다. 그들은 즐거움을 혐오하며, 기분 좋은 느낌이나 기뻐하는 사람들을 불쾌하게 여긴다. 아마도 빌란트는 이 글을 쓰는 동안 웃음을 자신의 아카데미아에서 쫓아내고 철학에서 추방했던 플라톤을 떠올렸을 것이다. 그러나 그가 겨냥하고자 한 대상은 플라톤뿐만 아니라 온갖 즐거움과 삶의 기쁨을 악덕으로 여겼던 모든 시대와 모든 나라의 독단론자 및 광신자들이었다.

디오게네스는 그처럼 진지하기 이를 데 없는 독단론자들이 자신의 '좋은 기분'을 망치도록 내버려두지 않는다. 그래서 "그들이 그렇게 할 수 있다면 차라리 더 이상 쓸모없는 나의 삶도 함께 가져가라고 하고 싶었던"(124쪽) 것이다. 삶에 대한 기쁨 없이는 삶 자체가 무가치한 것이다. 그리하여 디오게네스는 즐거움과 웃음을 적대시하는 흰 수염의 노인들에게 (크세노폰이 묘사한 것처럼) 소크라테스가 주로 향연과 같은 모임에서 발휘하기를 좋아했던 재치 넘치는 위트를 상기시켜주었다. "장미 문양으로 테두리를 장식한 작은 술잔들은 아티카식의 농담과 교양 있는 웃음을 북돋았고, 철학은 우아한 여신들에게서 농담하는 법을 배웠다."(125쪽 이하) 디오게네스는 철학적으로 고상한 웃음을 위해 데모크리토스와 헬레보어 뿌리로 우울증을 치유했던 히포크라테스도 상기했다. 그리고 즐거워하는 민중을 권력에 대한 위협으로 간주했던 폭압적인 모든 지배자를 향해 계몽된 정부라면 즐거워하는 민중을 다스리기가 훨씬 더 수월하지 않겠냐고 반어적인 어투로 묻는다. "위트와 농담에 쉽게 반응하는 쾌활한 민중은 답답한 민중보다 지배하기 더 쉬우며, 소요나 저항 그리고 국가를 전복하려는 경향도 매우 적다. 종교적 광신이나 정치적 열광처럼 가장 끔찍한 재앙을 야기할 만한 괴물들은 즐거운 시민들 사이로 파고들 수 없거나, 적어도 파괴력을 상실하게 된다. 우울한 생각에 빠져들어 인간에게 적대적인 발상을 떠올리더라

도 우리는 농담과 조롱으로 그런 생각을 물리치고 곧 잊어버리게 된다."(120쪽 이하)

1770년 젊은 괴테는 빌란트의 디오게네스 소설을 읽고 열광했다. 괴테는 위대한 빌란트의 계몽적 유머와 고상한 위트에 경탄하면서 그에 비해 자신은 너무 초라하다고 느꼈다. 그러나 괴테는 소설의 주인공인 디오게네스에 대한 묘사가 에르푸르트대학의 철학 교수였던 빌란트의 상상에서 비롯되었다는 사실을 곧 깨달았다. 빌란트의 디오게네스는 사교 면에서 지나치게 예의 바르고 부드러웠으며, 유쾌한 심성은 너무 세련되었다. 『유고』에서는 고대의 디오게네스를 특징짓는 저속한 뻔뻔스러움과 공격적인 조롱에 대한 욕구의 흔적을 전혀 찾아볼 수 없다. 고대부터 전해 내려오는 "미쳐버린 소크라테스"의 표상인 디오게네스를 계몽과 감성을 아우르는 인문주의의 이상적인 인물로 덧칠한 까닭에 대해 괴테는 빌란트의 "예민한 본성"으로 설명했다. "모든 형식에 우아한 기품을 부여하는 빌란트의 품성은 체계로 형식들이 지속적으로 손상을 입는 것에 호감을 느낄 수 없다."[5]

물론 괴테가 알고 있는 디오게네스와는 전혀 달랐다는 사실을 빌란트도 알고 있었다. 빌란트는 이 견유주의자를 있는 그대로 묘사하기보다는 자기 자신의 성격을 반영하고 세련된 유머로 미화했기 때문이다. 그는 애초에 『유고』의 '편집자 머리말'에서 "이 글에서 소개되는 디오게네스는 저자가 봐도 상당히 이상화되어 있다"(23쪽 이하)고 고백했다. 에로틱한 장면들은 화려한 문체로 이상적으로 그렸음에도 불구하고 천박한 언어를 썼다며 흥분하는 어느 여성 독자에 대해서는 다음과 같이 언급했다. "나 자신이 화자였다면 그녀가 못마땅해하는 그 단어는 등장하지 않았을 것이다. 하지만 견유주의자 디오게네스가 말하는 것이고, 그를 너무 미화하다보니 유식한 교양 독자들이 알아볼 수 있도록 군데군데 견유학파 특유의 어투로 채색해야만 했다."[6]

그렇다면 조롱의 욕구가 그다지 인간적이지 않은 데다 그 웃음에 경멸의 의도가 숨김없이 묻어났던, 미화되지 않은 '발광한 소크라테스'는 어떠했을까? 유럽 철학에서 모든 형태의 고상한 삶, 정치적인 지배 그리고 정신화된 담론을 파괴하는 저항의 시작을 알린 '키니코스kynikos'는 어떤 사상이었던가?

디오게네스는 기원전 410과 기원전 400년 사이에 흑해의 남부 해안지역에 위치한 시노페에서 환전소 주인인 히케시아스의 아들로 태어났다. 같은 이름을 지닌 디오게네스 라에르티오스의 기록은 디오게네스가 주화 위조로 고향에서 추방되었다는 이야기로 시작된다. 시노페의 디오게네스가 실제로 위조 주화를 찍었는지는 의심스럽다. 그리고 실제로 그런 일이 있었다 하더라도 오해였을 가능성이 높다. 왜냐하면 다른 이야기에서는 젊은 시절의 디오게네스가 델포이 또는 델로스로 여행을 갔을 때 그곳 신전을 찾아가 자신이 무엇을 하면 좋을지 물었는데 "국가의 질서를 개혁"(D. L. VI, 20쪽)하라는 아폴론의 신탁을 주화 위조로 해석했을 수 있다는 것이다.

동전을 다르게 주조한다는 뜻의 그리스어 'paracharattein to nomisma'는 부정형으로 쓰일 때 이중적인 의미를 지닌다. 명사인 'nomisma'와 동사인 'paracharattein'은 둘 다 구체적인 의미로 이해될 수 있지만 추상적인 의미로도 이해될 수 있기 때문이다.[7] 'nomisma'는 원래 기존에 통용되고 있는 것, 즉 관습, 풍습, 보편적인 질서와 법nomos를 가리킨다. 기원전 4세기에는 '노미스마'라는 금화가 그리스의 주된 화폐로 통용되었다. 그리고 'paracharattein'이라는 동사는 긍정적인 의미에서는 '다르게 주조하다' 또는 '다른 가치를 매긴다'는 뜻이지만 부정적인 뜻으로는 '위조하다'와 '사기를 목적으로 한 모조'로 이해할 수 있다.

델포이의 신탁을 주화 위조의 뜻으로 이해한 디오게네스는 결국 범죄자가 되었다. 그래서 그는 체포되었고 유죄 판결을 받고 시노페를 떠나야 했다. 거지꼴이 되어 도착한 곳은 아테네로, 그는 이곳에서 소크라테스의 제자이자 크세노폰의 친구인 안티스테네스에게 수학했다. 안티스테네스는 거만해 보이는 플라톤을 싫어했고, 그의 이데아론을 단순한 망상으로 간주했다. 견유학파의 시조라 할 수 있는 이 철학자는 도시의 성문에서 멀지 않은 곳에 있는 운동장인 키노사르게스에서 강연을 했으며, "학파의 이름도 바로 여기서 유래했다고 한다. 그러나 그 자신은 하플로키온Haplokyon(한마디로 개)으로 불렸다."(D. L. VI, 13쪽) 디오게네스는 이 키니코스 철학자로부터 철학함의 기술을 배웠고, 고향에서 빈털터리로 추방된 탓에 최대한 검소하게 생활할 수밖에 없었다.

그러나 'Paracharattein to nomisma'는 '기존 가치들을 바꾸다'라는 뜻으로 해석할 수도 있다. 이 뜻으로 해석한다면 아폴론의 주문은 견유 철학의 이상과 좌우명이 된다. 훗날 신견유주의

자인 프리드리히 니체가 "모든 가치의 전도"라고 부르게 되는 흐름도 이로부터 시작된 것이다. 디오게네스는 특히 '노모스Nomos'와 '피시스Physis', 즉 인간이 인위적으로 만든 법률의 권위와 현존하는 신체의 자연적 힘의 반정립을 중시했다. "그는 그러한 것을 가르쳤고 자신의 가르침에 따라 행동했다. 그는 법률보다 자연의 법칙에 중점을 두어 실제로 주화를 위조했던 것이다."(D. L. VI, 71쪽)

이것은 실제 상황을 축소한 표현이다. 디오게네스의 도발은 사회적 가치들을 극단적이고 무조건적으로 전도시키려 한, 다른 어떤 것과도 비교할 수 없는 행위였기 때문이다. 일반적으로 그는 동물적 본성이라는 이름으로 은폐되어온 것들에 새로운 가치를 부여했다. 우선 집이 아닌 야외에서 살았던 그는 아테네와 코린트의 장터에서 본능적인 욕구들을 채웠다. 시민들이 보는 앞에서 날고기와 야채를 즐겨 먹었고, 잔이 필요 없는 동물들처럼 손을 오므려서 물을 떠먹었으며, 부끄러워하지 않고 방귀를 뀌거나 소변을 봤다. 나아가 남들이 보거나 말거나 공개된 장소에서 수음을 했다고도 한다. 이러한 행동에는 꽤 도발적인 노출증이 내재되어 있었다. 그 결과 뭇 시민은 혐오감을 표출하고 그를 조롱하고자 그의 주변에 모여들곤 했다. 그는 사람들의 야유와 혐오에 거침없이 응수한 것으로 전해진다. "그가 장터에서 아침을 먹고 있을 때 주변에 있던 사람들이 연달아 그에게 '개'라고 소리쳤다. 하지만 그는 '밥을 먹고 있는 나를 보러 몰려드는 너희가 바로 개'라고 응수했다."(D. L. VI, 61쪽)

그를 혐오하는 사람들은 그에게 "키온Kyon, 키온" 또는 "개 같은 놈"이라고 소리쳤다. 그러나 그는 이 경멸적인 욕설의 의미를 뒤집어버림으로써 자신의 명예훈장으로 격상시켰다. 그리하여 '키온'은 키니코스, 즉 견유학파의 가르침이 되었다.

시노페의 디오게네스를 견유학파의 원조로 만들었던 "개"라는 단어에는 상반된 두 가지 가치가 함축되어 있다. 하나는 그를 공포의 대상으로 만들어버린 건방진 공격성으로, 어떠한 행동 때문에 개라는 별명을 얻게 되었는지 묻는 사람들에게 그는 이렇게 대답했다. "나에게 먹을 것을 주는 자들에게는 꼬리를 흔들고, 나에게 아무것도 주지 않는 자들에게는 짖어대고, 악당들은 물어버린다."(D. L. VI, 60쪽) 디오게네스가 지목한 악당들이란 성공, 부, 권력 그리고 사업에서 인정을 얻기 위한 대가로 자유를 지불하는 자, 삶과 거리를 두고 정신만 남겨둔 채 이념의 상아탑에 숨어 살면서 본성으로부터 점점 멀어진 철학을 하는 자들이었다.

다른 한편으로, 키니코스의 날카로운 이빨은 "동물적인 생존의 모델"[8]을 통해서만 상처를 낼 만큼 날카로울 수 있는데, 그러한 모델은 정치적 질서와 철학적 윤리의 '노모스'가 아니라 살아가는 데 필수 불가결한 것 이상을 추구하지 않는 자연적인 '피시스'의 최소량에 초점을 둔 것이다. 디오게네스는 다름 아닌 "휴식 공간을 찾지도 어두움을 피하지도 않는, 맛있는 것에 대한 갈망도 없이 이리저리 돌아다니는 쥐"에게서 자신의 고유한 삶의 원리에 관한 결정적 단서를 발견했다고 한다. 즉 자연으로부터 살아가야 하는 방법을 찾은 것이다. 반면 갈수록 더 많은 것을 원하면서도 생동적인 자족감을 상실한 대다수의 폴리스 시민은 자연이 가르쳐주는 대로 살아가는 법을 상실한 자들이었다.

그렇다면 그의 개와 같은 인생은 철학적인 태도로서 합당하다고 할 수 있는가? 말하자면 발가벗겨진 이 요소들이 논쟁적인 차원에서도 생산적일 수 있으며, 견유주의를 진지하게 수용할 만한 철학적 흐름이나 정신적 힘으로 근거 지을 수 있는가? 확실한 것은 안티스테네스, 디오게네스 그리고 크라테스와 같은 기원전 4세기의 초기 견유주의 철학자들은 자연적 삶으로의 전환을 교훈적인 철학의 형식에 억지로 끼워 맞추려 하지 않았다는 사실이다. 그들은 체계적으로 다듬어진 논증주의에 의지하는 강단 철학자들이 아니었다. 그들은 오직 자신이 옳다고 믿는 것을 실천적으로 펼쳐 보이는, '살아 있는 윤리'라는 의미에서 스스로를 철학자로 믿었다. 그들의 철학은 몸으로 하는 철학이었고, 그들의 삶은 철학에 근거한 것이었다. 고대의 견유주의 철학자들과 그들을 계승한 현대의 냉소주의는 엄격하게 구별되어야 한다. 전자는 자기 삶의 철학적 근거를 자연에서 찾았으나, 후자는 모든 것을 무익하고 공허하다고 보며 자연적인 현존에서도 아무런 매력을 느끼지 못했기 때문이다.

견유주의는 의심할 나위 없이 상당한 풍자, 위트와 익살과 관련이 있다. 그러나 디오게네스와 그의 추종자들이 실제로도 소문처럼 늘 웃었을까? 디오게네스를 다정하게 웃는 인물로 묘사하고 그의 명랑함을 칭송한 사람은 빌란트만이 아니었다. 일반적으로 견유주의자들은 대중이 경탄하거나 높은 가치를 부여하는 대상 또는 그러한 대상을 갈망하는 사람들을 비웃을 수밖에 없었다는 평가를 받고 있다. 자신이 구상한 "냉소주의자들의 내각"에 디오게네스를 위한 명예의 자리를 마련한 페터 슬로터데이크는 무엇보다 이 견유주의 철학자의 웃음, 그의 "유머러스한 자기 확신"[9]과 "놀라운 유쾌함"[10]에 열광했다. "그의 무기는 분석보다는 폭소다. 그는 엄숙한 동료들을 조롱하기 위해 자신의 철학적인 권능을 사용한다."[11] 개처럼 "근근이 연명"하되 "살면서 웃고, 그 웃음 뒤에 혼란이 아닌 명쾌한 반성이 숨어 있다는 인상을 남기도록 노력하는 것"[12]이 관건이었다.

반대자들의 진지함에 도전했던 디오게네스의 웃음은 어떤 웃음이었을까? 그리고 그가 자신의 광포한 위트를 시험했던 견유적 조롱의 표적은 무엇이었을까?

그의 첫 번째 공격 목표는 시민들에게 그럴듯한 안정을 제공하는 것처럼 보이는 그리스 도시국가들의 정돈된 질서였다. 재산 추구를 정당화하는 사회적 조처들, 정치적인 힘 그리고 사회적 적응을 내세워 인간의 운명을 기만하려는 모든 시도에 대한 디오게네스의 항변은 도발적이다 못해 경멸에 가까웠다.

삶의 쾌락은 재물을 소유함으로써가 아닌, 재물을 소유하지 않아도 괜찮다는 깨달음에 의해 얻어진다. 재물은 다시 잃어버릴 수밖에 없기 때문에 그것들에게 높은 가치를 부여하는 것은 의미가 없다. 디오게네스는 일을 하지 않았다. 그는 집을 짓지 않고 맑은 하늘 아래 통 안에서 살았다. 그는 자신이 살아가는 데 필요한 최소한의 양식을 위해 구걸했다. 그에게 돈은 중요하지 않았기에 "사람들이 그에게 금(돈)이 창백한 이유를 묻자 '많은 사람들이 붙잡으려고 쫓아다니기 때문에 두려워서' 그렇다고 대답했다."(D. L. VI, 51쪽)

그는 오로지 자연의 규칙만을 따르려 했고 자연의 규칙을 기반으로 폴리스의 생활 방식을 퇴치하고자 노력했다. 그는 도시의 생활 방식에서 위협적으로 강제된 인간관계와 미심쩍은 출세의 세계와 의심스러운 갈망을 발견했던 것이다. 그는 결혼, 재산, 정치적 성공 그리고 출세를 통해 삶의 의미와 가치를 부여잡을 수 있다고 생각하는 아테네 시민들을 좋아하지 않았다. 그는 나아가 모든 종류의 가족, 도시 그리고 민족 집단과의 동일성 확인을 혐오했다. 대중을 멀리했던 이 철학자가 드러낸 경멸은 간과할 수 없을 만큼 분명했다. 그는 대부분의 사람이 잘못 들어섰거나 허망한 목적을 향해 질주하는 흐름에 역행하여 외톨이의 생활 방식을 선택함으로써 가치를 전도시켰다. 디오게네스에 관한 허무맹랑한 일화들은 그의 이러한 생활을 부조리에 가까울 정도로 과장하고 있다.

"그는 모든 사람이 물결처럼 무리지어 극장에서 나올 때쯤 극장에 들어갔다. 그 이유를 묻자 그는 '이것이 나의 기본적인 생활 태도다'라고 대답했다."(D. L. VI, 64쪽)

"어느 날 그는 크게 '이 사람들아!' 하고 외쳤다. 그리고 사람들이 그에게 달려오자 '내가 부른 건 사람들이었지 더러운 오물이 아니다'라면서 지팡이로 마구 때렸다."(D. L. VI, 32쪽) 철학사에서 인용하고 있는 기록에는 디오게네스가 아테네 시민들을 깨달음에 이르게 해주려 노력했다는 일화도 있다. "그는 대낮에 등불을 켜고 다니면서 이렇게 말했다. '나는 사람을 찾고 있다.'" (D. L. VI, 41쪽)

이 괴짜의 생각에 폴리스는 인간이 살아가기에 적합한 장소가 아니었다. 디오게네스는 특정한 도시 공동체의 일원이 되고 싶은 마음이 없었다. 그는 늘 자연과 일치된 삶을 살았기 때문에 어느 곳에서나 살 수 있었다. "고향을 묻자 그는 이렇게 응답했다. '나는 세계시민이다.'"(D. L. VI, 63쪽) 세계는 그의 고향이었다. 그런 반면 조직적 구조가 튼튼한 모든 국가질서는 사람들을 속여서 본질적인 자아를 잊게 하는 기만적인 망상이었다. 그는 "유일하게 참된 국가질서는 세계 만물에서만 발견할 수 있다" (D. L. VI, 72쪽)고 생각했다. 또한 세계시민으로서 폴리스의 한계에 맞서 싸웠다. 그러나 그의 싸움은 세계화된 세계 정치의 의미가 아니라 모든 개별자가 편안하게 지낼 수 있는 유일한 질서로서, 자연적인 우주만을 인정하는 자주적 개인의 요구에서 비롯된 것이다.

아테네 시민들에게 그의 행동은 참을 수 없는 거만함이었으나 권력자들에게는 겁 없는 자세였다. 대부분 지체 높은 가문 출신으로 정당화된 정치권력은 그의 견유적 조롱의 두 번째 표적이었다. 많은 일화에서 디오게네스가 부자와 권력자의 초대를 꽤 선동적인 표현으로 거절하는 내용이 중심 모티브를 이루고 있다. "크라테로스가 그를 집으로 초대하자 그는 이렇게 대꾸했다. '크라테로스와 나란히 화려한 식탁에 앉으니 차라리 아테네에서 소금을 핥겠다.'"(D. L. VI, 57쪽) 초대에 응하지 않으면 죽이겠다는 협박을 덧붙인 페르디카스에게는 이렇게 말했다. "그것은 영웅적인 행동이 아니다. 벌레와 거미들도 할 수 있는 일이다."(D. L. VI, 44쪽)

디오게네스는 가장 강력한 권력자도 언젠가는 물러나게 되며, 결코 그 운명에서 벗어날 수 없음을 알았다. 이로써 디오게네스에 관한 일화들에서 가난한 철학자가 위엄 있는 지배자들보다 우월한 것처럼 묘사된 이유를 짐작할 수 있다. "알렉산더 대왕이 디오게네스와의 만남에서 '나는 알렉산더 대왕이다'라고 하자 디오게네스는 '그렇소? 나는 개라고 하는 디오게네스요!'라고 응답했다."(D. L. VI, 60쪽) 그의 말투는 자신감이 넘쳤으며, 그는 권력의 오만함을 꿰뚫어볼 줄 알았다.

'철학자와 권력자'라는 소재는 고대부터 현재에 이르기까지 가장 빈번히 인용되고 가장 다양하게 변형되어 소개되는, 유머러스한 장면의 절정을 차지한다. 어느 날 마케도니아의 알렉산더가 게으르게 누워서 햇볕을 쬐고 있는 디오게네스를 찾아와 소원을 들어주겠다고 한다. 젊은 왕은 자신의 아량이 얼마나 넓은지를 보여주기 위해서 그에게 대단한 제안을 했다. "그대가 원하는 것은 무엇이든 들어주겠노라." 디오게네스의 응답은 위대한 왕의 권력보다 우월한 위치에 선 철학자의 자유와 자족감을 여러모로 재치 있게 보여준다. 개처럼 살아가는 이 철학자의 소원은 너무도 하찮아서 왕에게 아무런 약속 이행의 의무를 지우지 않았으며, 철학자에게 넉넉하게 베풀어서 감사의 의무를 지우려 했던 왕의 의도를 물거품으로 만들었다. 또한 그의 소원은 모든 것을 지배하는 왕조차 권력을 행사할 수 없는 자연적 조건만이 삶의 기쁨을 좌우한다는 인식을 전한다. 따라서 이 빈궁한, 고향 시노페에서 추방당한 거지는 자신이 왕을 어떻게 평가하고 있는지를 분명히 보여주었다. 천하의 알렉산더 대왕일지라도 그에게는 햇볕을 가리는 귀찮은 그림자에 불과할 뿐이었다. "햇볕이나 가리지 않도록 비켜주시오."(D. L. VI, 38쪽) 후대에 명언으로 남겨진 이 짧은 한마디로 그는 왕의 거만한 제안을 멋지게 받아쳤다.

그러나 디오게네스가 가장 명석하게 정곡을 찌른 표적은 폴리스의 생활 질서나 알렉산더 대왕이 아니었다. 그의 세 번째 상대자이자 철학적으로 가장 중요한 적수인 철학의 왕, 플라톤이었다. 플라톤의 정치적 태도나 철학적 가르침은 언제나 디오게네스의 조롱 욕구를 자극했다. 플라톤으로서는 그를 "발광한 소크라테스"라 부를 만한 충분한 이유가 있었다. 한때 소크라테스가 소피스트들의 주제넘은 지식을 웃음거리로 만들었던 것처럼 이제는 소크라테스의 후계자를 자처하는 디오게네스가 자신의 이데아를 공허한 잡담으로 끌어내리려 했기 때문이다.

그러나 그는 오늘날까지 "초기 유럽 철학의 진리 탐구 과정에서 가장 드라마틱한 순간"으로 기억될 만큼 기발하고 맹랑하고 발칙한 방법으로 플라톤을 공격했다. "플라톤의 '고급 이론'이 논증의 끈들을 더 조밀한 논리적 조직으로 촘촘하게 결합시

오노레 도미에의 「디오게네스와 알렉산더」. 디오게네스는 가장 강력한 권력자 앞에서도 그의 오만함을 꿰뚫어볼 줄 알았다. "나는 알렉산더 대왕이다"라고 하자 디오게네스는 "햇볕이나 가리지 않게 비켜주시오"라고 응수했다.

키기 위해서 최종적으로 물질적인 구체화의 끈을 잘라내는 사이에 실천적인 구체화를 무언극처럼 기괴하게 극단으로 밀어붙이는 저급한 이론의 파괴적인 변형이 등장한다. 진리를 추구하는 과정은 그 대열이 잘 짜인 논증적 거대 이론의 전선과 풍자와 문학으로 분쟁을 일으키는 집단으로 분열된다."13

시칠리아에서의 플라톤의 모험을 디오게네스가 웃음거리로 만들어버린 일화들은 이론적인 철학뿐만 아니라 철학과 권력의 실천적 관계에서도 두 진영으로 분열되었던 사실을 기록하고 있다. 플라톤이 기원전 389년과 기원전 361년 사이에 시칠리아섬에 있는 시라쿠사를 세 차례 방문하여 독재자인 디오니시오스 1세, 이후에는 그의 아들 디오니시오스 2세와 교유한 것에 대해 디오게네스는 권력에 대한 철학의 아부라고 비난했다. 플라톤은 독재자와 눈높이를 맞추기 위해 자신의 모든 철학 지식을 동원했고, 이에 대해 디오게네스는 정치적으로 상승하고자 하는 몸부림의 허망함이라고 폭로한 것이다.

— 화려한 만찬에서 플라톤이 올리브 열매만을 집어드는 것을 보고 그는 물었다. "어쩌된 일인가? 지난번에 자네는 맛있는 식사의 즐거움을 위해 멀고도 험한 항해를 감수하고 시칠리아로 가더니 이제는 이 풍성한 음식을 앞에 두고도 즐거움을 마다한단 말인가?" 그러자 플라톤은 응답했다. "신들에게 맹세하건대, 나는 그곳에서도 올리브 따위만을 먹었다네." 디오게네스가 말했다. "그럴 거면 그 먼 시라쿠사까지 갈 필요가 무엇이란 말인가? 그때 아티카에는

올리브가 없었던가?"(D. L. VI. 25쪽)

—플라톤은 양배추를 씻고 있는 디오게네스를 유심히 바라보더니 그에게 다가가 조용히 속삭였다. "자네가 디오니시오스에게 충성했다면 양배추를 씻을 필요가 없었을 걸세." 그러자 디오게네스 역시 조용한 목소리로 이렇게 대답했다. "하지만 자네가 겸손한 자세로 양배추를 씻을 수 있었다면 디오니시오스를 섬기지 않아도 되었을 걸세."(D. L. VI. 58쪽)

삶의 자질구레한 일들을 넘어서는 위대함에 대해 사고하고 높은 이상을 성취하려 했던 플라톤의 시도는 그의 이데아론에서 형이상학적으로 표현되고 있다. 그것이야말로 물질적인 존재들의 '저급한' 본질과 확연하게 구별되는 '고급 이론'이었다. 관념론자인 플라톤에게 세상에는 "충돌하고 만질 수 있는", 변화하고 생성하고 소멸하는 개별적인 사물들만 존재하는 게 아니기 때문이다. 더 중요한 것은 지각 가능한 현상들의 참된 존재 근거를 찾을 수 있는 "확실히 사유 가능하고 비물질적인 이데아들"이다.[14] 플라톤은 실제로 현존하는 모든 사물을 육체의 감각으로는 지각할 수 없지만 정신으로는 파악 가능한 형상eidos의 물질적 대표라고 주장했다.

플라톤의 관점에서 보자면, 예컨대 모든 개별적인 책상은 책상 자체의 보편적인 이데아를 대표하며, 이러한 이데아에 정신적으로 참여methexis할 수 있기 때문에 인식할 수 있다. 디오게네스는 이러한 "훈계diatribe"를 "전도Katatribe"라고 생각했고(D. L.

VI, 24쪽), 그래서 뒤집어야 한다고 주장했다. 소크라테스의 뛰어난 제자이자 그의 예찬론자를 공격하는 데 소크라테스의 반어법을 이용한 반플라톤적인 일화들이 그러한 입장을 드러내준다. 플라톤의 전도된 이데아들은 다시 바로 세워지는데 거기서 재미있는 철학 논쟁이 일어난다.

— 플라톤이 자신의 이데아를 장황하게 설명하면서 책상 자체와 컵 자체에 대해서 말하자, 그것을 듣고 있던 디오게네스는 다음과 같이 말했다. "플라톤, 내가 보기에는 책상이 보이고 컵이 보이지만 책상 자체와 컵 자체는 눈을 씻고 봐도 안 보인다네." 그러자 플라톤은 이렇게 대꾸했다. "그야 당연한 것 아닌가. 왜냐하면 자네는 책상과 컵을 볼 수 있는 눈은 있지만 책상 자체와 컵 자체를 알아차릴 수 있는 이성이 없지 않은가."(D. L. VI, 53쪽)

— 또 한번은 디오게네스가 말린 무화과를 먹으면서 걸어가다가 플라톤과 마주쳤다. 그는 다음과 같이 말했다. "자네도 공유하게." 그리고 플라톤이 무화과를 먹으려고 손을 뻗자 이렇게 말했다. "나는 공유하라 했지 먹으라고 하지는 않았다네."(D. L. VI, 25쪽)

— 플라톤이 인간이란 두발로 걸어다니는 깃털 없는 짐승이라고 정의하자, 디오게네스는 수탉 한 마리를 잡아 털을 모조리 뽑아낸 뒤 플라톤의 아카데미아로 가져왔다. 그리고 이렇게 말했다. "이것이 플라톤이 말하는 인간이다."(D. L. VI, 40쪽)

디오게네스는 이러한 위트 넘치는 말솜씨로 티격태격하면서 첫 번째는 플라톤의 이데아론을, 두 번째는 이데아의 초월 세계에 대한 대상 세계의 참여를, 세 번째는 현존보다 본질을 중시하고 실존보다 본체를 중시하는 모든 형태의 정의적 규정에 반대했다. 그런 면에서 그는 플라톤의 가장 철저한 반대자였다. 죽음에 대한 두 사람의 상반된 견해에서도 그러한 대조가 드러난다. 플라톤은 순수하게 불멸하는 영혼은 죽음 이후에 비로소 육체라는 감옥에서 해방되어 초월적인 세계로 건너간다고 믿었다. 그런 반면 디오게네스는 죽음으로써 삶은 간단히 끝나버리는 것이라고 주장하면서, 이에 대해 환상을 품거나 좌절할 까닭이 없다고 했다.

디오게네스는 긴 인생을 마감하는 시점에서도 자신에게 다가온 죽음의 가시를 뽑아버렸다. (그는 알렉산더 대왕과 같은 해인 기원전 323년에 죽었다고 한다.) "죽음이 불행이냐는 질문에 그는 이렇게 대답했다. '어째서 불행이라는 거지? 죽음이 우리를 찾아왔을 때 우리는 죽음을 느끼지 못할 것 아닌가.'"(D. L. VI, 68쪽) 삶을 긍정했던 디오게네스는 숨을 멈춤으로써 죽음보다 한발 앞서려고 했다는 일화도 있다. 그는 죽음의 순간에도 자신의 주인이기를 고집했다.

그리고 마지막으로, 그는 자신이 중요시했던 삶에 대한 동물적 쾌락을 태연자약하게 표명했다. 그는 자기 시체가 어떻게 되든 상관하지 않았다. "그는 자신의 시체가 야생동물의 먹이가 되도록 짐승들에게 던져주거나 구덩이에 던져넣은 뒤 모래로 얇게 덮어달라고 당부했다고 전한다."(D. L. VI, 79쪽) 이 견유주의 철학자의 목적telos은 상상에만 존재하는 영혼의 영원한 구제가 아니라 삶에 대한 기쁨이었다. 이것이 바로 장례와 관련한 디오게네스의 당부에 담긴 위트의 핵심이다. 여러 이야기 가운데 하나를 하인리히 폰 클라이스트가 전하고 있다. "'뭐라고? 진정 새와 맹수의 먹이가 되고 싶다는 건가?' 하고 누군가가 말했다. 그는 '그게 거슬린다면 짐승들을 쫓아낼 수 있도록 내 지팡이를 옆에 놔두게'라고 대답했다. '쫓아낸다고?'라며 상대가 소리쳤다. 그는 이렇게 대꾸했다. '죽고 나면 아무 느낌이 없지 않은가! 그렇다면 새들이 나를 먹어치우든 말든 무슨 상관이란 말인가.'"15

그렇다면 시노페의 디오게네스도 웃었을까? 압데라의 데모크리토스처럼 그도 '웃는 철학자'였을까? 이 부분에 대해서는 직접적인 언급이 없다. 왜냐하면 수많은 일화 속에 디오게네스가 웃었다는 문장은 없기 때문이다. 그의 성격은 조롱과 건방진 태도, 무례함과 거친 언행이라는 특징들로 묘사되었고, 파렴치하고 뻔뻔한 사람으로 간주되었다. 그는 지팡이를 휘두르며 철학을 했고, 길거리를 떠돌아다니는 미친개처럼 짖고 물어대곤 했다. 플라톤은 그를 미친 소크라테스로 여겼고, 그의 공격적인 불손함을 알아차렸다.

— 플라톤은 어느 날 디오니시오스에서 도착한 몇몇 친구와 그를 초대했다. 그런데 디오게네스는 플라톤의 양탄자를 거칠게 밟아대며 이렇게 말했다. "나는 플라톤의 거만함을 발로 짓밟는다." 그러자 플라톤은 이렇게 말했다. "자네야말로 교만하지 않다고 착각할

만큼 교만하군." 또 다른 사람들이 전하는 이 장면에서 디오게네스는 다음과 같이 말했다고 한다. "나는 플라톤의 교만함을 짓밟는다." 그러자 플라톤은 이렇게 대꾸했다. "나의 교만함을 자네의 또 다른 교만함으로 밟는 거겠지, 디오게네스."(D. L. VI, 26쪽)

디오게네스는 빌란트가 이상적으로 그린 마음씨 좋고 유쾌한 기인이 아니었다. 그는 자신의 반대자들을 쾌활한 웃음의 쾌락이 아닌 지독한 조롱의 쾌락으로 공격했다. 그의 촌철살인은 상대방에게 깊은 상처를 남길 만한 위력을 지니고 있었다. 이미 디오게네스 라에르티오스가 확인한 바와 같이, 전형적인 견유주의적 인물인 그는 경멸을 즐기는 사람이었다. "특히 그는 상대방에게 자신이 그를 얼마나 경멸하는지를 알아차리게 하는 데 강했다."(D. L. VI, 24쪽) 그는 타인을 경멸조로 발가벗기는 데 선수였고, 자신의 기발한 위트를 치명적인 무기로 사용했다. 그래서 그는 동시대인들에게 경멸의 대상이 될 수 있었다. 많은 사람이 그를 비웃고 경멸했다. 하지만 그는 그러한 멸시의 비웃음조차 넘어섰다. 그는 본인이 멍청하다는 사실조차 모르는 사람들을 멍청하게 보았고, 누군가 그에게 "수많은 사람이 자네를 경멸하고 있다네"라고 말하면 다음과 같이 대꾸했다. "하지만 그 웃음은 나를 굴복시키지 못한다네."(D. L. VI, 54쪽)

시노페 출신의 디오게네스는 분명 웃는 철학자가 아니었다. 그렇다고 해서 디오게네스에 관한 일화들이 위트가 없거나 우스꽝스럽지 않다는 뜻은 아니다. 디오게네스가 이룬 "진지한 우스꽝스러움spoudo-geloion"은 도덕적인 진지함과 초기 견유주의의 문학적 특징인 충만한 재미라는 화해 불가능한 요소를 절묘하게 결합한 성과였다. 이처럼 진지한 농담이 불러일으키는 웃음은 치유 효과가 두 배였으며, 자기주장과 거리두기에 유용했다. 그래서 술통 안에서 살았던 이 자폐적이고 자주적인 성격의 기인은 아테네 시민들과 함께 살면서도 그들과 일정한 거리를 둘 수 있었다.

디오게네스에 대해, 또는 그의 조롱 욕구에 대해 웃고 즐기고자 굳이 그를 웃는 사람이나 유머러스한 철학자로 왜곡할 필요는 없다. 그에 대해 전해지는 대부분의 이야기는 주인공 스스로는 웃지 않았을지라도 독자들을 웃게 만들 수 있기 때문이다.

덧붙이는 말 소크라테스는 심오한 대화를 살아 있는 철학함의 유일한 매개체로 인정했기 때문에 글을 쓰지 않았다. 그런 반면 디오게네스가 집필한 책은 여러 권 유통되었다고 한다. 예컨대 디오게네스 라에르티오스는 국가, 관습, 부, 사랑과 죽음을 다룬 13개의 대화록을 열거했다. 디오게네스는 헤라클레스, 아킬레스, 메디아, 오이디푸스와 같은 영웅들이 주인공으로 등장하는 7편의 비극도 썼다고 하는데 이 작품들 가운데 단 한 편도 전해지는 게 없다. 게다가 고대의 전기문 중 몇몇은 "디오게네스가 쓴 작품은 없었음을"(D. L. VI. 80쪽) 확인해주고 있다. 그래서 우리는 2000년이 넘도록 디오게네스라는 사회적 주변인이 술통에서 내뱉은 지혜의 말들을 전하고 미화하는 숱한 일화에 의지할 수밖에 없다.[16]

WORÜBER
KLUGE
MENSCHEN
LACHEN

Kleine
Philosophie
des
Humors

venschen Lachen

4장

횡격막의
치유 활동

이마누엘 칸트가 쾨니히스베르크에서
웃을 일이 많았던 이유와
웃으면 건강하다고 생각한 이유

볼테르는 하늘이 우리에게 인생의 피곤함을 견디도록 희망과 수면이라는
두 가지 선물을 선사했다고 한다. 여기에 웃음을 덧붙였으면 더 좋았을 것이다.[1]

—이마누엘 칸트

독일어로 쓴 문학에서는 크리스토프 마르틴 빌란트가 최초로
견유주의 양식의 특징인 "진지한 우스꽝스러움spoudo-geloion"을
완성시켰다. 그는 그의 저서 『우아한 여신들의 철학Philosophie der
Grazien』에서 진지한 우스꽝스러움을 강령으로 격상시켰다. '진지
한 사유'와 '가벼운 농담'이 불가분의 관계로 서로 결합되어 있
을 때 비로소 인간 실존의 중요한 문제들이 파괴적인 힘을 상실
하는 한편 유머러스한 유희들이 힘과 깊이를 획득할 수 있다는
것이다.

물론 형식상 고대 견유학파로 회귀한다고 해서 그 학파의 주
인공까지 변하는 것은 아니다. 그래서 빌란트는 1769년에 "머리

가 덥수룩한 주변인"[2]인 디오게네스를 자신의 주인공으로 선택했다. 빌란트는 무엇보다 디오게네스의 무욕, 자유를 향한 그의 갈망과 사회비판적인 위트를 좋아했다. 그러나 공개적인 명예훼손이나 인간에 대한 경멸과 조롱은 그다지 옳다고 보지 않았기에 빌란트는 그런 부분에는 개입하고 싶지 않았다. 그래서 개처럼 물어대고 짖어대는 이 철학자의 괴기스럽고 거칠고 음란한 특징들을 씻어냈다. 이렇게 탄생한 빌란트의 디오게네스는 고집스러운 기인이면서도 매우 이성적인 인물로서 우아한 사고력과 인간에 대한 섬세한 이해력을 갖춘 존재였다. 그는 빌란트의 소설 세계에서 데모크리토스의 선행자인 "웃는 철학자들"의 원형이었다.

그러나 빌란트는 1774년의 작품에서 한때 호라티우스, 유베날리스 그리고 몽테뉴와 같은 작가들이 데모크리토스를 묘사할 때 사용했던 어두운 색채를 덧칠해놓았다. 빌란트의 작품에서 이 압데라 출신의 현자는 민중이 기뻐하는 일들을 날카로운 조롱으로 비웃지 않았다. 그의 웃음은 쓴웃음도 아니었고, 유머가 없는 웃음도 아니었으며, 우스꽝스러운 동물인 인간에 대한 경멸로 가득 차 있지도 않았다. 빌란트가 부여한 웃음은 때로는 인간의 어리석음도 즐겁게 받아들일 수 있는 세계주의적인 박애주의자의 총명한 웃음이었다.

그래서 그의 주인공들은 고대의 옷차림으로 등장하기는 했으나 빌란트가 살았던 시대의 세계관에 부합했다. 빌란트의 작품들에 등장하는 디오게네스, 데모크리토스 그리고 다른 많은 상상

크리스토프 마르틴 빌란트는 유머러스한 철학 작품인 『압데라 사람들의 이야기』를 썼다.

의 주인공들은 계몽주의 시대에 문화사적으로 꽃을 피우고 철학의 중심 주제로 발전한 아주 특별한 '위트와 유머'[3]를 구사했다.

이로써 상이한 의미 영역에 속해 있으며 웃음과는 무관했던 단어들이 현대적으로 재해석된다. 왜냐하면 원래 게르만어 단어인 위트Witz(비츠로 쓰는 게 맞지만 아래 본문에서는 익숙한 어감의 위트로 표기함—옮긴이)는 인도게르만어 동사어근 '우이드ueid'에서 파생한 말로 '보다'라는 뜻이지만 '알다'라는 뜻도 지니고 있기 때문이다. 그래서 '위트'는 17세기 말까지 지성, 명석함, 지식 그리고 지혜의 의미로 사용되었다. 이와는 반대로 유머Humor는 라틴어의 '후모레스humores'에서 나온 말로, 모든 종류의 액체와 체액을 가리켰다. 고대 의술에 의해 개발되어 근대 초기까지 유효했던 네 가지 체액humores naturales, 즉 혈액, 가래, 맑은 쓸개즙 그리고 탁한 쓸개즙에 관한 학설은 이후에 물질 영역에서 정신의 영역으로 전용되었다. 이 학설에 따르면 이 네 가지 체액에는 다혈질인Sanguiniker, 점액질인Phlegmatiker, 담즙질인Choleriker, 흑담즙질인Melancholiker이라는 네 가지 기질 또는 성격이 상응한다.

서로 관계가 없는 데다 각기 '지성' 또는 '질료'라는 의미 영역에 속했던 '위트'와 '유머'는 18세기 초에 비로소 유사한 정도로 웃음을 자극하는 한 쌍이 되어 우스꽝스러움의 영역에 유입되었다. 그러면서도 위트에는 여전히 지적 요소가 남아 있다. 위트가 있는 사람은 아주 쉽고 빠르게 서로 다른 사물의 유사성을 지각하고, 그 지각을 바탕으로 아무도 예상치 못한 '위트 있는' 통찰을 전달할 수 있다. 유머가 풍부한 사람은 체액에 근거한 병리학적 기질의 특성들 가운데 하나를 소유할 뿐만 아니라 밝은 심성과 명랑함을 지닌다.

빌란트의 세기적인 혁신은 위트와 유머를 문학적으로 다듬는 것에 그치지 않았다. 그는 나아가 웃음의 원인을 철학적으로 성찰했고, "웃는 철학자"를 연출했다. 이러한 상호작용으로 그의 소설들은 철학적이었으며, 상상하기라는 원초적인 욕망을 뚜렷이 드러내고 있다. 이로써 빌란트는 근대적인 담론화, 즉 철학과 문학의 경계를 넘나드는 담론 방향을 제시했다. 그는 이 과정에서 바흐친이 민중의 '웃음 문화'를 고안할 때 선택했던 경작의 방법을 따랐다. 왜냐하면 빌란트는 라블레가 아니었기 때문이다. 그는 쾌락의 원칙만을 따랐던 반문화적인 웃음의 인물들을 구상하지 않았다. 물질적인 것, 육체적인 것과의 음란한 관계가 부각되었던 르네상스의 민속 문화와 그 속에 담긴 웃음 철학이 계몽주의 유머에서는 기분 좋음, 사교적인 재미 그리고 재치 있는 위트로 전환되었다. 빌란트의 문학적·철학적 웃음은 "표준 박자에 충실한"[4] 웃음이었다. 말하자면 그것은 "실내음 크기"[5]로 낮춰졌고, 공적이기보다는 사적이었으며, 신체적으로 체험되기보다는 좀더 강력히 의식적으로 반성되었다.

이러한 정신사적인 발전이 프리드리히 니체로 하여금 『웃음과 미소Lachen und Lächeln』에 관한 격언을 쓰게 했는지도 모른다. "정신이 기쁘고 확실할수록 인간은 크게 웃는 것을 잊는다. 그런 반면에 끊임없이 정신적인 미소가 솟아나온다. 그 미소는 선한 현존에게 무한히 숨겨진 안락에 대한 인간의 놀라움의 표시다."[6]

그러나 18세기에는 웃음의 문명화를 유감스러운 상실의 역사로 기술하는 경향이 자리 잡았다. 웃음의 문명화는 시민 계급이 매우 심각한 표정으로 스스로를 훈련시키고자 했던 치환과 저주의 과정이었다는 한탄의 목소리가 확산된 것이다. 진지함과 이성은 '비천한' 웃음 문화를 무력화하는 역할을 했고, 교양 있는 시민들은 우스꽝스러운 것에 직면할 때마다 두려움과 공포에 사로잡혔다고 한다. 결국 웃음이라는 악덕을 물리치고 유머 없는 행동의 조절과 적응이 관철되었다는 주장이 제기되었다.

이러한 "집단적인 자기 검열의 과정"[7]을 뒷받침할 증인으로, 쾨니히스베르크 출신이며 라이프치히대학교에서 시문학과 웅변술을 가르쳤던 요한 크리스토프 고트셰트가 자주 인용된다. 1730년에 첫 출간되었고 1751년에 "발행 부수를 훨씬 늘려서" 네 번째 판이 인쇄된 그의 『비평 문학시론Critischen Dichtkunst』에서 좋은 취미는 이성에 의해 확립된 규칙들과 반드시 일치한다고 엄중히 비평하고 있다. 그러니 학식이 풍부하고 "철학적으로 예술을 논할 줄 아는 이 비평가"[8]가 '부도덕'을 '우스꽝스러움'과 불합리하게 결합시키는 희극 장르를 좋아하지 않은 것은 당연한 일이었다.[9]

한편 웃음을 비이성적이거나 어리석은 것으로 비난하지 않고 재기발랄하며 아주 명랑한 것으로 교육했던 전통도 다행히 존재했다. 그러나 당시 사람들은 일방적으로 계몽주의의 표준으로 표방된 고트셰트의 비판적 합리주의에 길들여져 이 전통은 주목을 받지 못했다. 빌란트는 그의 우상 또는 동반자들과 함께 이 전통을 대변하는 인물이다. 에르푸르트대학교의 학생이었던

1749~1752년까지 그는 초기 계몽주의 입문을 배우면서 스승인 요한 빌헬름 바우머를 통해 세르반테스의 『돈키호테Don Quixote』를 알게 되었고, 이 작품에 열광했다. 빌란트는 강단 철학보다 더 깊은 인간 본성에 대한 실천적 이해와 삶의 지혜가 이 작품에 담겨 있다고 보았다. 또한 빌란트가 1752~1754년 스위스의 계몽주의자인 요한 야코프 보드머와 취리히에서 교유했던 것도 그의 사상에 많은 흔적을 남겼다. 보드머의 『놀라운 것에 대한 비판적 연구Critische Abhandlung von dem Wunderbaren』(1740)는 고트셰트로 하여금 시문학이 '이성적인 것'에 한정되는 것에 반대하는 데 영향을 끼쳤다.

이후 빌란트는 1759년부터 베른에서 가정교사로 일했는데, 이때 율리 폰 본델리와 사랑에 빠졌다. 본델리는 철학적 학식이 더 풍부했을 뿐만 아니라 번뜩이는 재치로 그를 매료시켰다. 둘은 약혼을 했으나 몇 년 후에 파혼했고, 1763년 4월 15일 본델리는 빌란트에게 일시적인 우울증을 극복할 수 있는 방법을 추천했다. "당신이 웃다가 죽고 싶다면 『신사 트리스트럼 샌디의 생애와 의견The Life and the Opinions of Tristram Shandy』을 읽어보시기 바랍니다. 어떠한 정신적인 슬픔도 이 책의 매력을 이길 수 없습니다. 이 책은 심오한 박식함과 웃음의 철학, 이성적인 비판 그리고 숭고한 도덕에 대해 가장 재치 있는 농담의 색채로 기술되어 있습니다."[10] 1759년과 1767년 사이에 9권으로 간행된 『트리스트럼 샌디』를 읽어보라는 추천은 효과가 있었다. 그래서인지 빌란트의 작품들에 주인공으로 등장하는 디오게네스와 데모크리토스는 로런스 스턴의 웃는 신사 철학자와 매우 흡사하다.

그러나 빌란트의 위트에 결정적인 영향을 끼친 인물은 웃음의 철학적 문화사에 큰 족적을 남긴 영국의 도덕철학자 앤서니 애슐리 쿠퍼 섀프츠베리 3세(1671~1713)였다. 괴테가 이후에 "진정한 나의 정신적 쌍둥이"[11]라고 표현한 섀프츠베리의 글들은 18세기 중반부터 독일에서도 상당한 관심을 불러일으켰다.

고트셰트에게 웃음은 유머가 없는 악덕으로 금지되었던 것과 달리 섀프츠베리는 "우스꽝스러운 것의 빛"으로 간주했고, 빌란트는 이를 매우 높이 평가하며 "예리한 비웃음의 좋은 효과"[12]를 반복적으로 칭찬했다. 취리히의 보드머의 집에서 머물고 있을 때인 1753년에 그는 섀프츠베리의 작품들에 열광했다. 그 작품들을 그는 "매우 사랑했으며, 그 속에 자기 감정과 생각들이 표현되어 있음을 발견했다."[13]

그가 매력을 느꼈던 것은 이 영국 백작의 "도덕적인 비너스"[14]만은 아니었다. 강단 철학의 방법론적인 강제를 의식적으로 겨냥한 섀프츠베리의 사유 방식과 문체도 빌란트의 관심을 끌었다. 섀프츠베리는 대상을 굴복시키거나 질서정연하게 편입시키는 특정한 '체계'로써 독자들을 압도하거나 놀라게 하고 싶지 않은, 철학하는 에세이스트 또는 음유시인으로 자신을 이해했다. 그는 강요된 전향 또는 진지하게 훈계하는 어투를 낯설게 여겼으며, 재치가 넘치고 명랑한 방식으로 독자들을 놀라게 하는 데 관심을 가졌다. 이를 위해 가볍고 때로는 비약적인 문체로 관심 대상들의 세분화된 다양성을 탐색하려고 노력했다. 그가 1709

년 친구에게 보낸 편지에서 주제로 다루었던 「위트와 유머의 자유Freedom of Wit and Humour」 역시 "무거운 문장들과 규정된 담론만으로는 고찰하기 어려운" 성격의 것이다.[15]

빌란트가 가장 열광했던 작품은 모든 철학적 독단론자, 종교적 망상가 그리고 정치적인 광신자에게는 상당한 '충격'을 선사했을 섀프츠베리의 『시금석으로서의 비웃음Test of Ridicule』이었다.[16] 빌란트는 1758년 11월 8일 스위스의 의학자이자 통속 과학작가인 요한 게오르크 치머만 박사에게 "모든 편견에 충격을 가하는 사람들이 필요하다"[17]는 내용의 편지를 보냈다. 그런 이유로 철학자와 작가의 자유가 제한되어서는 안 된다고 했는데, 궁극적으로 재기발랄한 위트와 좋은 유머가 진실을 찾는 일에 기여할 수 있기 때문이라는 것이다. "섀프츠베리가 말하기를, 진리는 탐구와 의심, 심지어는 농담을 통해서도 더 풍부해진다. 진리는 모든 빛을 견딘다."[18]

"진리는 모든 빛을 견딘다." 빌란트는 섀프츠베리의 『위트와 유머의 자유에 관한 에세이Essay on the Freedom of Wit and Humour』의 핵심적인 이 문장을 인용했다. 우리는 우리를 기만할 수 있는 사물들을 항상 이리저리 돌려보고 다양한 빛의 각도에서 살펴봐야 한다. 그래서 그 사물들을 너무 진지하게만 고찰하는데 치우치지 말아야 하며 비웃음Ridicule이라는 자연적 매개체Natural Medium에도 노출시켜 봐야 한다. 우리는 비웃음이라는 시험을 통해서 비로소 "어떤 대상에 대해 무엇이 비웃을 만한지를 발견하게 된다. 이 시금석Criterion을 제기하는 사람들은 적어도 그 부분을 인정한다. 그러나 이를 인정하지 않는, 매우 진지한 사람들은 그러한 시금석을 제기할 권리가 없다고 생각할 수도 있다. 그러나 그들이 다른 사람들처럼 자유롭게 책망하고 주저 없이 중대한 대결을 벌이는 만큼 이를 묻는 것은 우스꽝스럽지 않은가."[19]

"우스꽝스럽지 않은가?" 섀프츠베리는 진지한 사람들이 쏜 발언의 화살을 다시 그들에게 돌려버렸다. 결국 그들은 자신들의 세계관과 기분에 부합하지 않는 것을 배척하고 조롱함으로써 스스로 비웃음을 당할 빌미를 제공한 셈이다. 이렇게 해서 우스꽝스러움의 기준은 비판적 계몽주의의 검증 사례로 전도되었고, 빌란트는 그것을 이후에 특히 이마누엘 칸트의 위트와 유머에서 재기발랄하게 빛나게 될 익살스럽고 조롱 섞인 우스꽝스러움의 빛으로 해석했다.

섀프츠베리의 '비웃음에 대한 시험'을 해롭지 않은 단순한 장난으로 오해하지 않으려면 이 시험이 개진되고 적용되었던 당시의 시대사적인 상황을 기억해야 한다. 왜냐하면 이 비판적인 시험 절차는 영향력 있는 독단론이나 철학적 체계의 숭고한 진지함 그리고 그것을 선언한 사람들을 겨냥한 게 아니었기 때문이다. 그의 '비웃음에 대한 시험'이 겨냥한 첫 번째 공격 대상은 정교正敎에 대한 확고한 신봉으로 정신의 자유를 무시하고 특정 민족을 공격하는 종교적 광신이었다. 앤서니 애슐리 쿠퍼는 찰스 2세의 영향력 있는 궁정 정치가로서 종교와 관련해서 매우 급진적인 관용의 사상을 옹호했던 조부의 영향을 받았으며, 네덜란드에 두 차례 머무르는 동안(1698~1699, 1703~1704) 만났던 로테르담의 "종교적 자유사상가들"에게도 감화되었다. 그래서 젊은 시절부터 그는 신중한 판단이나 사려 깊은 자세를 방해하며 "민족의 광기"로 비화될 수 있는 종교적 열정, 즉 "우리가 가끔 경험하는 바와 같이, 특히 종교가 관련되어 있을 때 한 민족이 맹목에 빠지게 되는"[20] 집단적 공포를 가장 혐오했다.

18세기 초 섀프츠베리는 수많은 프랑스의 개신교도에게서 이러한 종교적 광신주의를 체험했다. 영국으로 도주해온 이들은 구교를 섬기는 프랑스에서 실천하던 신앙의 방식인 '순교자 정신'에 몸과 정신을 내맡겼다. 즉 "인간성과 사랑의 정신"[21]을 버리고 순교를 최고의 가치로 섬기는 광신을 택한 것이다. 관대한 영국인으로서 고통을 광적으로 즐기는 이 정교 신봉자들에 대해 어떠한 태도를 취해야 옳은가? 전염될 위험을 무릅쓰고라도 진지하게 그들의 광란에 끼어들어야 하는 것인가? 섀프츠베리는 다른 해결책을 제시했다. 모든 열정적인 예언자를 위트, 유머 그리고 웃음이라는 "세상에서 가장 잔인한 경멸"[22]에 넘겨야 한다는 것이다.

이것이 바로 섀프츠베리가 1707년 가을에 친구인 서머스 경에게 보낸 「열광에 관한 편지」에서 이룬 전환이다. 종교적 광신자들에게는 어떠한 호의와 형벌도 통하지 않는다. 유일한 효과는 자주적인 사고의 자유가 담긴 비웃음뿐이다. "진지한 탈선과 불쾌한 기분 상태에 대해서는 이러한 치료 수단 외에 아무것도 없기 때문이다."[23] 해독제로서 비웃음의 시금석은 한 민족 전체를 광분케 할 만큼 지나친 열광의 경우에만 효과가 있는 것은 아니다. 자신의 기분 상태와 판단력을 비판적으로 시험해보고자 하는 현명한 사람들까지 고려한 것이다. 왜냐하면 자신의 지성을 이용할 줄 아는 용기가 아직 사회적인 공통감각sensus communis으로 확립되지 않았기 때문이다.[24] "어찌하여 우리는 이성적인 사고에 대한 그토록 비겁해 보이고 우스꽝스러운 것의 시험을 두려워하는가? 대상들이 너무 진지한 탓이라고 치고, 먼저 그 대상들이 실제로 중요한지 그렇지 않은지를 관찰해보도록 하자. 우리가 대상을 바라보는 방식으로는 그것들이 우리 상상 속에서 중요하거나 어려워 보일 수 있으나 그 자체로는 우스꽝스럽고 공허할 수도 있다. 엄숙한 무거움은 기만의 본질이다. 그것은 다른 사물들에 대하여 오류로 이끌 뿐만 아니라 대부분 우리 자신에 대해서도 오류를 초래한다."[25]

섀프츠베리의 동시대인들은 그를 종교적 회의론자이자 종교적 신앙을 조롱의 시금석으로 파괴하려 하는, 믿음이 없는 종교적 자유사상가라고 비난했다. 하지만 그가 제시한 비웃음의 시험은 그러한 것을 겨냥한 게 아니었다. 섀프츠베리에게 중요한 것은 종교의 내용이 아니며, 신앙의 진리를 비웃으려 하지도 않았다. 그보다는 구원론자와 종교적 지도자들의 신뢰성을 검토할 수 있는 방식을 개발한 것이라고 할 수 있다. "시금석으로서의 비웃음"의 목적은 우스꽝스러운 진지함의 가면으로 자기의 부정직성을 숨기고 있는 의식적인 또는 무의식적인 사기꾼들로부터 어떤 일을 진정 중요하게 생각하는 사람들을 구별하는 데 있다.

섀프츠베리는 재기발랄한 위트와 조롱의 유머라는 무기로 그들을 겨냥했고, 진지한 적에게는 이러한 방식이야말로 엄숙한 공격보다 더 효과적이라고 생각했다. "정직하지 못한 사람이 농담과 유머보다 더 두려워하는 것은 없다."[26] 위선적인 신앙의 정신으로 채워져 있으며 거짓된 진지함과 열광으로 허위의 신앙적인 확신을 사람들 사이에 퍼뜨림으로써 "끔찍한 세계적 비극을 야기하는"[27] 종교적인 광신자들이 특히 여기에 해당된다.

문화적인 충돌의 측면에서 이러한 우스꽝스러움의 시험은 초기 유럽 계몽주의 당시와 마찬가지로 오늘날에도 많은 것을 시사한다. 그러나 이 시험이 실제로 진지한 철학적 가치를 지니는가? 섀프츠베리의 시험에 "인정할 만한 논쟁적 도구로서의 지위"를 부여하기를 거부하는 오늘날의 비평가들은 이에 대해 부정적인 답변을 내린다. 그들에 의하면 우스꽝스러움은 단지 대화의 부수적인 심리 조건에 불과하며, "명시적으로 사용하기보다는 대화에서 배제하도록 노력해야"[28] 하기 때문이다. 이처럼 철학에서 웃음을 추방한 플라톤의 영향은 아직도 유효하다. 웃음처럼 집단 역동적인 행동 패턴을 논증적이어야 하는 엄격한 토론에 개입시켜선 안 된다는 것이다. 왜냐하면 웃음의 위험성은 너무나 명백하기 때문이다. "제아무리 엄격한 논증이라 할지라도 우스꽝스러움의 희생양이 될 수 있다면 웃음이 어느 편을 들어주느냐에 따라서 그 논증의 불합리성과 설득력이 결정될 것이다."[29]

섀프츠베리는 이러한 이의를 예견이라도 한 듯 일반적인 웃음에 대해 말하지 않았다. 그리고 모든 사람이 비웃음의 시금석을 사용할 자격을 지닌 것은 아니라고 했다. 그것이 한 공동체 안에서 철학적 수단으로서 효력을 발휘하려면 일단은 공동체 구성원들이 일정한 특징을 지니고 있어야 한다는 것이다. 즉 구성원들은 단순히 현상을 믿어서는 안 되며, 스스로 알아야 하고, 다른 사람들의 지도를 받는 것에 그치지 않고 스스로 사고해야 하며, 스스럼없이 인정하기보다는 비판적으로 검토해야 한다. 그들은 허위와 기만에 대하여 진정성과 정직함을 걸고 비웃는 농담과 고상한 위트를 "야비한 익살"[30]과 구분할 줄 알아야 한다.

샤프츠베리는 1709년에 출간된 『공통감각, 위트와 기분의 자유에 대한 연구Sensus Communis. Ein Versuch über die Freiheit von Witz und Laune』에서 우스꽝스러움의 관점이 유일하게 계몽적 효력을 발휘할 수 있는 문화 분위기를 스케치했다. 우선 위트를 장려하고 문명화하기 위한 "해학적 조롱의 자유"가 필수다. "모든 공손함은 자유를 필요로 한다."[31] 다른 한편으로 이러한 공손함은 사적인 행동이 아니라 공동체적인 과정으로 이루어진다. "우리는 말하자면 친근해지기 위한 충돌로 서로를 고상하게 하고 서로의 모난 부분을 다듬는다."[32]

이로써 샤프츠베리 백작은 자신의 철학함의 사회정치적인 배경을 명확히 제시했다. 그는 자신이 속한 클럽의 세련된 사교에서 편안함을 느끼는 "신사 철학자"의 생활 방식에 대해 고백했다. 그에게 총기 있는 조롱은 "서로를 완벽하게 잘 알고 있는 신사와 친구들 사이에서 허용되는 관대한 분위기"의 의미로서 "작은 모임의 자유"[33]와 불가분의 관계를 형성하고 있었다.

위트와 유머는 사교적인 우정과 정신적인 자유가 존재하는 문화에서만 사물들을 전체적으로 인식할 수 있는 수단이 된다. 그래서 섀프츠베리에게 교양 있는 신사들의 클럽이란 특수한 사회적 제도만을 뜻하는 것은 아니며, 철학적으로 합법화된 공손함의 문화Culture of Politeness[34]를 위한 모델의 성격을 띠고 있다. 섀프츠베리는 이러한 공손함의 문화를 통해 근원적인 의미에서 철학의 문제, 즉 어떻게 살아야 하며 성공적인 삶의 모습은 어떠한 것인가 하는 문제를 펼치고 해결할 수 있다고 믿었던 것이다. 그러한 문화가 확립되었을 때 비로소 웃음과 우스꽝스러움의 시험은 우스꽝스러운 약자나 정신적으로 열등한 사람들을 향한 교만한 비웃음이 아니라 휴머니즘의 이상에 근거한 긍정적인 가치로 인정될 수 있다.

섀프츠베리가 제안한 문화적 모델의 새로운 성질은 이전의 모델과 비교해보면 뚜렷이 드러난다. 섀프츠베리는 토머스 홉스(1588~1679)가 구상한 인간상에 매우 철저하고 단호하게 반대했다. 홉스에 따르면 인간은 본질적으로 사교적인 동물이 아니며 자기 보존과 욕망 충족에만 관심 있는 이기적인 개체여서 각각의 개인은 자기 이익만 성취하려 한다. 그래서 자연적인 관점에서 관찰했을 때 "인간은 인간에게 늑대homo homini lupus"이며 "만인에 대한 만인의 잠재적인 투쟁" 상태로 살아간다. 이러한 잠재적인 투쟁 상태는 오로지 한 군주의 절대적이고도 분리되지 않은 권력에 의해서만 평화롭게 통제될 수 있다. 이것이 바로 홉스가 1651년에 정치철학적 강령으로 설명한 『리바이어던Leviathan』

의 과제다. 그는 구약성서의 상징인, 농담이 통하지 않으며 자기 위로 더 높은 존재를 알지 못하는, 저승길을 밟고 싶지 않거나 이성을 상실하지 않은 경우라면 절대로 저항하거나 끌어내릴 수 없는 초인적 권력을 인용했다.[35]

홉스의 늑대 철학의 배경을 생각할 때 『리바이어던』에서 열거하거나 정의 내린 수많은 인간 심성의 변화들은 대부분 이기적인 측면에서 해석되었음을 알 수 있다. 홉스에게는 웃음조차 사교적이거나 유머러스한 의미로 이해되지 않았다. 그는 웃음을 개인의 우월감으로 이해했다. "갑작스러운 승리감은 바로 웃음이라 일컫는 일그러진 표정을 낳는 정념passion이다. 이 승리감은 마음에 드는 갑작스러운 자신의 행동에 의해 야기되거나, 다른 사람에게서 실수를 발견했을 때 자기 자신과 비교하면서 스스로에게 박수 치는 행동으로 밀고 나온다."[36] 홉스는 7년이 흐른 뒤 『인간에 관하여Vom Menschen』라는 철학적 탐구를 통해 웃음의 우월 이론을 더 공격적이고 직접적으로 표현했다. "자신의 명성을 높이거나 다른 사람의 명성을 깎아내리는 어떤 말, 행동 또는 생각은 흔히 원기를 부추긴다. 바로 이것이 웃음의 감정이다. (⋯) 웃음은 일반적으로 타인의 실수에 대한 자신의 우월감이다."[37]

섀프츠베리는 이러한 인간상과 웃음에 대한 구상을 전혀 받아들일 수 없었다. 물론 토머스 홉스는 "우리 민족이 자랑하는 부지런하고 총기 있는 철학자"[38]임을 인정했지만, 사람들을 늑대로 만들어버리고 인간의 모든 자연적 선의와 사회적 호의를 부정하며 그들의 웃음을 이기적인 우월감의 소산으로 바라보는 것은 섀프츠베리의 신사 철학에 들어맞지 않았다. 그는 종교전쟁, 시민전쟁 그리고 국가 간 전쟁이 끊이지 않았던 공포의 시대에 자신의 동향인이 느꼈던 경악에 기반하여 홉스의 철학을 해석했다. 그러나 당시의 정치적·종교적 혼란 그리고 전란에 대한 경악만으로 홉스의 철학을 설명할 수는 없었다. 결국 섀프츠베리는 홉스의 웃음론을 인간의 사회적 본성에 모순되는 "불합리"하고 "야만적인" 표현으로 간주했다.

섀프츠베리는 가상 대화를 통해 홉스와 홉스를 반목시킴으로써 그의 논증적 모순을 밝히려 했다. 이것은 매우 능숙한 전략이었다. 그는 대화 속의 홉스를 자기수행적selbstperformativ 모순에 빠진 인물로 그리되, 이기심의 자연력에 대한 믿음에만 매달려 있는 듯한 이 이타적인 철학자로부터 위트와 유머를 끄집어냈다. 또한 섀프츠베리는 그를 지나치게 조롱하지 않으면서, 그의 논증을 비웃음의 시금석에 내맡겨보고 그 결과에 대해 함께 웃자고 제안했다. "신사 양반! 당신이 드러내고자 하는 철학은 매우 독특합니다. 당신의 수업에 감사의 마음을 전하고자 합니다. 하지만 우리 인간을 위해서 당신이 그토록 열성을 보이는 이유는 무엇입니까? 당신은 우리 아버지입니까? 설령 당신이 우리 아버지라 할지라도 우리를 이토록 염려하는 이유는 무엇입니까? 당신의 고민은 자연적인 선의의 존재를 입증하는 것이 아닌가요? 그렇지 않다면 어째서 우리를 위해 노력하고 우리를 위해 그 많은 위험을 무릅씁니까? 왜 당신만의 비밀을 간직하려 하지 않습니까? (…) 우리 인간의 본성이 늑대라는 사실을 안다는 것은 그다지 즐겁지 않습니다. 실제로 자신에게서 늑대의 본성을 발견한 사람이 그 사실을 공개하려고 노력하겠습니까?"**39**

철학하는 평론가 섀프츠베리와 철학하는 작가 빌란트의 뒤를 이어, 철학적인 자아사유가Selbstdenker로서 이마누엘 칸트(1724~1804)가 무대에 등장했다. 칸트는 웃는 사상가들 중 세 번째 인물이었고, 어째서 위트와 유머가 우리를 웃게 만들고 타인과 더 잘 어울리게 하면서 치유 효과까지 발휘하는지를 철학 개념으로 정리했다.

평생 자신의 고향인 쾨니히스베르크를 단 한 번도 떠난 적이 없는, 기이한 속물근성을 지닌 무미건조한 교수이자 치밀한 분석가로 자자한 칸트가 웃음의 속성을 철학적으로 정의했다는 사실은 꽤 경이롭다. 칸트가 세운 이상은 모든 것이 추상의 지배 아래 평준화되어서 수반된 총체적 "체계"**40**라고 했던 세간의 평가는 얼마나 어처구니없는 것이었던가! 칸트의 관심을 끌었던 것은 인간이 아니라 순수한 이론적 지성과 순수한 선한 의지의 단순한 심급으로서 모든 물체적인 것, 역사적인 것 그리고 사회적인 것으로부터 정화된 "선험적 주체"라는 것이다. 그의 "선험적 주체"는 생명 없이 경험적 주체의 관심을 뛰어넘는다고 했다. "우리가 오늘날 잘 알다시피, 그것은 학문 내재적인 결정이었을 뿐만 아니라 정치적인 결정이기도 했다. 선험적 주체는 웃지 않는다."**41** 이것은 분명히 칸트 자신에게도 파괴적인 결과를 초래했다. 세간의 평가에 따르면 칸트는 절도 있고 책임감이 강하며 대단히 이성적이었다. 그의 '강박적인 삶'은 방어적인 자세, 강박관념, 충동의 억제, 무장 그리고 유머 없음에 의해 지배되었다. 그래서 칸트는 마치 자신의 선험적 주체였던 양 "경직된, 생명이 없는 삶"[42]을 살아가는 우스꽝스러운 인물로 묘사되곤 했다.

이러한 성격적인 특징 때문에 칸트를 웃는 철학자로 상상하기란 힘들다. 하지만 칸트를 전혀 다른 각도에서 보면 그가 매우 사교적이며 자유를 사랑하고 위트와 유머가 넘치는 데다 섀프츠베리 또는 빌란트식의 웃음도 즐겼던 사람임을 조명하는 증거가 넘쳐난다.[43]

1765~1766년 겨울 학기의 강의 내용에 대해 칸트가 사전 제출한 기록에 따르면 그가 섀프츠베리의 작품을 읽었던 사실이 확인된다. 칸트는 그해 겨울 학기 강의에서 도덕적인 측면으로 본 인간의 본성을 다루겠다고 약속했고, 먼저 인간 본성을 다룬 후에 인간의 본성이 마땅히 갖추어야 할 덕목을 살펴보겠다고 예고했다. 섀프츠베리는 데이비드 흄과 프랜시스 허치슨과 함께 '실천 철학'의 분야에서 "모든 도덕의 제1원칙들을 찾아내는 데 가장 깊이 도달했다."[44] 이후에 칸트가 기억하는 섀프츠베리는 경험 가능한 것과 인식 가능한 것의 한계를 무시하는 종교적 몽상가와 철학적 몽상가들을 향해 비웃음의 시험을 적용한 조롱자였다. 플라톤식의 철학적 이념 과잉을 다시 경험의 차원으로 끌어내리려 하지만 엄격한 "순수이성 비판"의 길로 접어들고 싶지 않다면 "몽상가들을 그대로 내버려두고 섀프츠베리와 함께 그들을 비웃어야 한다"[45]고 칸트는 말했다. 그리고 1768년 11월

에 요한 고트프리트 헤르더는 존경하는 스승이자 친구인 칸트에게 섀프츠베리가 "어울리기 좋아하는" 사람이라고 설명하면서, 이 영국 백작은 "다른 사람들이 억지로 뱉어낸 것보다 더 많은 진리를 웃음으로써 끄집어낸 철학적인 조롱자"[46]라고 높이 평가했다. 칸트는 아마도 이 의견에 동의했을 것이다. 그는 1797년에 출간한 마지막 대작에 속하는 『도덕 형이상학Metaphysik der Sitten』에서 섀프츠베리의 뜻을 이어받아 자신들의 체계를 경직되고 무비판적으로 고집하는 도덕철학의 무지를 비웃었다. "그러나 섀프츠베리의 주장에 따라 비웃음을 견디는 것이 무시할 수 없는 (특히 실천적인) 진리의 시금석이라면 이제는 비판적인 철학자가 한동안 논쟁을 주도했던 공허한 체계가 차례로 무너지고 그 추종자들이 우왕좌왕하는 모습을 보며 마지막으로 가장 크게 웃을 차례다."[47]

칸트와 빌란트의 만남은 1772년 12월 『토이체메르쿠어Teutsche Merkur』 지誌의 발행인인 빌란트가 쾨니히스베르크대학교의 존경하는 교수에게 기고를 부탁함으로써 시작되었다. 칸트 역시 빌란트를 인정하고 높이 평가했다. 그는 유머러스한 철학 소설을 쓴 빌란트의 열렬한 독자로서 『토이체메르쿠어』를 자택 도서관에 소중히 보관하고 있었다. 칸트에 관한 초기의 전기문들에 따르면, 그는 독일 문학 중에서 특히 "빌란트의 몇몇 걸작"[48]을 즐겨 읽었다. 라인홀트 베른하르트 야흐만에 따르면, 그는 68세가 되어서도 "빌란트의 『오베론Oberon』을 너무 칭찬한 덕분에 이 걸작을 그가 읽을 수 있도록 가져다주어야 했다. 하지만 그는 오베론을

『신들의 대화Göttergesprächen』나 그가 최고의 독일 작가라고 칭찬하곤 했던 빌란트의 다른 작품들만큼 좋아하지는 않았다."[49]

칸트는 빌란트를 사적으로 칭찬하기도 했다. 예컨대 그는 1787년 12월에 "안부와 함께 그의 흉내 낼 수 없는 작품들이 나에게 선사한 즐거움에 대해 감사를 전해달라"[50]는 편지를 빌란트의 사위인 카를 레온하르트 라인홀트에게 보냈다. 빌란트는 1788년 1월 19일 그에 대한 감사의 화답으로 칸트에게 보낼 답장을 써달라고 사위에게 부탁했다. "장인께서는 글로써 당신에게 휴식의 시간을 선물할 수 있었다는 것을 매우 자랑스러워하셨습니다."[51] 그러나 그것은 휴식이나 즐거움 그 이상이었다. 1774년 세상의 현자 데모크리토스의 철학적인 웃음을 기린 빌란트의 『압데라 사람들의 이야기』는 1798년에 칸트로 하여금 인간에 대해 "이 지구상에서 우리 인간들이 상호 간에 교제하는 모든 유희를 단순한 익살극으로 이해해야 한다"[52]는 내용의 압데라주의 가설을 세우게 했기 때문이다.

칸트는 섀프츠베리와 빌란트를 찬탄하고 자주 인용했지만 그것이 실제로 그가 유머러스한 성격을 지녔다는 증거가 될 순 없다. 그보다는 그와 개인적으로 알고 지냈던 제자와 친구들 그리고 동시대인들의 묘사가 더 확실한 증거를 제공한다. 그 묘사들은 칸트의 성격에 대해 일치하고 있다. 그중에서도 멀리 떨어진 이후에도 한때(1762~1764)의 스승을 매우 애정 어린 표현으로 묘사한 요한 고트프리트 헤르더에게 무게가 실린다. "나는 나의 스승이었던 한 철학자를 알게 된 행운을 누렸다. 그는 최고의 전성기에 청년처럼 유쾌하고 명랑했으며, 그 유쾌함은 노년까지 그와 함께한 것으로 보인다. 사유를 위해 마련된 개방적인 그의 이마에는 확고부동한 유쾌함과 기쁨이 자리 잡고 있었다. 그의 입술에서는 총기 넘치는 말들이 흘러나왔다. 그는 농담과 위트를 자유자재로 쓸 수 있었고, 그의 강의는 최고의 즐거움이었다."[53]

1755년에 칸트의 첫 강의를 들었던 루트비히 에른스트 보로스키는 학생들을 단순히 따라 외우게 하지 않고 각자의 독자적인 사유를 유도한 칸트의 능력을 높이 평가했다. 그는 무엇보다 "위트와 좋은 기분으로 양념된 자유로운 논쟁"[54]으로 이끈 그의 강의 방식에 감동했다. 여기서 "좋은 기분"이란 영어의 'good humour'를 번역한 것으로, 18세기에 유행하던 단어였다. 또한 노년의 칸트와 친분이 두터웠던 라인홀트 베른하르트 야흐만 역시 "칸트가 매우 풍부한 위트를 지녔다"고 강조했다. "그의 위트는 가벼웠으며 기분이 좋고 많은 의미를 담고 있었다. 그것은 맑은 하늘에서 노니는 벼락들이었고, 그는 그것을 사교 모임에서 대화할 때뿐만 아니라 자신의 강의를 더 재미있게 전달하기 위해서도 사용했다."[55]

야흐만이 언급한 "대화"는 칸트 자신도 기꺼이 참가했고 1787년부터는 자기 집에서도 개최했던 '오찬 모임들'을 떠올리게 한다. 이 오찬 모임들은 섀프츠베리의 "작은 모임의 자유"와 같은 것으로, 친한 사람끼리 만나서 허물없이 신과 세상에 대해 재치 있는 논쟁을 벌였다. 여기서 칸트는 "전도유망한 인기 있는 철학자"로서 대화를 "대단히 생동감 있게"[56] 이끌었다. 그는 번뜩이는 위트로 유쾌하게 대화를 주도했다. 섀프츠베리의 '공손함의 문화'가 칸트에 이르러 '품위 있는 유쾌함'의 형태를 띠게 된 것이다. 이 오찬 담화에 참석한 사람들은 모두 "지식과 새로운 생각들로 풍부하게 채워진 채 자신과 인류에 대해 만족한 기분으로"[57] 돌아갔다.

그러나 이러한 도취에 가까운 설명들 역시 간접적으로 전해지는 것이다. 그렇다면 칸트 자신은 위트와 유머를 어떻게 생각했을까? 그는 실제로 위트 있고 유쾌한 사람이었던가? 일단 확인할 수 있는 것은 그가 교수로서 강단에 서는 동안 내내 위트, 유머 그리고 웃음에 대해 철학을 했다는 사실이다. 그는 이미 초기작 『아름다움과 숭고함의 감정에 관한 고찰Beobachtungen über das Gefühl des Schönen und Erhabenen』에서 "지성은 숭고하고, 위트는 아름답다"[58]고 짧게 표현했다. 칸트는 자신의 대작들에 이성, 도덕법칙 그리고 별빛이 총총한 하늘을 전면에 배치하면서도 한 번도 위트의 아름다움을 잊은 적이 없다. 그는 위트의 고무적인 유쾌함, 안락한 생동감, 정신적인 민첩성 그리고 유희적인 자유를 칭찬했다. 그는 고대의 일곱 현자의 "격언으로서도 손색이 없는 위트"[59]를 찬양했다. 또한 위트와 모든 예술을 침묵하게 만들고 철학에서 추방해버린, 정신적인 것으로 전환한 플라톤주의의 진지함보다 더 선호했다. 그는 타고난 재치를 생동적인 정신의 자연적 재능으로서 사랑했다. 그는 1764년에 집필한 『머리의 질병들에 관한 연구Versuch über die Krankheiten des Kopfes』에서 "둔감한 머리에는 위트가, 바보에게는 지성이 결여되어 있다"[60]고 썼다. 그러나 둘 중 어떤 것이 더 고약한지는 밝히지 않았다.

다행히 칸트가 1772~1773년 겨울 학기 당시에 사적으로 진행했던 최초의 『인간학Anthropologie』 강의에 대한 필사본이 남아 있다. 이 시기는 그가 빌란트의 유머러스한 작품들을 정독하고 사랑하기 시작한 시기와 일치한다. 그는 인간에 관한 학문을 정규 대학의 학과로 구성하고 싶어했다. 잘 짜인 체계는 그의 관심 대상이 아니었다. 그가 중요하게 생각했던 것은 인간의 생활 방식을 고유의 복잡한 다양성 속에서 정확히 관찰할 수 있는 일견—見을 교육하는 것이었다. 그가 학생들에게 "편안한 관찰 이론"이라는 것을 선보였을 때 그는 무미건조한 논의를 원하지 않았으며, 학생들로 하여금 자신의 경험과 발언을 비교할 수 있는 "즐거운 과제"[61]를 제공해주려고 했다. 콜린스는 강의 내용 전체를 적어두었다. 『콜린스의 필사본Nachschrift Collins』은 위트와 웃음에 관한 칸트 이론의 원천을 보여주는 풍부한 보고일 뿐만 아니라 칸트 자신이 청중을 웃게 만들기 위해 위트를 즐겨 사용하는 유머러스한 사람이었다는 단서를 풍부하게 제공한다.

일상적인 "아주 비이성적인 태도"와 평소의 어리석음을 처음으로 설명한 부분에서도 위트는 넘쳐난다. 그는 특별히 타인에게 피해를 끼치지도 않고 큰 악덕도 아닌 몇 가지 "불합리한 것"[62]을 언급했다. 예를 들어 극도로 인색하면서도 그 인색함 때문에 자기 목적에 반하는 행동을 보이는 구두쇠를 어떻게 생각해야 하는가? "그는 재물을 누리려는 목적 때문에 인색하게 굴지만 결코 자신의 재물을 누리지 못한다. 그렇다면 이 불쌍한 바보는 부유하게 죽기 위해서 가난하게 사는 것이 아닌가?"[63] 생계를 유지하기도 힘들면서 화려한 의상과 엄선된 음식으로 남들보다 돋보이려 노력하는 것 또한 얼마나 불합리한 어리석음인가? 사회적인 신분 상승자로서 인위적이고 위엄 있는 표정을 짓느라 자연스럽게 행동할 줄 모르는 사람은 어떻게 생각해야 하는가? 이러한 사람들에 대해 우리는 나쁘게 생각하기보다는 바보스럽고 우스꽝스럽다고 생각해야 마땅하다. "그런 위엄에 신경 쓰는 사람이 거리를 걸어갈 때 사람들이 자신을 보려고 창문에 매달리지 않을까 살핀다면 그는 많은 사람에게 놀림을 당하게 될 것이다. 그에게서 작은 차이점이라도 발견되면 모든 사람은 그를 큰소리로 비웃을 것이다."[64]

그야말로 가상과 존재는 종종 서로 어울리지 않는다. 이러한 불합리성은 이미 데모크리토스에 의해 인식되었으며, 칸트는 그를 증인으로 끌어들였다. "그리하여 데모크리토스는 바보스러움과 모순으로 똘똘 뭉친 자들이라며 맵시를 부리던 사람들을 비웃었다. (…) 우리가 사는 지구는 엄청난 우주로부터 모든 바보를 격리 수용하기 위한 거대한 정신병원 같다."[65]

칸트는 일상적인 바보짓을 치유하는 해독제로 위트와 유머를 권장했던 웃는 철학자 데모크리토스에 동조했다. 그리고 영국의 국왕 헨리 4세 뒤에서는 마치 압데라의 현자가 숨어서 말하는 듯하다.

―어느 도시에 도착한 헨리 4세는 시 당국의 대표단으로부터 열렬

한 영접을 받았다. 대표단은 국왕을 환영하기 위해 멀리서 다가왔다. 일행은 짐을 싣기 위해 몇 마리의 버새를 끌고 왔다. 일행 중 한 명이 국왕에게 아첨의 말을 건네자 당나귀 한 마리가 크게 울었다. 왕이 외쳤다. "중신들! 한꺼번에 말하지 말고 한 명씩만 말하시오!"[66]

인간은 즐기며 농담할 때 비로소 자신의 본성을 보여주고 자기 자신일 수 있다. "진지함과 위엄은 인간의 본성이 아닌 듯하다. 재치 있는 사람은 주위에 모여 있는 모든 사람을 즐겁게 하며 그들에게 사랑받는다."[67] 게다가 인간학 콜로키움도 일종의 사교적인 모임이기 때문에 칸트는 위트의 법칙들을 가르치고 스스로도 위트로써 학생들을 즐겁게 해주려고 노력했다. 그중 몇 가지는 자신이 생각해낸 것인 듯하지만 재미있는 위트를 수록한 모음집도 기꺼이 참고했다. 그중에서도 베를린의 대표적인 계몽주의자 프리드리히 니콜라이의 유쾌한 사람들을 위한 휴대용 농담집, 최고의 작가들이 쓴 즐거운 농담, 위트 있는 착상과 익살스러운 이야기들의 모음[68]을 즐겨 인용했다.

— 파리의 강 위로 다리를 놓았다. 사람들이 맛있는 음식을 차려놓고 완공을 축하하는데 가스코뉴에서 온 사람이 다리 위를 왔다 갔다 하며 주의 깊게 살피고 있었다. 전문가처럼 보이는 그 사람은 식사에 초대되었고, 함께 음식을 맛있게 먹었다. 배불리 먹고 나자 사람들은 전문가인 듯한 그에게 다리가 어떤지 의견을 물었다. "다리를 강 위로 짓기로 한 것은 훌륭한 판단이었습니다. 강을 따라서 지

었더라면 아마도 작업이 영원히 끝나지 않았을 테니까요."**69**

—가스코뉴 지역에서 온 사람은 수호신이 왕에게 왕관을 씌워주는 그림이 새겨진 개선문을 보고 이렇게 말했다. "왕관을 씌워주고 있는지 벗기고 있는지 알 수가 없군."**70**

—헨리 4세는 낯선 귀족이 고집스러운 표정으로 투덜거리면서 왔다 갔다 하는 광경을 목격했다. 왕은 그에게 주인이 누구냐고 물었다. 귀족은 대답했다. "주인은 없습니다. 제가 제 자신의 주인입니다." 왕이 말했다. "그것 참 유감이오. 당신 주인은 상당히 무례한 사람인 듯하오."**71**

—한 인도인이 지체 높은 영국인의 집에 초대되었다. 집주인이 샴페인 병을 따자 큰 소리와 함께 액체가 흘러넘쳤다. 인도인은 깜짝 놀라더니 의아한 표정을 지었다. "왜 그렇게 어리둥절해하십니까?" 하고 영국 사람이 묻자 그는 이렇게 대답했다. "이 거품이 흘러나오는 모습이 신기한 게 아니라 당신이 이 거품을 어떻게 집어넣었는지가 매우 놀랍습니다."**72**

칸트에 따르면 이 모든 경우에는 마지막에 놀라운 반전으로 해소되는 긴장감이 존재한다. 즉 불합리하거나 이치에 맞지 않는 것이 개입됨으로써 우리 지성을 혼란에 빠뜨리고, 그래서 실제로는 지성에 어떤 즐거움도 주지 않는다는 것이다. 그렇다면 우리가 웃는 이유는 무엇인가? 왜 우리 몸은 위트를 접했을 때 전신에 경련을 일으키고 이성을 잃는 상태에 빠지는가?

칸트는 이미 1772~1773년 겨울 학기의 인간학 콜로키움에서 이에 대한 해답을 제시했다. 그는 아리스토텔레스의 이름을 직접 언급하지 않으면서 그의 이론을 따랐다. 누군가 간지럼을 태우는 것과 마찬가지로 위트에 의해 하체와 상체 사이에 위치한 횡격막이 진동하는데, 그런 의미에서 웃음은 즐거움을 주는 "기계적인" 신체적 사건이다. 불합리한 위트가 우리 지성을 실망시키는 반면 우리 횡격막은 기분이 좋아지도록 자극을 주기 때문이다. 그리고 그것은 칸트가 추측하건대 "어떤 것을 기대하면서 수축이 일어날 때 발생한다. 횡격막은 기대하지 않았던 일들이 일어날 때 진동하면서 움직인다. 이 진동은 허파에 부딪히면서 허파를 움직이게 한다. 그래서 허파는 공기를 들이마시고 내쉬는 동작을 반복함으로써 간헐적으로 기쁨 또는 웃음이 터지게 만든다. 웃는 사람을 기쁘게 하는 것은 웃으면서 드는 생각이 아니라 웃음에 의한 내적 운동이다. 그것은 나무를 톱으로 자르거나 말을 타는 것보다 더 좋은 운동이다."[73]

칸트는 활기 없이 머리로만 살았다는 평판으로 자자했지만 웃음의 신체적인 쾌활함을 찬양했고, 언제나 투덜거리거나 불쾌하게 사는 사람들에게 웃음을 치료제로 권장했다. 칸트에 따르면 웃음이라는 치료제는 "약보다 몸에 더 좋다. 우리 영혼은 결코 혼자서는 생각할 수 없으며 신체라는 실험실 안에서 움직인다. 그래서 언제나 이 둘 사이에는 조화가 이루어진다. 영혼은 생각하는 대로 신체를 함께 움직인다."[74]

칸트는 1772년에 개발한 뚜렷하지 않은 착상, 즉 위트에 의해 "기계적"으로 웃음이 발생한다는 생각을 20년 후에 정밀하게 발전시켰다. 바로 긴 주석이 달린 『판단력 비판Kritik der Urteilskraft』이다. 그러면서 한 가지 차이점에 주시했다. (우리의 판단에서만) 호감을 불러일으키는 것에 대한 미적 판단이 존재하는 한편, (우리의 감각에서만) 즐거움을 주는 사물들이 있다는 것이다. 칸트는 인간의 지성이 좋아하는 판단력과 인식력의 자유로운 유희에 대해 잘 알고 있었으며 그것을 높이 평가했다. 그는 나아가 즐거운 "감각의 변화무쌍한 자유로운 유희"[75]도 사랑했으며, 그것으로 인해 인간의 생명력이 전체적으로 상승할 수 있다고 생각했다.

『판단력 비판』(1790)의 54절은 웃음의 철학사에서 절정을 이룬다. 이 대목에서 칸트는 지적 날카로움과 번뜩이는 재치의 대가임을 드러낼 뿐만 아니라 감성과 정신의 관계라는 독일 계몽주의의 철학적 핵심 문제[76]를 다루면서 그것을 해결하려고 한다. 그에게 두 영역의 엄격한 분리는 더 이상 설득력이 없었다. 그러나 육체와 영혼, 감성과 지성의 전체적인 상호작용은 어떻게 단순히 철학적 두뇌의 산물로 머물지 않고 정신적·육체적 본질로서 인간과 관련되도록 경험되고 파악될 수 있는가? 칸트의 대답에 따르면, 이것은 오직 웃음 안에서만 가능하다. 그러면서 그는 매개체로서 데카르트의 솔방울샘pineal gland이 아닌 횡격막에 가장 중요한 역할을 부여했다.

이에 대한 근거지음Begruendung은 일단 상당히 추상적으로 들릴 수도 있다. "(음악처럼 아름다운 예술보다는 쾌적한 예술로 분리하는 것이 더 옳을 것 같은) 농담은 사유의 유희에 발동을 건다. 사유의 유희는 감각적으로 자신을 표현하고자 하는 의지가 있는 경우 육체까지 이 유희에 몰두하게 한다. 그리고 지성은 이러한 묘사에서 기대한 바를 발견하지 못함으로써 급격히 느슨해지는데, 기관들의 진동을 통해 이 느슨함을 몸으로 느끼게 된다. 기관들의 진동은 신체의 균형을 촉진하고 건강에 긍정적인 영향을 끼친다."[77] 칸트는 계속해서 이런 간결한 진술을 자세히 펼쳐놓는다.

놀라운 것은 음악과 농담이라는 거리가 먼 이질적인 현상을 연관지은 것이다. 이 두 현상은 우리에게 사유할 수 있는 아무것도 주지 않는 대신 상호작용을 통해 생동적인 즐거움을 선사하는 물질들과 어울린다는 의미에서 서로 닮았다고 칸트는 설명한다. 그는 음악을 우리에게 즐거움을 주는 몰개념적 예술로 간주했으며, 웃음의 소재인 농담 섞인 위트 역시 많은 생각에서 비롯되는 것처럼 보이지만 결국은 지성을 크게 흥분시키거나 이성적으로 사고하도록 강요하지 않는 유희로 여겼다. 음악과 마찬가지로 사유의 유희는 기대했던 바를 발견할 수 없기 때문에 무無로 사라진다. "몸이 들썩거릴 정도로 생동적인 웃음을 유발해야 하는 것은 (지성 자체로는 호감을 발견할 수 없는) 불합리한 어떤 것을 내포해야 한다. 웃음은 긴장감으로 기대했던 것이 돌연 아무것도 아닌 것으로 변할 때 일어나는 효과다."[78]

칸트가 이와 관련해서 들려주었던 위트들은 그러한 의도를 분명히 보여준다. 그는 먼저 샴페인 거품을 병에 넣는 것을 상상할 수 없었기에 병에서 흘러넘치는 거품을 신기하게 바라봤던 인도인에 대해 이야기한다. "그 상황에서 우리는 웃게 된다. 무지한 사람보다 우리가 더 똑똑하다고 생각하거나 우리 지성이 호감을 느낄 수 있는 무언가를 발견해서 웃는 것이 아니다. 우리는 긴장되어 있던 기대가 갑작스럽게 무로 변하기 때문에 웃는 것이다."[79]

—부유한 친척의 상속인이 망자의 장례식을 거창하게 치르기 위해 전문 조문객들을 고용했다. 그러나 그의 계획은 실패했고, 그는 이렇게 한탄했다. "고용한 조문객들이 최대한 슬퍼 보이도록 나는 많은 돈을 지불했지만 그들의 표정은 점점 즐거워졌다."

—어느 상인이 인도에서 많은 물건을 싣고 돌아오고 있었다. 그 물건들은 그의 전 재산이었다. 그러나 그가 탄 배는 바다 위에서 폭풍을 만났고, 그의 재산은 전부 물속에 빠져버리고 말았다. 상인은 분하고 원통한 나머지 "그날 밤 가발이 하얗게 세었다."[80]

이러한 위트는 충족되지 않은 의미 기대와, 처음에는 고조되다가 끝에 가서는 뜻밖으로 아무것도 아닌 것으로 변해버리는 긴장을 담고 있다. 그러나 위트 그 자체로는 공허하지 않으며 차이와의 유희로 구성된 역설적인 무無를 만들어낸다. 왜냐하면 위트 있는 반전을 통해 우리의 감정이, 칸트 자신이 반복해서 설명했듯이, "진동"과 "내적인 운동"의 상태에 들어서게 되기 때문이다. 칸트는 이러한 현상을 인간학 강의에서 웃음의 메커니즘으로 설명했다. "웃음은 감정이 마치 공처럼 반동을 일으킬 때 야기된다. 그것은 예기치 않게 찾아오며 인간은 동요하는 상태가 된다."[81]

여기서 우리는 거품이 어떻게 해서 병 안에 담겼는지를 이해할 수 없었던 인도인의 놀람이 어느 정도는 타당하지 않은가 하는 의문을 제기할 수 있다. 샴페인이 거품을 일으키기 전에는 다른 응집 상태로 병 안에 담겨 있었음을 아는 사람들에게 그의 의구심은 불합리한 것이지만 그럼에도 불구하고 인도인의 놀라운 표정은 우리에게 혼란스러움을 안겨준다. 어쨌든 우리는 그 상황에 대해 더 이상 생각하지 않아도 된다. 반전과 함께 위트는 끝났고, 누군가 더 자세한 것을 묻는다면 그는 위트의 핵심을 이해하지 못한 것이다. 그래서 우리는 골똘히 생각하지 않고 그냥 웃는다. 그러나 여기서 아무것도 아닌 무가 일어나는 것은 아니다.

"긴장되는 기대가 갑작스럽게 무로 변화하는 것"은 스스로 내면에서 계속 진동하며, 잠시 동안이기는 하지만 긴장과 긴장 완화의 상호작용을 유발한다. 그것은 우리 내면에 어떤 진동을 일으킨다. "이상하게도 이런 경우에는 항상 한순간에 속일 수 있는 어떤 것이 재미에 포함되어 있다. 그래서 가상이 무로 사라지고 감정이 가상과의 또 다른 시도를 위해 되돌아보면서 빠르게 이어지는 긴장과 긴장 완화 사이에 튕겨나갔다가 다시 튕겨서 돌아오는 동작을 반복하여 진동을 일으킨다. 이 진동은 현을 당겼던 것으로부터 다시 반동하는 순간이 (서서히 느슨해지는 것이 아니라) 너무 갑작스러워서 일종의 감정 운동에 따른 (감정 운동과 조화를 이루는 내면의) 신체 운동을 초래하며, 그것은 본의 아니게 지속된다."[82]

폴커 게르하르트는 매우 흥미로운 모음집인 『칸트의 즐거움을 위하여Kant zum Vergnügen』 6장에서 "누가 웃는가?—몸인가 사람인가?"라는 질문으로 칸트의 인용들을 모아놓았다. 그의 부인 비르기트 레키는 이미 몇 해 전 이 질문에 대한 해답을 내린 바 있다. 웃음 안에서 지성은 감성과 소통하며, 여기서 "선험적인 분석과 인간의 차원을 방법론적으로 말끔히 분리하는 것은 사태를 바라보는 데 잠정적 성격만 띨 뿐"[83]이라는 것이다. 왜냐하면 중요한 것은 순수한 이론적인 판단이나 실천적인 판단 또는 순수한 미적 판단이 아니라 감각적이고도 이성적인 이중적 존재로서의 인간으로서, 재치 있는 위트를 들었을 때 웃는 것은, 칸트에 따르면 "우리의 모든 생각과 신체 기관의 어떤 운동이 조화롭게 연결되어 있다"[84]는 사실을 보여주기 때문이다. 생각이 연결되어 운동이 일어나는 신체 기관이 반드시 뇌일 필요는 없다. 동요와 진동, 튕겨나감과 튕겨서 돌아옴, 긴장과 완화처럼 위트에 의해 일어나는 모든 차이 사건은 무엇보다 웃을 때 진동으로써 우리에게 육체적인 즐거움을 선사하는 횡격막으로 전이된다.

상체와 하체 사이에서 발생한 긴장과 긴장 완화의 유희는 때때로 상체로 전달된다. 이렇게 되면 허파는 순간순간마다 갑작스럽게 공기를 연속하여 내보낸다. "건강에도 매우 이로운 동작"[85]을 일으키는 이것이 바로 웃음의 전형적인 특징이다. 삶에 대한 우리 감정은 상승하고, 이것은 기쁨이라는 웃음의 부차적인 효과다. 따라서 웃느라고 혼이 나갈 지경에 이르는 동안 우리 기분은 무의식적으로 고조된다.

다른 한편 횡격막의 활동이 시작되면 하체에도 진동이 전달되어 "우리 내장 중에 탄력 있는 부분들"[86]을 자극시킨다. 이때의 건강 효과는 간헐적으로 공기를 내뱉는 것보다 더 높다고 할 수 있다. 칸트는 진지한 어투로 이렇게 확신한다. "육체 안에 촉진된 삶의 활력, 즉 내장과 횡격막을 움직이게 하는 흥분, 한마디로 말해 (특별한 동기 없이는 느낄 수 없는) 건강해진다는 느낌은 영혼을 통해 육체를 치료할 수 있고, 영혼은 육체의 의사로서 필요하다는 데서 오는 즐거움이다."[87] 칸트는 마음의 치유력을 신뢰했으며, 웃음을 부작용이 없는 가장 효과적인 약으로 처방했다.

그렇다면 이것은 칸트가 진지하게 한 말인가, 아니면 웃음의 치유 효과에 관한 그의 설명 그 자체로 위트일 뿐인가? 이 엄격한 순수 이성의 비판자가 두뇌의 노력보다 하체의 진동이 더 즐겁고 건강에 이롭다고 한 것은 혹시 사람들에게 웃음을 유도하기 위한 목적이 아니었을까? 그는 1798년 74세에 완성한 마지막 대작 『실용적 관점에서 본 인간학Anthropologie in pragmatischer Hinsicht』에서도 하체에 특히 강하게 작용하는 "횡격막의 움직임이 갖는 치유적 효과"[88]의 가치를 여전히 강조하고 있다. "우리를 웃게 만드는 고용된 익살꾼이거나, 아니면 악의는 없어 보이지만 '상당히 엉큼해서' 절대로 함께 웃지 않다가 순진함을 가장하여 (악기의 당겨진 현처럼) 긴장된 기대를 갑자기 풀어주는, 친구들의 모임에 속하는 재치 있는 장난꾼일 수도 있다. 어떤 경우에도 웃음은 소화 기능을 위해 존재하는 근육의 진동이며, 의사의 지혜보다 소화를 훨씬 더 잘 촉진시킨다. 또한 헛짚은 판단력의 어리석음도 (물론 자신을 똑똑하다고 착각한 사람을 희생양 삼아) 동일한 효과를 가져다줄 수 있다."[89]

　　—칸트가 먼저 찾아가기도 했고 손님으로 초대받기도 했던 샤를로테 아말리에 백작 부인의 저택에 폴란드 출신의 자그라모자 백작이 방문했다. 마침 먼 함부르크에서 친척을 만나러 동프로이센을 방문한 어느 선생도 그곳에 있었다. 백작은 처음 본 손님과 대화하기 위해 서투른 독일어로 말을 걸었다. "저도 함부르크에 **숙모**(Ant＝영어의 Aunt)가 있었는데 죽었어요." 그러자 선생은 말을 받으며 이렇게 대답했다. "그럼 털을 벗겨서 박제하지 그러셨어요."

　　폴란드 출신 백작은 함부르크의 숙모에 대한 말을 하기 위해 영어의 'Aunt(숙모)'를 썼다. 함부르크에 자신의 숙모가 있었다는 말이지만, 'Aunt'는 '오리'라는 뜻을 지닌 독일어 'Ente(엔테)'와 비슷하게 들린다. 칸트가 논평했듯이, 틀림없이 엄청난 웃음을 유발했을 것이다. 이 오해는 당사자들의 의지와는 상관없이 위트가 있다. 두 이질적인 표상과 관련해서 놀라울 정도로 비슷한 발음이 확인되고, 그로 인해 실제로 나타난 의미는 뒤죽박죽 되기 때문이다.

　　재치 있는 사람은 특별하고도 후천적으로 터득할 수 없는, "구상력의 법칙에 의하면 서로 멀리 떨어져 있는"[90] 상이한 현상들을 "유사하게 하는 능력Verähnlichungsvermögen"을 지니고 있다. '진동'을 구상함으로써 위트 있는 핵심을 사유하는 효과, 횡격막의 동요 그리고 허파와 내장의 자연스러운 움직임을 철학적인 위트 이론과 웃음 치료로 "유사하게" 같이 사유한 칸트는 그런 의미에서 재치 있는 사람이었다.

칸트는 누가 봐도 "매우 엉큼하고" 장난기 많은 인물이었다. 그래서 그는 현명한 사람들이 담소를 나누면서 논쟁하거나 농담을 주고받는 오찬 모임을 좋아했고, 사람들을 웃기는 역할을 자처하곤 했다. 왜냐하면 무거운 생각을 항상 머리에 넣고 다녀야 하는 철학하는 자아사유가에게 "혼자서 식사하는 것solipsismus convictori"[91]은 재미도 없고 기분도 좋지 않은 외로운 일일 뿐만 아니라 웃을 일도 없으니 하체에 자극도 생기지 않아 건강에도 좋지 않기 때문이다.

그런 반면 오찬 모임의 농담은 "횡격막과 내장을 기분 좋게 흔들어주고, 그로 인해 저녁 만찬의 식욕까지 촉진시킬뿐더러 대화에 의해서 충만해진다."[92] 따라서 인간의 정신이 만찬 때 세련된 위트와 유머에 감명을 받는 것은 어찌 보면 건강한 감각적 본성에 따른 것이다.

생각건대 다음 글은 칸트가 쓴 글들 가운데 가장 재치 있는 고찰이다. 그는 식욕을 촉진하고 소화를 돕는 웃음의 치유적인 측면을 자세하게 설명함으로써 위트, 웃음 그리고 여자가 배제된 플라톤의 향연 프로그램에 이의를 제기하는 동시에 철학의 중심 논제인 정신과 감성의 문제를 해체시켰다.

"궤변은 일종의 노동이자 힘이 드는 일이기 때문에, 그러나 (좋은 음식과 훌륭한 포도주를) 배불리 먹고 마시고 나면 그 노동도 힘들어지기 때문에, 부분적으로는 그곳에 참석한 여자들에게 호감을 사기 위해 대화는 자연스럽게 순수한 위트의 놀이로 넘어간다. 약간 불손하기는 하지만 수치심을 유발하지 않는 여성에 대한 작은 공격들은 더 나은 그들의 위트를 발휘함으로써 우월감을 과시하게 해준다. 그렇게 해서 만찬은 웃음으로 끝난다. 웃음이 크고 호의적일 때 그 본성은 신체적인 안녕보다는 횡격막과 내장을 움직여 위장의 소화를 촉진시킨다. 그러는 동안 놀랍게도 만찬에 참석한 사람들은 자연의 목적 하에서 많은 정신 문화를 발견하는 듯한 착각에 빠진다."[93]

WORÜBER
KLUGE
MENSCHEN
LACHEN

Kleine
Philosophie
des
Humors

venschen Lachen

5장

교활한 웃음을
짓게 하는
문제

철학자들이 2000년 동안
웃음의 근거에 대해서 알아낸 것들

그것은 미끄러져 달아나다가 다시 떠오른다.
그것은 교활한 웃음을 짓게 하는 철학적 사변에 대한 도전이다.[1]

—앙리 베르그송

이마누엘 칸트는 철학을 "모든 사람이 필연적으로 관심 가져야 하는"[2] 것에 관련된 "세상에 대한 지혜"로 이해한 사상가다. 칸트가 중요하게 여긴 것은 전문가들이 자기 연구를 위해 사용하는 교과서적인 지식이나 개념이 아니었다. 그가 매력을 느낀 철학적 도전은 바로 익살과 유머, 웃음과 기분 좋음이었다. 웃음이 인간의 타고난 본성이라면 특정 전문가들만 연구하도록 해서는 안 된다고 생각한 것이다. 어쨌든 칸트에게 웃음의 본질은 매우 일반적이되 필연적 관심을 이끄는 분야였음이 분명하다. 그래서 그는 웃음의 문제를 특히 자신의 『인간학』, 즉 자유롭게 행동하는 존재인 인간이 자신의 됨됨이를 형성할 수 있거나 형성해야만 하는 것에 관한 이론에서 심도 있게 다루고 있다. "그러므로 인간을 이성이라는 특별한 재능을 갖춘 존재로 인식하는 방식에 따르면, 비록 인간이 이 세상 피조물의 일부라 할지라도 세상에 대한 식견을 지니고 있다고 말해야 한다."[3]

칸트의 연구는 일차원적인 수준에 머물지 않는다. 웃음에 대한 칸트의 강의와 글들은 날줄과 씨줄로 얽히고설킨 다양한 사고 위에 익살과 유머를 덧입힌 것이다. 칸트도 인간의 많고 많은 어리석음을 비웃는 웃음에 대해 잘 알고 있었던 것이다. 예컨대 칸트는 자신의 초기 저서에서 인위적인 가면을 쓰고 엄숙한 제스처로 자신을 조롱하는 자들에게 대응할 수 있는 합리적인 행위 방식으로서 비웃음을 추천한 바 있다. 사실 이 세상은 데모크리토스식의 웃음만이 정신 건강에 도움이 되는, 영락없는 정신병원 아니던가?

그러나 칸트에게 이러한 웃음은 점점 낯설어졌다. 1762년 그는 장자크 루소의 저서들을 읽으면서 인간을 경멸하는 자신의 우월적인 감정들을 치유했다.[4] 그는 1772~1773년에 자신의 인간학 강의를 수강한 학생들에게 다음과 같이 역설하고 있다. "남을 비웃는 성향은 그리 좋지 않은 기질이다. 거기에는 일종의 사악함이 숨어 있다. (…) 비웃음에는 섬세한 유쾌함이 담겨 있지 않으며, 어딘가 음흉한 구석이 있다."[5] 그리하여 그는 우스꽝스러운 것에 대한 관심을 돌려 우리를 웃게 만드는 부조리한 것, 대조적인 것과 불합리한 것에 집중하기 시작했다.

이외에 칸트가 고령의 나이로 1790년에 집필한 『판단력 비판』

이마누엘 칸트는 열광적인 빌란트의 독자였다.

에서 성찰한 부분도 언급할 수 있다. 웃음은 긴장 상태에서 기대하던 어떤 것이 '아무것도 아닌 무'로 변할 때 일어나는 효과라는 것이다. 칸트의 웃음 철학적 고찰에 압축되어 있는 것은 세상에 대한 지혜만이 아니다. 그의 고찰은 특정한 전통의 흐름을 따르면서 동시에 새로운 관점들을 발전시켰다. 2000년이 넘는 철학사를 되돌아볼 때 오늘날까지 웃음과 관련하여 수많은 변형과 복잡한 혼합의 과정을 거치면서 등장한 세 가지 유형의 설명 방식[6]이 '협연'을 이루고 있음을 칸트가 보여주기 때문이다. 이 세 가지 기본적인 설명 방식은 '우월성' '대비' '이완'이라는 주요 개념으로 구분된다. 이러한 계통적 분류의 배경에는 드라마틱한 문화사적 과정이 함께하고 있다. 샤를 보들레르가 그의 에세이 『웃음의 본질에 대하여Über das Wesen des Lachens』에서 말했던 것처럼, 우리도 이 지점에서 "일종의 웃음에 대한 이론을 형성하는 기본 조건들을 좀더 명확하게 세울 필요가 있다."[7]

1. 다른 사람들을 비웃는다는 것 또는 우월성 이론

1861년 무렵 보들레르는 웃음을 신학적 맥락으로 설명했다. 인간이 신의 창조에서 배제되었다면 오늘날 우리를 웃게 만드는 우스꽝스러운 것은 있을 수 없었다고 생각했기 때문이다. 그는 웃음을 매우 인간적인 것으로 받아들였으나, 이러한 웃음의 인간적인 측면은 동시에 '악마적'이었다. 무엇보다 보들레르의 생각에 철학자들이 분석한 웃음은 스스로 우월하다는 감정에서 비롯된, 비난받아 마땅한 웃음에 불과하다. 그리고 초기에 조롱의 대상이 되어야 했던 사람이 다름 아닌 한 철학자였다는 사실이 이 사태를 더 악화시켰다. 보들레르가 간접적으로 설명한 그 일화는 매우 유명하다. 어느 날 어떤 현자가 하늘만 바라보면서 자신이 어디로 가고 있는지도 모른 채 무작정 걸어가다가 넘어졌다. 그러자 지나가던 "재치 있는" 하녀가 그를 "비웃었다"고 한다. 그녀는 현자보다 자신이 (적어도 길을 보고 똑바로 걸어간다는 점에서) 우월하다고 느꼈기 때문에 그를 조롱한 것이다. "나는 넘어지지 않는다. 나는 똑바로 걸어가고, 길을 걸을 때 무엇을 주의해야 하는지 잘 알고 있다."

이러한 웃음에서 보들레르가 발견한 것은 타인에 대한 공격적이고도 잔인한 오만함이었다. 즉 어떠한 단점과 실수로 인해 우스꽝스러운 모습을 보인 타인에 대한 감정이다. "웃음은 자신이 우월하다는 생각에서 비롯된다. 이것은 지금까지 우리가 경험해보지 못한 매우 악마적인 생각이다."[8] 보들레르는 악마 루시퍼가 건넨 상징적인 에덴 동산의 선악과 속에 숨어 있는 썩은 알맹이와는 관계하고 싶지 않았다. 그는 그러한 악마적인 웃음에 아이들의 웃음을 대조시킨다. 그 스스로 "악의 꽃"을 잘 알고 있었던 보들레르는 아이들의 웃음에서 순수한 "꽃봉오리"를 보았다. "아이들의 웃음은 받아들이는 데서 오는 재미이며, 숨을 쉬는 재미다. 그것은 열린 마음으로 타인을 대할 때 느낄 수 있는 재미이고, 관찰하며 살아가고 성장하는 재미다."[9]

한편 보들레르는 웃음이 실제로 우월성에 근거한 교활하고 악마적인 웃음이라면 성경의 하느님과 그의 독생자인 그리스도가 결코 웃지 않은 이유와 더불어 성경에서 유머를 발견할 수 없는 이유가 납득된다고 보았다. 왜냐하면 "전지전능한 신에게는 우스꽝스러운 것이 존재하지 않기 때문"[10]이다. 따라서 현자들도 어쩌다 웃을 때는 불안에 떤다는 것이다. 물론 이 주장에는 논쟁의 여지가 있다. 그러나 사도師徒 누가Luke가 "너희 이제 웃는 자여, 너희가 애통하며 울리로다"[11]라고 엄포를 놓았던 것처럼 엄숙한 기독교 신학자들이 인생을 웃으면서 즐기는 사람들에게 겁을 주고 훈계했다는 사실에는 논쟁의 여지가 없다.

기독교 신학을 상당히 우울한 것으로 느끼고 내내 신앙에 무관심했던 프리드리히 니체를 군이 따를 필요는 없겠지만, 적어도 그의 탁월한 재치는 부정할 수 없다. 니체의 사상적 실험의 대작인 『인간, 세상의 희극배우Der Mensch, der Komödiant der Welt』는 끊임없이 웃음 짓게 한다. "신이 세상을 창조했다면, 그는 자신의 기나긴 영생에 가끔 웃을 수 있는 유쾌함을 지속적으로 제공할 신의 원숭이로서 인간을 창조했다."[12]

우리는 여기서 '희극적인 것Das Komische'에 대한 방대한 신학[13] 속에서 길을 잃고 헤매기보다는 유머에 대한 작은 철학만 스케치하려 한다. 이 철학에서는 우월성의 아이디어가 주류를 이루며, 인간을 우스꽝스러운 "신의 원숭이"로 전락시킨 니체에게도 영향을 끼쳤다. 우월성의 패러다임이 철학적 사고를 지배했던 시대의 경계는 거의 정확히 확인된다. 대략 기원전 360년에 시작해서 1710년 12월에 종결된다. 이제 그 주요한 흐름 속에서 가장 주목할 만한 인물들을 차례차례 떠올려보자. 몇몇 인물은 우리에게도 잘 알려져 있다.

고대 그리스 철학에서부터 영국과 프랑스의 초기 계몽주의에 이르기까지 웃음은 우리를 웃게 만드는 것, 즉 웃음의 대상에 의해 설명된다. 그것은 '어떤 것에 대한 웃음Lachen-über'이고, 그 동기와 원인은 우스꽝스러운 것이다. 데모크리토스는 사람들의 어리석음을 비웃으며 그들을 조롱했다. 이 현자는 당대의 이성적이라고 착각하고 있는 어리석은 자들보다 더 많은 것을 알고 있었으나, 어리석은 자들은 세상을 등지고 성 밖에서 살아가는 이 기인이 몹쓸 웃음병에 걸렸다고 믿었다. 그리고 그 혐오스러운 환자보다는 자기들이 더 똑똑하다고 생각했다. 그리하여 압데라 사람들은 스스로 우스꽝스러운 존재가 되었고, 후기 고대의 유머 책인 『웃음을 사랑하는 자』에서도 이 압데라 사람들은 유머의 대상이었다.

플라톤은 데모크리토스로부터 웃음의 실마리를 잡았으나, 이 압데라 출신의 경쟁자를 직접 언급하지는 않는다. 다만 플라톤을 통해서 "우스꽝스러운 것"은 철학적 이념이 되었다. 플라톤은 기원전 360년과 기원전 347년 사이에 집필한 소크라테스 대화록 『필레보스』에서 학식이 매우 높으며 스스로 완벽하다고 믿는 사람들, 즉 실제로는 델포이 신전에 새겨진 "너 자신을 알라!"라는 계명을 위반한 사람들을 우스꽝스럽게 묘사하거나 폄하했다. 그들은 스스로를 과대평가한 나머지 자기 약점으로 인해 어리석다는 비난에 대해서 격분하거나 공격적으로 대항하지 못한다.

그러다가 플라톤과 그보다 스무 살이나 어린 견유학파의 견유주의자 디오게네스 사이에서 벌어진 논쟁으로 우스꽝스러운 열등함과 웃는 우월함 사이의 복잡한 변증법이 드러난다. 디오게네스는 사나운 짐승처럼 물질적이고 동물적인 관점으로 이데아와 초월의 사상가를 공격했다. 동시에 진지한 플라톤과 그의 오만한 우월감을 양탄자 짓밟듯이 마구 밟아대며 조롱하고 경멸했다. 무엇보다 플라톤의 우스꽝스러운 면모를 밝혀내려 했다. 그러나 그렇게 함으로써 그는 (물론 플라톤이 매우 예리하게 반박했듯이) 비웃음을 당한 상대만큼이나 자기 자신도 우월하고 교만하게 주제넘는 행동을 했던 것이다.

아리스토텔레스는 그의 희극 이론에서 플라톤의 노선을 충실히 따르고 있다. 우리는 희극에서 (무대 위에서 우스꽝스럽게 자기의 추악함과 실수를 보임으로써 우리에게 피해를 줄 수 없는) 우리보다 더 비천한 사람들을 보며 웃는다. 웃음의 대상인 우스꽝스럽게 일그러진 것, 기형적인 것 그리고 하찮은 것에 대한 표상은 연극보다는 공개적인 연설의 우스꽝스러운 측면에 더 관심을 보였던 키케로에 이르기까지 고대 그리스 철학 전체를 관통하며 그 효력을 발휘한다. 키케로는 기원전 55년에 『웅변가에 관하여Über den Redner』에서 다음과 같이 말하고 있다. "우스꽝스러운 것ridiculi의 장소와 영역은 본질적으로 일종의 추함과 기형turpitudine et deformitate에 의해 규정된다."**14** 그러나 이 재능 있고 영리한 웅변가는 그 추함조차 엄격한 고언苦言이 아니라 즐거운 유쾌함이 될 수 있도록 예의 바르고 재미있게 연설할 줄 알아야 한다고 했다.

키케로가 말하는 우스꽝스러움은 사실 웃음에 관한 매우 수준 높은 이론이다. 그러나 그의 이론 역시 열등한 자들을 조롱하는 비웃음에 불과했다. 16세기 말 미셸 드 몽테뉴는 『수상록』을 통해 경멸의 감정을 현실적으로 가차 없이 날카롭게 표현했던 데모크리토스와 디오게네스의 견해에 동의를 표하고, 그것을 상기시키면서 인류 전체를 향해 가장 공격적인 조롱을 퍼부었다. "내 생각에는, 우리가 성취한 바에 비해 우리는 아무리 경멸을 당해도 지나치지 않는다."**15**

르네 데카르트는 수십 년 후에 몽테뉴의 이런 경멸 가득한 웃음을 새롭게 완화시켰다. 근대 철학의 창시자인 데카르트는 1649년에 출간된 『영혼의 욕망Leidenschaften der Seels』에 관한 자신의 소논문에서 우리를 웃게 만드는 조소와 조롱Moquerie은 일종의 통쾌함 때문에 발생하며, "그 통쾌함에는 증오가 섞여 있다. 그것은 한 사람의 작은 실수를 알아차렸을 때 그가 그러한 실수를 범할 만하다고 생각하기 때문"**16**이라고 주장한다. "증오를 느끼게 하고 그럴 만하다고 생각하는 사람한테서 실수를 발견했을 때는 통쾌함을 느낀다." 그러나 데카르트는 본인에게 없는 다른 사람의 단점은 어찌되었든 "작은" 것이어야 한다고 강조한다. 만약 큰 실수라면 "우리가 나쁜 성격을 갖고 있거나 상대방에게 큰 증오를 품고 있는 경우를 제외하고는"**17** 우리가 비웃는 사람이 실제로 그처럼 큰 실수를 범할 만하다고 생각할 리 없기 때문이다. 더군다나 큰 실수는 사람들을 웃게 만들기보다는 울게 만든다. 예컨대

부주의해서 넘어진 사람을 봤을 때는 유쾌하게 웃을 수 있지만 높은 곳에서 떨어져서 심하게 다친 사람을 봤을 때는 동정하게 된다.

데카르트 이후 2년이 지난 1651년, 토머스 홉스는 인간의 다양한 감정에 주목했던 자신의 저서 『리바이어던』에서 다시금 기뻐할 만한 "타인의 단점에 대한 지각"을 상기시켰고, 그것을 웃는 자의 "갑작스러운 쾌재Sudden Glory"로 설명했다.[18] 그러나 홉스는 우월성에 대한 이러한 설명의 전형에 그다지 만족하지 않았으며, 사람들이 느끼는 우월감이야말로 비난받아 마땅한 "소심성의 표시"가 아닌지 질문한다. "왜냐하면 타인을 도와주고 조롱으로부터 보호하는 것은 위대한 사상가들의 마땅한 임무이기 때문이다."[19]

이미 데카르트도 그런 생각을 하고 있었다. 그는 비웃는 조롱 Moquerie보다는 즐거운 농담Raillerie을 더 좋아했다. 데카르트가 생각하기에 즐거운 농담은 소심한 사람들의 "욕망"이 아니라 "두 경우 다 미덕의 징조인 유쾌한 유머와 내면의 평정을 겉으로 보여주고 종종 자신이 비웃는 대상이 편안해 보일 만큼 영혼이 수려한"[20] 정직한 신사의 "특성"이다.

데카르트가 프랑스에서 "정직한 신사의 유머humeur d'honneste homme"라는 개념을 철학에 도입한 지 60년 후에 이 개념은 영국에서 수용되고 더 발전했다. 1709년에 영국의 섀프츠베리 백작이 쓴 『익살과 유머의 자유에 관한 에세이』가 출간된 것이다. 저자는 우스꽝스러운 것을 조롱하고 모든 종류의 광신에 "비웃음의 시금석"을 적용해봄으로써 동시에 모든 종류의 교양 없는 비웃음을 거부했다. 그 대신 학식 있는 사람들과 친구들 사이에서 더 세련되게 순화해야 할 "가장 고급스러운 익살"을 칭송했다.[21]

2000년 동안 지배적이었던 우월성의 패러다임은 더 이상 친근한 분위기에서 기분 좋게 웃고자 하는 소망과는 상관없는 것이 되었다. 초기 계몽주의에서는 우월감에서 비롯된 조롱 섞인 웃음의 자리에 "건강한 유머"가 등장하고, 어떤 것에 대해(about) 즐겁게 함께 웃는 것과 어떤 것을(at) 경멸적으로 비웃는 것 사이의 구분이 유머 철학에서 매우 중요해졌기 때문이다. 그 결과 우스운 것과 우스꽝스러운 것 사이의 본질적인 구분도 의미를 차지하게 된다. "형이상학적인 위트"[22]라는 개념의 고차원적 유머를 정의했던 영국의 위대한 시인 알렉산더 포프는 1658년에 작고한 호민관이자 군부 독재자 올리버 크롬웰에게 보낸 가상의 편지(1710년 12월 30일자)에서 "어떤 것에 대해서 웃는 것과 어떤 것을 비웃는 것 사이에도 차이가 있다"고 말한다. 그러면서 그는 한 방향으로 치우친 홉스의 우월성 관점을 비판했다. "결론적으로 말하자면, 친구들과 함께 웃을 때 내가 비웃는 대상이 있다면 그는 이미 나의 친구가 아니다."[23]

조지프 애디슨이라는 기자는 몇 달 후에 『스펙테이터Spectator』라는 주간지 23호에서 타인의 감정을 고려하지 않는 무정한 유머와 조롱을 비판했다. 사람들과 어울리기를 좋아하는 사교적인 성격의 영리한 사람들은 타인을 비웃지 않으며 그들을 조소의 대상으로 삼지 않는다는 것이다. 교만한 익살로 타인의 명성을 깎아내리는 것은 "독이 묻은 화살을 쏘는 것이다. 그 화살은 상처를 낼 뿐만 아니라 그 상처는 영원히 치유되지 않는다. 그래서 나는 사악한 사람에게서 유머와 조롱의 재능을 발견할 때마다 매우 걱정스럽다. 덕과 인간성으로 순화되지 않은 위트는 그만큼 혐오스러운 것이다."[24]

이로써 결정적인 새로운 표어가 등장하게 되는데, 그것은 바로 인간성이 사회적 생활 형태의 새로운 이념이 된다는 것이다. 이제 위트 안에 숨어 있는 사악한 가시를 제거하고 인간의 '선한 본성'에 적합한 균형 잡힌 유머를 구사하는 것이 중요해졌다. 전통에 힘입어 웃음을 설명하는 전형으로서 권리를 과시하던 우월성 이론은 그 가치를 상실했다. 대신 호감을 주는 위트와 유머러스한 웃음의 새로운 형태를 찾고 그것을 설명할 수 있는 새로운 철학적 근거를 추구하게 되었다. 그리고 우스꽝스러움의 자리에 '대비'가 등장한다. 그 결과 18세기 초반에는 "불일치"라는 개념이 "우월성"을 대체한 마술의 주문으로 등장한다.

2. 불합리한 것들에 대해서 웃을 때 또는 웃음의 불일치 이론

모든 것은 더블린에서 시작되었다. 도덕철학의 스코틀랜드 학파의 창시자 중 한 사람인 프랜시스 허치슨(1694~1746)은 글래스고에서 학업을 마치고 나서 아일랜드로 돌아왔다. 그는 더블린에 장로교파의 사립학교를 세웠다. 그리고 자신이 구상했던 인간상과 교육 프로그램을 몇 편의 철학 논문으로 소개하여 명성을 얻었고, 1725년에는 『도덕, 선 그리고 악에 관한 연구Inquiry concerning Moral, Good and Evil』를 출간했다. 허치슨은 섀프츠베리와 애디슨의 뒤를 이어 이기주의는 인간의 기본적인 특성이라고 한 홉스의 이론에 단호하게 반기를 들었다. 반면 보편적인 인간성의 바탕이라 할 수 있는, 사심 없고 호의적인 감정과 직감적인 "도덕감moral sense"을 신뢰했다. 그는 같은 해에 『더블린위클리저널Dublin Weekly Journal』에 웃음에 관한 몇 편의 기사를 발표했다. 1725년 6월 5일 홉스의 우월 이론에 대한 비판이 실린 지 일주일 뒤에는 지각된 대상 또는 사건의 대비 또는 모순이 우리를 웃게 만든다는 글이 『더블린위클리저널』 11호에 소개되었다.

우리는 특히 숭고한 웅장함과 위엄, 성스러움과 완벽함이라는 고차원적 이상들이 초라함, 비열함 그리고 불경이라는 저급한 표상들과 혼합될 때 웃는다. 누군가 가벼운 농담 한마디를 건네기 위해 애쓰고 있을 때, 위엄 있게 행동하다가 갑자기 무언가에 걸려서 넘어졌을 때, 우아하게 차려입은 옷이 더럽혀졌을 때, 바로 그런 때에 우리는 웃는다. 그러나 이러한 웃음은 "우리가 우월하다는 감정"에서 나오는 것이 아니라 익살스러운 "위엄과 초라함이라는 표상의 대비"[25]에서 나오는 것이다.

불일치는 우스꽝스러운 것이 아니라 익살스러운 것이다. 불일치에 의해 자극되는 웃음은 거만하거나 비열하지 않으며 지각된 사물들의 대비에 직면한 '선한 본성'의 표현이다. 허치슨이 자신의 이러한 고찰들로써 야기된 지속적인 영향을 예견했는지는 알 수 없다. 어쨌든 그는 현대적인 유머 철학을 창시했고, 일상적인 생활의 작은 불합리성들에서부터 정신의 숭고한 웅장함과 인간

존재의 비참한 왜소함 및 한계의 형이상학적인 대비에 이르기까지 온갖 가능한 불일치를 다 찾아냈다.

18세기의 독일어권 철학에서 영어의 "불일치incongruity"라는 단어는 대부분 "불합리성Ungereimtheit"으로 번역되었다. 칸트는 실천 철학과 덕 이론 분야에서 섀프츠베리 백작과 데이비드 흄과 함께 프랜시스 허치슨을 가장 좋아하는 철학자로 꼽으면서 일찍이 이러한 불합리성의 의미를 언급했다. 칸트는 허치슨의 표어들을 차용했고, 그 표어들로 즐거운 웃음과 웃음의 동기들을 설명했다. "우리는 웃음이 모순을 동반한다는 것을 볼 수 있었다. 그리고 갑자기 나타난 모순이 웃음을 야기할 때 그것을 불합리성이라고 불렀다."[26] "기대하지 않았던" "대비"[27]가 밖으로 드러난 것이다.

예컨대 누군가 조심성 없이 "불합리한 일들을 저지르고는 그것을 깨닫고서 스스로 웃는 사람"을 보았을 때 우리는 비웃음 없이 웃을 수 있다. "어떤 사람이 임차인과 백작에게 각각 편지를 썼다. 하지만 그는 잘못해서 봉투를 뒤바꿔서 백작에게 '친애하는 요한 씨'라는 호칭을, 임차인에게는 '존귀하신 백작 나리'라는 호칭을 썼다. 이런 경우에 우리는 같이 웃는다."[28]

돈 많은 상속인의 웃음을 자극하는 불평도 대비 효과가 선명하게 드러난다. "나는 고용한 조문객들에게 최대한 슬퍼 보이도록 두둑한 금액을 지불했지만 그들은 점점 즐거운 표정을 지었다."[29] 여기서 이치에 맞지 않는 것은 진짜 슬픔과 꾸며낸 아픔의 대비만이 아니다. 짭짤한 돈벌이에 대한 기쁨과 돈벌이를 위해 요구되는 작업 사이의 관계 역시 상당히 불합리하다.

칸트가 즐겨 언급한 위트들은 이러한 양식을 따랐고, 그는 수많은 고찰과 지적에서 불합리성의 원리를 이용했다. 칸트는 우리가 일상적으로 맞닥뜨리는 불일치를 예리하게 찾아냈다. 그러나 어떤 때는 그러한 불일치를 너무 진지하게 묘사해서 행간까지 면밀히 읽지 못하면 그 속에 담겨 있는 유머러스한 대비를 놓치기 쉽다.

—"이 세상에 사는 인간은 그저 웃음의 대상이다. 그러나 엄격한 심판관 앞에 서게 되는 인간의 운명에 대해서는 통곡할 수밖에 없다. 심판관은 이러한 인간의 두 가지 성향을 연결하기 위해 그것들을 서로 뒤바꾼다. 그는 평생 동안 웃다가 일요일과 죽는 날에는 울며 한탄한다."[30]

—"끊임없이 미덕을 강조하는 사람은 타락했다. 끊임없이 종교에 대해서 말하는 사람은 극도로 타락했다."[31]

—"인간의 후견인인 최고 감독관들은 대부분의 사람이 (그중에서 여자들도) 성숙으로 가는 단계를 힘겹게 느끼도록, 나아가 위험하다고 느끼도록 철저히 지키고 있다."[32]

(대비를 이루는 것은 성숙하지 못한 보통의 사람들과 그들의 후견인만이 아니다. 권위적인 주장을 호의적인 배려의 가면으로 은폐하는 가부장적, 종교적 그리고 국가적 후견인들 자체가 전형적인 대조의 경향을 나타낸다.)

—칸트가 1795년에 시민권, 민족권, 세계시민권을 개요로 하는, 전쟁에 반대하는 평화의 글에 '영구 평화'라는 "교회 묘지가 새겨져

있는 어느 네덜란드 식당의 풍자적 간판"**33**을 제목으로 삼아 출간했다는 것도 매우 우습다.

18세기 후반에 들어서자 유머의 대비 이론은 우스꽝스러움의 우월 이론을 대체했다. 그래서 19세기에는 '불일치'가 일종의 고정관념이 되어버렸다. 모든 곳과 모든 대상에 유머러스한 불합리성, 대비와 모순이 숨어 있는 듯했다. 사람들은 동일한 사건에서 긍정과 부정을, 완전성과 불완전성, 친숙함과 불합리함, 이성적인 것과 비이성적인 것, 허구와 실재, 관념과 현상, 무한한 자유와 유한한 한계의 불일치를 발견했다.

서막은 1804년 『미학 입문Vorschule der Ästhetik』을 출간한 장 폴 리히터(1763~1825)가 열었다. 그리고 모든 문학적 유머의 이론가들이 그의 뒤를 따랐다. 그는 유머 속의 "전도된 숭고함"을 들여다보았다. 우리는 이성의 관념을 통해 포착할 수 있다고 믿는 거대함과 일상에 엉겨 있는 작은 유한한 것들 사이에 존재하는 "무한한 대비"를 느낄 때 웃는다. "전도된 숭고함으로서의 유머는 개별적인 것을 파괴하는 게 아니라 관념과의 대비를 통해 유한한 것을 파괴한다. 유머에는 개인적인 바보스러움도 바보들도 없으며, 단지 바보스러움 자체와 미친 세상만이 있을 뿐이다."**34** 리히터는 이것을 유머의 총체화라고 불렀으며, 자신의 소설들에서 이를 생생하게 이해할 수 있는 무한한 직관의 재료를 제공했다.

그다음에는 아르투르 쇼펜하우어(1788~1860)의 유머 철학이 등장했다. 쇼펜하우어는 뿌루퉁한 자세로 인생의 고통에 대해 불평했던 염세주의 철학자로 알려져 있다. 그의 철학은 쓰라리며 희망이 없다는 것이 일반적인 견해였다. 1814년 봄, 그는 어머니인 여류작가 요하나 헨리에테 쇼펜하우어와 크게 다투었고, 모자간의 거친 싸움은 인생사적으로 보았을 때 쇼펜하우어에 대해 좋지 않은 인상을 남겼다. 어머니는 자신에 대한 아들의 불신, 경멸 그리고 불만으로 가득 찬 감정을 비난했다. 반면에 아들은 사랑하는 아버지의 자살뿐만 아니라 그가 받고 있는 모든 고통의 원인을 어머니 탓으로 돌렸다. 그는 어머니와 인연을 끊은 후에 "우리는 어두움을 좇아 살고자 하는 지독한 의지에 따라 점점 부도덕과 죄악, 죽음과 무화無化에 깊이 빠져든다"[35]라는 글을 일기에 남겼다. 결별 이후 두 사람은 다시는 만나지 않았으며, 아들은 세상을 떠나는 순간까지 어머니를 저주했다.

그러나 바이마르에 있는 어머니의 집에서 그는 요하나 쇼펜하우어의 친구였던 크리스토프 마르틴 빌란트를 만나기도 했다. 어머니는 빌란트에게 철학 공부를 고집하는 젊은 아들을 위해 적당한 직업을 조언해달라고 청했다. 돈벌이로서 철학은 전망이 좋지 않다는 게 빌란트의 입장이었다. 그는 대화를 나누던 중에 등장한 구두장이의 작업을 칭찬했다. 구두장이는 주문받은 장화 한 켤레를 배달하러 온 참이었다. "그렇다면 한번 말해보시게, 젊은 아르투르 양반. 나의 모든 글이 세상에 제공한 유익함보다는 이 사람이 더 많은 이득을 제공한다고 생각하지 않는가? 잘 고려해보고 철학처럼 현실적이지 않은 학문을 택하려는 뜻을 접기를 바라네."[36]

그러나 젊은 쇼펜하우어는 쉽게 포기하지 않았다. 그는 인생의 곤경을 탐구하기 위해 철학을 공부하고자 했다. 그리하여 빌란트의 자기 회의에 대해 "당신의 글들은 인생의 고통과 힘겨움을 겪는 수많은 사람에게 위안과 활력을 주었고, 고통을 견딜 수 있도록 새로운 용기를 북돋워주었다"[37]고 반박했다. 쇼펜하우어의 대답은 노령의 빌란트에게 큰 힘이 되었고, 그는 젊은 친구의 결심을 인정해주기로 했다. 그와 동시에 쇼펜하우어의 대답은 그의 유머감각을 보여주는 것이기도 했다. 훗날 그는 그 대답에 대해 "진지함이 살짝 뒤에 드러나 보이는"[38] 재미라고 정의했다.

이러한 맥락에서 제1권이 1819년에 출간된 쇼펜하우어의 『의지와 표상으로서의 세계Die Welt als Wille und Vorstellung』13장을 읽을 때 그 의미가 두드러진다. 이 대작의 13장은 "인간의 본성에만 고유하게 자리 잡은 이성과 같은 매우 특이한 현상의 근거를 다룬다. 말하자면 웃음"[39]에 관한 것이다.

웃음에 대한 쇼펜하우어의 근거지음은 일견 추상적으로 들릴지도 모른다. "웃음은 갑작스럽게 지각된 어떤 개념과 어떠한 관계로든 그 개념으로 인해 생각된 실제 대상 사이의 불일치 때문에 발생한다. 따라서 웃음 그 자체는 이러한 불일치에 대한 표현일 뿐이다."[40] 이로써 허치슨과 칸트의 이론은 언어철학적 발견으로 변형되었다. 더 나아가 쇼펜하우어가 생각하는 웃음을 일으키는 불합리는 감각적·구체적 직관과 개념들에 의해 각인된 정신적·추상적 인식 사이에 존재하는 것이다. 쇼펜하우어 철학의 중심에 자리하는 이러한 불일치는 그에게 위트와 어리석음의 차이에 대해 숙고할 기회를 제공했고, 그는 그러한 성찰을 근거로 우리를 즐겁게 하고 인간답게 해주는 웃음을 설득력 있게 변론했다.

『의지와 표상으로서의 세계』 제2권에서 완벽하게 정리된 우스꽝스러움의 이론은 쇼펜하우어가 얼마나 위트와 바보짓을 즐거워했는지를 짐작케 한다. 특히 직관과 개념의 불일치를 두 가지 방향으로 더 확실하게 설명하기 위해 수많은 위트와 바보스러운 행동에 관한 에피소드들이 삽입된 것을 보면 그는 우스꽝스러운 것에 대한 이론을 쓰면서 꽤 재미있어했던 것 같다.

쇼펜하우어에 따르면, 위트의 경우 서로 다른 (이질적인) 직관적 표상에서 출발하며, 그 표상은 위트 있는 이야기의 절정에 의해 어울리지 않는 하나의 (동질적인) 개념으로 통합된다.

—파리의 한 극장에서는 공연 시작 전에 으레 연주되는 프랑스 국가 「라마르세예즈」가 생략되었다. 이에 관중은 웅성거렸고 불만을 터뜨렸다. 그러자 제복 차림의 경찰관이 무대에 나타나 프로그램에 기재되지 않은 것은 연주할 수 없다고 설명했다. 그러자 관중석에 앉아 있던 한 사람이 벌떡 일어나서 이렇게 외쳤다. "그럼 당신은 뭐야? 당신도 프로그램에 없잖아!"**41**

—베를린 극장에서는 즉흥적인 연기가 환영받지 못했다. 감독은 모든 것이 정해진 대로 진행되도록 신경을 썼다. 한번은 배우 운첼만이 말과 함께 무대에 등장하기로 되어 있었는데, 무대 위에서 몇 발짝을 떼던 말이 뻣뻣해지더니 커다란 똥을 쌌다. 관중은 폭소를

터뜨렸다. 운첼만이 말한테 "지금 뭐 하고 있는 거야? 즉흥연기는 안 된다는 걸 모르는 거야?"라며 엄한 표정으로 꾸짖자 관중은 더욱 자지러지게 웃어댔다.[42]

─가스코뉴 지역에서 온 사람이 매서운 겨울 추위에도 얇은 여름옷을 입고 있는 것을 보고 왕이 비웃었다. 그러자 가스코뉴 사람은 이렇게 대꾸했다. "제가 입고 있는 것을 전하께서 입으셨더라면 아마도 따뜻하다고 느꼈을 것입니다." 왕이 무엇을 입고 있느냐고 묻자 그는 이렇게 응답했다. "내가 소유하고 있는 옷의 전부랍니다."[43]

이러한 재치 있는 착상들의 경우 개념과 직관은 일치하지 않는다. 경찰과 「라마르세예즈」는 둘 다 "프로그램"에 없다. 배우와 말은 "즉흥연기"를 삼가야 한다. 옷장이 미어터지도록 많이 소유한 왕의 옷이나 불쌍한 거지의 여름옷 한 벌이나 옷의 전부이기는 마찬가지다. 이처럼 직관적으로는 서로 어울리지 않는 두 가지 착상이 개념적으로 하나로 합쳐져 정곡을 찌른다.

반대로, 어리석음의 경우에는 인식 안에 개념이 주어진다. 그런 다음에 개념은 불합리하게 다양한 직관 대상에 적용되어 어리석은 행동의 "불합리"를 유발한다.

─누군가 오스트리아 사람에게 혼자 산책하는 것을 좋아한다고 일렀다. 오스트리아 사람은 이렇게 대꾸했다. "나도 혼자 산책하는 것을 좋아하니까 둘이서 같이 산책하면 되겠네."[44] (도입 부분에는 "두 사람이 즐기는 것이 같다면 함께 즐길 수 있다"는 개념적 착상이 배치되어

빌헬름 부슈가 그린 쇼펜하우어. 쇼펜하우어의 『의지와 표상으로서의 세계』 13장은 "인간의 본성에만 고유하게 자리 잡은 이성과 같은 매우 특이한 현상의 근거를 다룬다. 말하자면 웃음"에 관한 것이다.

있다. 그리고 공동 행동을 배제하는 구체적인 경우는 이 개념적인 착상에 포섭된다.)

—군인들이 초소에 앉아서 카드놀이를 하고 있는데, 포로 한 명이 그들에게 인도되었다. 포로는 카드놀이에 끼게 되지만 속임수를 많이 써서 결국 쫓겨나 자유의 몸이 되었다.[45] (병사들은 "속임수를 쓰는 자는 내쫓는다"는 일반적인 생각에 따라 행동했고, 이 경우에 그것은 포로 상황의 반대를 의미했다.)

그렇다면 우리가 이러한 위트와 어리석음에 대해서 웃을 수 있는 이유는 무엇인가? 위트와 어리석음은 왜 우리를 "경련에 가까운 동요"에 달하는 "즐거운 상태"[46]로 몰아넣는가? 쇼펜하우어는 이에 대해 놀라운 해답을 제시한다. 그는 장난 뒤에서 살짝 드러나는 진지한 문제를 지적했다. 생동적인 직관과 인식하는 지성 사이의 각축이 문제라는 것이다. 사실 쇼펜하우어는 철학자로서 개념적인 추상의 세계가 더 편안했을 것이다. 그러나 그는 적대자에게 홀려버렸다. 그는 언제나 현존하며 우리에게 직접적인 즐거움을 선사하는 구체적인 직관들의 세분화된 다양성을 선호했다. 그리고 이에 대립해서 삶의 근본 현상을 내팽개친 개념의 노력과 추상적 사유의 노력을 대비시켰다.

감각적으로 지각된 것과 추상적으로 사유되는 것과의 불일치에서 직관이 명백한 승리자로 등장하기 때문에 우리는 웃으면서 기뻐한다. 언제나 위트와 어리석음에서는 동질적인 개념이 오류를 범하며, 이질적인 지각의 다양성을 빗나간다. 반면 "직관된 것은 의심의 여지 없이 항상 정당하다. 왜냐하면 그것은 오류에 예속되어 있지 않으며 외부로부터 자격 증명을 요구받지 않고 자신을 대변한다. 직관된 것과 사유된 것의 갈등은 사유된 것이 그 추상적인 개념들의 한계로 말미암아 직관적인 것의 무한한 다양성과 변화로 내려올 수 없다는 데서 기인한다. 사유에 대한 직관적인 인식의 승리는 우리를 기쁘게 한다. (…) 이 엄격하고 지칠 줄 모르며 지나치게 부담스러운 이성이 부족하다고 판명되었을 때 우리는 흥겨울 수밖에 없다."[47]

쇠렌 키르케고르(1813~1855)는 2년 후에 쇼펜하우어보다 훨씬 더 극단적으로 개별적 존재의 내적 직관을 통해 일반적인 개념 세계를 정면으로 공격했다. 덴마크의 이 구신자求神者는 추상적 사유와 추상적 언어에 대해 숨겨진 내면성과 구체적인 실존을 대비시켰다. 그리고 1846년 2월 27일에는 추상적인 사유와의 결별을 공개적으로 실행에 옮겼다. 33세의 키르케고르는『철학적 단편에 대한 비학문적 해설문. 모방적·격정적·변증적 선집. 요하네스 클리마쿠스의 실존론적 항의Abschließende unwissenschaftliche Nachschrift zu den Philosophischen Broken. Mimisch-patheitsch-dialektische Sammelschrift. Existentielle Einsprache von Johannes Climacus』라는 매우 완고한 제목으로 동시대인들에게 걱정스러운 결별을 고했다.[48]

키르케고르는 자기 내면세계에 열정적으로 심취했다. 그에게 사회적인 외부세계와 그 세계의 모든 추상은 비본질적인 것이었다. 그러나 본인이 암울한 시대에 살고 있다고 믿었던 키르케고르는 이러한 분열에 대해 심각한 표정을 짓거나 과학적으로 체계화하지 않았다. 키르케고르는 요하네스 클리마쿠스의 가면 뒤에 숨어서 그의 『비학문적 해설문』을 자신의 작품이 아니라 단지 자신이 출간한 것처럼 가정하고, 독자로서 저서에 대한 의견 제시 외에는 아무 의견도 없는 척하며 결별을 우스꽝스러운 것으로 설명했다.

키르케고르는 결별의 우스꽝스러움을 더 명료히 밝히기 위해서 책의 첫머리부터 대학교수를 희화화하고 있다. 학문적인 연구에 심취해 있는 그들은 동일한 추상적인 생각을 이리 굴리고 저리 굴려보지만 자기 자신을 이해하지 못할뿐더러 추상과 실존의 관계를 이해하지 못하기 때문에 늘 머릿속이 "산만"할 수밖에 없다. 그들은 사유를 통해 최상에 도달하려 노력하고 현실을 "영원의 상相 아래에서sub specie aetemi" 바라보지만 직면한 삶 자체는 낯설 수밖에 없다. 산만한 대학교수의 표상이 조롱의 욕구를 자극하는 데는 그럴 만한 이유가 있었고, 키르케고르 역시 그들을 우스꽝스러운 인물로 채택했다.

"탁월한 기량에도 불구하고 불쌍한 녀석처럼 살아가는, 개인적으로는 결혼을 했으나 사랑에 빠지는 힘을 알지도 느끼지도 못하여 부부생활이 사유만큼 비개인적인, 개인적인 삶에는 정열도 없고 열정적인 투쟁도 없어서 그저 속물처럼 어느 대학에 들어가야 봉급이 높을까 고민에 빠져 있는 사유자의 모습은 실로 우스꽝스럽다."[49]

추상과 실존의 모순을 간파하거나 느낄 수 있는 사람은 우스꽝스러움에 민감하다. 그래서 키르케고르는 자신이 생각하기에 "이해하기 매우 쉬운" 우스꽝스러움에 대한 규정을 내린다. "우스꽝스러움은 (단지 위치가 다를 뿐) 삶의 어느 과정에서나 존재한다. 삶이 있는 곳에는 모순이 있고, 모순이 있는 곳에는 우스꽝스러움이 자리 잡고 있기 때문이다. 비극적인 것과 우스꽝스러운 것은 둘 다 모순을 지칭한다는 점에서 동일하다. 그러나 비극적인 것은 고통스러운 모순이며 우스꽝스러운 것은 고통이 없는 모순이다."[50] 우스꽝스러운 것이 고통 없는 모순이라 함은 그 고통이 우스꽝스러운 상황에서 해체되거나 사라지는 것이 아니라 너무나 명백하게 드러나기 때문에 이에 대한 "해법을 이미 마음속에in mente 지니고 있다"[51]는 뜻이다. 이때 특별히 우스꽝스러울 수 있는 재능은 이러한 정신적인 자세를 얼마나 "구체적으로in concreto 묘사할 수 있는가"[52]에 달려 있다.

키르케고르는 이러한 일반적인 단언을 주 텍스트에서 상술하고 근거 짓기보다는 많은 예시를 뒤죽박죽으로 소개한 긴 각주 부분에서 구체적으로 설명한다. 여기에는 모순된 불균형이 우리를 고통에 빠뜨리기보다는 즐거운 웃음을 안겨주는 20가지 위트와 익살스러운 이야기가 소개되고 있다. 대표적으로 세 가지 우스꽝스러운 이야기를 들 수 있다.

─한 사람이 식당을 개업하려 한다. 시의회는 "도시에 식당 주인이 부족하다"는 이유로 그의 사업 계획을 거절한다. 새로운 식당을 개업할 충분한 이유가 되는 것이 그 계획에 제동을 거는 데 이용된

셈이다. 다음 경우도 마찬가지다. "어느 빵집 주인이 구걸하는 가난한 여인에게 말했다. '그냥 돌아가시오. 얼마 전에도 어떤 사람이 왔지만 아무것도 주지 않았습니다. 우리가 어떻게 모든 사람에게 빵을 나누어줄 수 있겠습니까?' 여기서 우스꽝스러운 것은 빵집 주인이 뺄셈을 해서 '모든'이라는 합과 결론에 도달한다는 것이다."

—어느 덴마크 농부가 독일인의 집 앞에서 문을 두드렸다. 문이 열리자 농부는 이탄泥炭 한 대를 주문한 사람이 여기 사느냐고 물었다. 애석하게도 주문한 사람의 이름을 잊어버렸다는 것이다. 덴마크어를 잘 몰랐던 독일인은 난처해하면서 이렇게 말했다. "참 묘한 일이네요." 그러자 농부는 기뻐서 이렇게 말했다. "네, 맞습니다. 그 사람 이름이 묘한이었네요."(여기서 볼 수 있듯이 공동의 개념 아래에 발생하는 형용사와 고유명사의 익살스러운 혼동 역시 괜찮은 웃음 효과를 야기할 수 있으며, 웃는 제3자인 우리를 즐겁게 해줄 수 있다.)

—"독일인 목사가 덴마크에서 설교할 때 (덴마크어로) '말씀이 소시지Fläsk가 되었다'라고 한다면 그것은 매우 우스꽝스러울 것이다." (여기에는 세 가지 모순이 동시에 발생한다. 첫째는 고기를 뜻하는 독일어 'Fleisch'는 덴마크어 'Fläsk'와 발음이 비슷하며, 언뜻 보기에 동일한 의미를 지닌 것 같지만 사실은 소시지라는 뜻이었다는 데서 오는 모순이다. 둘째는 설교 내용을 정확히 알고 있으리라고 기대되는 목사의 역할에서 오는 모순이며, 셋째는 자칫 신성모독의 죄목을 뒤집어쓸 수도 있는 윤리적인 문제 때문이다.)[53]

쇼펜하우어가 직관적인 다양성으로 개념적인 통일을 비웃었다면, 키르케고르는 실존론적인 구체성을 가지고 모든 추상적인 것을 비웃었다. 20세기로 넘어가는 전환기에는 앙리 베르그송 (1859~1941)이라는 생生철학자가 이러한 모순들을 계승했다. 베르그송은 탄력 있는 생동성과 경직된 기제 사이에 존재하는 우스꽝스러운 불일치에 주목했다. 그는 1899년에 『파리리뷰Revue de Paris』라는 잡지에 이러한 모순에 의해 야기된 웃음을 조명한 세 편의 논평을 발표했다. 그 논평들은 1900년에 『웃음: 희극적인 것의 의미에 관한 소론Le Rire: Essai sur la significance du comique』 이라는 제목으로 출간되었다.

새로운 세기를 영접한, '웃음'이라는 제목으로 탄생한 이 책의 핵심 주제는 우스꽝스러움의 의미라고 할 수 있다. 그것은 마지막으로 한 번 더 생의 깊은 충만함에서 발원하여, 그로 인한 열정이 삶에 끊임없는 변화와 (돌이킬 수 없는 과정과 개인적 사건으로서의) 생기를 불어넣어 앞으로 나아가게 만드는 웃음을 말한다. 베르그송의 규정들은 암시적이며 많은 요구를 담고 있다. 즉 진정으로 생동감 넘치는 생은 반복되어서는 안 된다. 모든 사람은 깨어 있는 가동성과 살아 있는 적응력으로 현실의 돌이킬 수 없는 동력에 따라야 한다. 그리고 모든 인간은 뚜렷이 구별되는 자신만의 개성으로써 단조롭게 연속되는 획일적인 중첩에 맞서야 한다.

베르그송은 자신이 구상한 생의 형이상학이 점차 많은 사람이 꿈꾸게 될 이상이라고 예상했을지도 모른다. 왜냐하면 그는 음화陰畵처럼 갈수록 명암이 짙어지는 사회 경향에 대해 언급했기 때문이다. 말하자면 성격의 경직화, 신체의 기계화, 연속적인 작동 체계 안에서 일하는 기계로 변하는 사람들의 사물화, 인위적인 것의 확산과 자연스러운 것의 점증적인 축출, 본인은 자유롭게 표현하고 행동하고 사고한다고 믿지만 사실은 장난감처럼 외부 권력에 좌지우지되는 꼭두각시 같은 존재들, 동일한 것을 반복하도록 부추기는 일그러진 직업세계와 삶의 동력에 대한 적응 부족에서 기인하는 수많은 "산만함"을 묘사했다. 베르그송은 이러한 것을 심각하게 받아들이려 하지는 않았다. 다만 그것들이 우리를 웃게 만드는 효과에 집중했다.

생의 자동화와 기계화는 우스꽝스럽다. 이것이 바로 베르그송의 기본 이념이다. 그는 이 기본 이념에 대한 섬세한 방식을 지각하여 독자에게 선보였다. 즉 생동적인 유연성이 기대되는 순간에 기계적인 느낌을 주는 경직성을 포착하여 우스꽝스럽게 만들었다. 한 예로, 그는 타인과의 접촉에 신경 쓰지 않고 자동적으로 걸어가는 사람의 행동을 묘사했다. 이는 직관된 현실의 현재 속에서 우왕좌왕하는 산만한 사람의 특징을 제시한 것이다. "길을 막 건너온 사람이 넘어진다. 지나가는 행인들이 마구 웃는다. (…) 길바닥에 돌이 박혀 있었을 수도 있다. 그렇다면 그는 장애물을 피해 다른 길을 택했어야 했다. 그러나 유연성이 부족하거나 몸이 뻣뻣하거나 산만해서 달라진 조건이 변화를 요구했음에도 불구하고 그의 근육들은 태만의 법칙에 따라 이전의 움직임을 지속적으로 수행했다. 사람들은 그것을 보고 웃는다."[54]

베르그송은 이미 아리스토텔레스의 희극 이론에서 언급되었던 "우스꽝스러운 추함"을 다시 제기했다. "어떤 표정은 우리에게 경직된 것, 말하자면 일반적으로 유동적이고 흘러가는 얼굴선들 가운데에 고여 있는 것을 상기시킬 때 우스꽝스러울 것이다. 우리가 보는 것은 경직된 찡그린 얼굴, 딱딱하고 지속적인 틱tic으로 다가온다."[55]

베르그송은 이런 풍부한 관찰을 바탕으로 자신의 웃음 철학을 설명했다. 베르그송이 관찰한 장면들은 동시에 그가 무엇을 반대하고 무엇을 희망했는지를 잘 보여준다. 기계적인 것이 생을 딱딱한 층으로 덮어버린 듯, 신체와 정신은 경직되는 것 같고 태만함의 법칙에 따라 작동하는 것 같다. 이러한 상황에서는 반드시 치료제를 사용해야 한다. 베르그송이 발견한 치료제는 우스꽝스러운 것이 유발하는 웃음이었다.

경직되고 산만하며 기계적으로 행동하는 사람들이 우스꽝스러운 대상으로 지각될 때 그들에게는 웃음이라는 벌칙이 따른다. 그 벌칙은 엄하거나 폭력으로 강제되거나 공포를 불러오는 것은 아니지만 웃음의 표적이 된 이들에게는 작은 굴욕이다. 그래서 베르그송은 웃음을 사회라는 신체의 마디마디에 다시 활기를 불어넣어주는 "사회적인 제스처"[56]로 이해했다. 웃음은 사회가 제거하려는 신체와 성격을 지키고, 정신이 경직되지 않도록 신체 마디마디의 유연성과 사회성을 확보하는 데 목적을 두고 있다. 이러한 태만은 우스꽝스러우며 웃음은 그 태만에 대한 처벌이다."[57]

1900년대에 웃음이 생명이 없는 것, 기계적인 것, 사물화된 것을 겨냥한 항의의 형식이었다면, 20세기에 와서는 전체주의 움직임에 대한 경험을 토대로 완전히 새로운 시각으로 조명되면서 유머는 매력을 잃기 시작했다. 적어도 반전체주의적인 감정이 짙었던 몇 명의 철학자는 베르그송의 에세이를 읽었을 때 웃을 수 없었다. 베르그송이 사회적 유연성의 회복이라는 관심으로 웃으면서 위협적으로 예고한 "처벌"은 사회적 폭력 행위를 의미하는 것이 아닐까? 예를 들어 클라우스 하인리히는 베르그송의 웃음 이론을 "전前 파시즘적인" 이념으로 이해했고, 그것이 우리에게 "야만성의 실상을 있는 그대로 눈앞에"[58] 펼쳐 보이기 때문에 "섬뜩한 느낌"을 불러일으킨다고 했다. 웃음의 "사회적인 제스처"는 적응하지 못해서 "솎아내야 하는" 개인들에 대한 폐쇄된 사회의 처벌 행위로 해석되었다.

많은 철학자가 하인리히의 왜곡된 독해를 따랐다. 유머 감각이 없는 그들은 베르그송을 전체주의의 프로그램 입안자로 선언했다. 고질화와 경직화로부터 자신을 해방시키는 생동성에 관한 베르그송의 훌륭한 변론이 통제와 획일화를 촉구하는 전체주의의 호소문으로 독해된 것이다. 그리고 그의 웃음은 "사회적 획일화를 위한 사회 적응의 기능을 수행하는 동질적인 웃음"으로 이해되었다. "그것은 의심스러운 개별자들을 에워싸고 밀고하는 형태의 처벌이다."[59]

그다지 심각한 의미를 담고 있는 게 아니라면 이러한 해석은 그저 웃을 수밖에 없는, 우스꽝스럽고 터무니없는 이의 제기일 뿐이다. 그 부분은 접어두고 다시 베르그송에게 관심을 기울여

보도록 하자. 베르그송은 이미 그의 에세이 첫 문장에서 웃음은 "동일한" 현상이 아니라고 지적했다. 베르그송에게 웃음은 그것을 개념적으로 포착하거나 학문적으로 설명하려 할 때마다 완강하게 반항하며 달아나는 불가사의한 문제였다. 어딘가 모르게 "장난스러운" 구석이 있고 붙잡으려 하면 달아나려는 웃음에 대해 그는 어린아이처럼 신기해했다. 웃음의 불명료성을 이해하기 위해서는 "불합리한" 우스꽝스러운 것에 대한 감각이 있어야한다. 그래서 베르그송은 자신의 철학적인 연구를 과학적인 판단 또는 규범적인 강령이 아니라 바다의 파도가 해변에 남겨두고 떠나는 거품에 관한 서정적인 그림으로 아름답게 마무리했다. "거슬러 오르는 밀물은 바닷가 모래에 거품을 남겨둔다. 근처에서 놀고 있던 어린아이가 다가와서 한 움큼 담아냈을 때 그손에는 거품을 가져다준 바닷물보다 더 짜고 더 쓴 물방울만 남겨진 것을 보고 아이는 신기해한다. 웃음은 마치 이 거품처럼 생겨난다. 그것은 사회적인 삶의 표면에서 요동하는 모든 작은 저항도 감지한다. 그것은 부지불식간에 이러한 요동의 생동감 있는 상像들을 따라 그린다. 게다가 그것은 소금기가 있고 거품처럼 부글거리고 유쾌하다. 때때로 몇 방울을 모아서 맛을 보는 철학자는 적은 양의 이 원료에서도 상당히 쓴맛을 확인한다."[60]

어쩌면 20세기 사회적인 삶에서 일어났던 저항과 소요가 너무 격렬했기 때문에 장난스럽게 또는 거품처럼 나타났다가 슬며시 사라지는 웃음을 즐기기는 어려웠을 것이다. 어쨌든 20세기 철학의 주요 흐름에서 웃음이 더 이상 중요하게 여겨지지 않았다는 사실은 주목할 만한 일이다.

마르틴 하이데거(1889~1976)는 존재에 일치하도록 하기 위한 현존재의 염려와 자신의 철학을 "어렵게 하기"에서 웃음을 위한 어떤 자리도 제공하지 않았다.[61] 불안과 죽음에 이르는 존재는 하이데거의 사유를 지배하며 무無는 모든 것을 무화시켰다.

그런 반면에 분석철학은 언어의 문제들로 괴로워했는데, 그 문제들을 즐겁게 연구했다기보다는 철학적 난센스를 차단하기 위한 풀이 과정으로 받아들였다.

사회비판 철학 역시 문화의 가장 지엽적인 부분에서조차 사회비판가들을 몸서리치게 했던 체제의 현혹과 강제의 연관성을 발견했다.

이러한 진지한 노력들은 때로는 상당히 우스꽝스러웠지만, 그러한 진지한 시도의 창안자들이 그렇게 보이고자 의도한 것은 아니다. 그럼에도 불구하고 이 책의 마지막 장에서 우리는 존재 사유가와 언어논리학자와 사회비판가들이 정신병원인 양 날뛰며 관객을 웃게 만든 작은 "형이상학의 종막극"을 마주하게 될 것이다.

여기에서 자연이 인간을 자유롭게 행동하는 개체로서 자신의 삶을 꾸려나갈 줄 아는 피조물로 형상화하는 방식을 묻는 칸트의 철학적 인간학은 제외된다. 예를 들어 막스 셸러(1874~1928)는 인간만이 '몸'으로 존재하고 '몸'을 지니고 있다는 기준으로 인간을 동물과 구분했다. 왜냐하면 동물은 자신의 육체로 존재할 뿐이지만 인간은 그 육체와 주관적으로 거리를 두면서 의식적으로 다양한 목적을 위해 사용할 수 있기 때문이다.[62] 그런 이유로 『우주에서 인간의 위치Stellung des Monschen im Kosmos』는 유일무이한 책이다.

헬무트 플레스너(1892~1985)는 셸러의 인간학적 본질 규정을 이어받아 인간의 『웃음과 울음Lachen und Weinen』으로써 구체화했다. 1941년에는 『인간 행동의 한계에 관한 연구Untersuchung nach den Grenzen des menschlichen Verhaltens』를 출간했다. 플레스너는 이 연구의 출발점에서 스승과 맥을 같이했다. 그에 따르면 인간은 그 자체로 모순된 존재이다. 육체적 존재이자 육체를 가진 존재라는 기이한 위치는 인간을 이중적인 역할을 수행해야 하는 이중 존재로 만든다는 것이다.

그 자체로 자기가 "중심인" 동물과는 달리 인간은 안정되어 있지 않은 "탈중심적인 위치"[63]에서 살아가고 있다. 그래서 육체적인 존재이자 육체를 가진 존재가 서로 일치하지 않는 위기 상황들이 발생할 수 있다. 그렇게 되면 인간은 균형을 잃어 몸을 조절할 수 없게 된다. 바로 이것이 웃을 때와 울 때 나타나는 현상이다. 웃음과 울음은 인간만이 체험할 수 있는 위기 상황을 표현하는 쌍둥이 같은 표현 형식으로, 웃게 되고 울게 되는 상황에 놓일 때 인간은 자기와 자기 육체에 대한 자제력을 상실한다.

인간은 대부분 서로 모순되거나 의미가 상반되거나 불합리하거나 대답할 수 없는 상황에서 울거나 웃는다. 이때 인간은 먼저 몸에 대한 자제력을 잃는다. "그러나 그는 개체로서 인간이기를 단념하는 것은 아니다. 그는 당혹해하지도 않는다. 그는 대답할 수 없는 상황에서도 (어떠한 상황에서도 소멸하지 않는, 탈중심적인 위치가 가능하게 하는 힘 덕분에) 곧장 이 상황으로부터 벗어날 수 있는 유일한 대답을 발견한다. 그것은 그 상황과 거리를 두고 그 상황으로부터 자신을 분리시키는 일이다. 인간과의 관계를 벗어난 육체는 더 이상 인간을 대신하는 행동, 언어, 제스처 그리고 몸짓의 도구로 대답하는 것이 아니라 육체로 대답한다. 이때 인간은 육체에 대한 통제력을 상실하고 육체와의 관계를 단념하게 되어, 이해 불가능한 것을 능숙하게 이해하고, 무기력함에서 기력을 회복하며, 강제 속에서 인간의 자유와 위대함을 입증한다. 이렇게 해서 인간은 대답할 수 없는 상황에서도 여전히 하나의 대답을 발견한다. 인간은 마지막 발언권이 주어져 있지 않았어도 내놓을 수 있는 마지막 카드를 손에 쥐고 있으며, 그 카드를 단념할 때 인간은 승리한다."[64]

1933년 쾰른대학교의 교수 자리를 박탈당한 플레스너는 1941년에 네덜란드의 흐로닝언에서 이런 글을 썼는데, 그다지 유머러스하거나 위트 있는 것 같지 않다. 그가 망명지에서 자세하게 설명한 웃음은 즐겁거나 유쾌한 웃음이 아니었다. 플레스너는 웃음을 울음과 함께 이해하기 불가능한 것과 대답하기 불가능한 것, 무기력과 강요가 지배하는 "위기에 대한 표현 형태"[65]로 결합했다. 그것은 울 수밖에 없는 한계 상황에서 애써 마지막 저항의 몸짓을 보여주는 웃음이다. 놀이를 즐기는 어린아이와 철학자를 깜짝 놀라게 했던 베르그송의 거품이 이제는 노여움으로 가득하다. 그 당시에는 온 세상이 혼란에 빠져 있었고, 육체적 존재이자 육체를 가진 인간의 균형은 깨지고 말았다.

그렇다면 삶의 "불합리"와 우스꽝스러운 것에 대해 느끼는 "우월감"을 제외하고 웃음을 설명할 수 있는 세 번째 근거를 제시할 수 있지 않을까? 앙리 베르그송은 그 근거를 잊지 않고 언급했다. "웃음은, 특히 자주 언급되었고 우리가 정당하다고 인정해야 마땅한 긴장 해소의 과정과 관련되어 있다."[66] 헬무트 플레스너도 긴장을 해소하는 웃음의 효과를 나름대로 상기시켰다. 왜냐하면 모순과 대답할 수 없음으로 인해 인간으로 하여금 "자신의 주인이 되는 것"을 불가능하게 하는 경계 상황에서 웃음이 터져 나온다고 한다면 그 상황이 비록 유쾌하거나 즐거운 분위기가 아닐지라도 적어도 순간적인 쾌감을 맛보게 한다. "웃음은 긴장을 풀어준다는 의미에서 기분이 좋다."[67]

3. 신경성 긴장이 방출될 때 또는 긴장 해소 이론

이미 아리스토텔레스는 어떤 것이 우리의 긴장된 기대에 어긋날 때 웃는다고 명시한 바 있다. 말하자면 우리는 "우리 기대가 어긋났다는 것을 깨달았을 때"[68] 웃는다. 키케로와 같은 사람들은 그 이론에 동조하고 이를 발전시켰다. 칸트는 『판단력 비판』에서 이러한 웃는 실망감을 긴장과 긴장 해소의 세분화된 유희로 규정했다. "웃음은 긴장된 기대가 갑자기 무로 변할 때 일어나는 효과다."[69] 그에 따라 전신에 경련을 일으키고 횡격막을 흔드는 진동이 일어나며, 그 진동은 기분 좋게 내장으로 전이되어 의사가 처방하는 변비약보다 더 나은 효과를 발휘한다.

영국의 철학자이자 자연학자인 허버트 스펜서(1820~1903)는 1860년 「웃음의 생리학The Physiology of Laughter」이라는 논문에서 웃음을 통한 긴장 해소의 과정, 즉 신체적으로 "방출Efflux"이 어떻게 이루어지는지를 규명하려 했다. 라틴어에서 유래한 'Efflux'라는 단어는 운동신경을 통해 여러 근육으로 전달되는 긴장이 신경계에서 새어나가는 것과 흘러나가는 것을 지칭한다. 이러한 운동신경을 통한 긴장의 전달에 의해 "우리가 웃음이라고 부르는 반# 경련적인 움직임이 일어난다."[70] 말하자면 웃음은 갑자기 방출되는 신경성 에너지의 방출이다. 스펜서에 따르면 이러한 발산은 의식이 뜻밖에 큰 것에서 작은 것으로 내려갈 때 발생하며 "우리는 그것을 하강하는 불일치라고 부를 수 있다."[71]

웃음을 순수하게 생리학적 관점에서 묘사하고 설명하려 했던 스펜서 역시 감정이 풍부한 연극 장면 하나를 빼놓지 않았다. 스펜서에게도 큰 것에서 작은 것으로의 하강은 흥미로운 연극이 펼쳐지는 무대에서 발생한다.

─객석에는 연극을 보러 온 사람들이 앉아 있다. 무대에서는 우여곡절의 오해들이 이어지더니 남녀 주인공이 화해한다. 화해의 장면을 지켜보는 관중은 감상에 젖는다. 그때 갑자기 무대 뒤에서 작은 염소 한 마리가 나타나서는 관중을 바라보다가 두 연인에게 천천히 다가가 냄새를 맡기 시작한다. 관중은 이 돌발적인 상황에 크게 웃는다.[72]

도대체 무슨 일이 일어난 것인가? 스펜서는 이 상황에 대해 대단히 많은 감정이 축적되어 있다고 설명한다. 생리학적으로 말하자면, 연속적으로 진행되는 눈물겨운 스토리로 인해 신경계의 큰 부분이 긴장 상태에 놓여 있었는데 예상치 않은 염소가 등장하여 많은 양의 신경 에너지 흐름이 저지된다. 그렇다면 이렇게 쌓인 에너지는 어디로 흘러가야 할 것인가? 사랑의 장면을 통해서 에너지가 방출될 통로는 닫혀 있는데 어떤 식으로든 다른 통로로 분출되어야 하는 잉여 에너지는 축적되어 있다. 그래서 여러 근육을 통해 과잉된 부담을 덜어내는 해소가 일어나면서 우리 몸은 발작적으로 "웃는다."

빈에서 정신적인 메커니즘의 작동 방식을 연구 중이던 지그문트 프로이트(1856~1939)는 이러한 스펜서의 발견을 매우 반가워했다. 그는 "우리 목적을 위해, 사고 범위에 알맞은 웃음의 메커니즘에 관한 하나의 견해를 놓치고 싶지 않았다. 스펜서가 그의 논문 「웃음의 생리학」에서 시도했던 설명을 말하는 것이다." 그리하여 프로이트는 스펜서의 '해소'와 '방출' 개념을 "정신병리학의 사실들을 철학적으로 규명하려고 시도한 이후로 내 사고의 습관이 되어버린"[73] "배설"이라는 자신의 생각에 끼워넣었다. 프로이트는 1905년에 발표한 『위트 그리고 위트의 무의식과의 관계Der Witz und seine Beziehung zum Unbewußten』에서 거듭 언급할 정도로 방출에 열광했던 이유를 설득력 있게 밝혔다. 그러나 이것은 정신분석학적으로 해석했을 때 또 다른 훌륭한 위트일 수 있는 새로운 이야기다.

WORÜBER
KLUGE
MENSCHEN
LACHEN

Kleine
Philosophie
des
Humors

venschen Lachen

6장

웃음의
쾌락

지그문트 프로이트가
스스로는 우습다고 생각하지 않은 위트를
많이 언급한 이유

정규직 교수와 비정규직 교수의 차이는
정규직 교수들이 탁월한 연구를 하지 못하는 반면
비정규직 교수들은 정돈된 연구 성과를 내지 못한다는 데에 있다.(VI, 39쪽)**1**

—지그문트 프로이트

지그문트 프로이트가 위에 언급한 교수에 관한 위트를 위트, 유머러스한 에피소드, 우스운 이야기 모음집에 포함한 것은 결코 우연이 아니다. 1905년 그는 우스갯소리 모음집을 내놓으면서 독자들에게 무의식의 재기발랄한 작동 방법에 대한 일별을 허용했다. 위에서 언급한 교수 위트는 그 자체로 매우 정교하게 구성되었다. 형용사인 '정돈된ordentlich'과 '탁월한außerordentlich' 은 명사인 '정규직Ordentlichen' '비정규직Außerordentlichen'과 서로 모순되어 교차한다. 게다가 두 단어는 이중의 의미를 내포한다. 'ordentlich'는 '정해진 규칙에 따라 어떤 일을 모두가 만족할 정도로 열심히, 깨끗하게 수행하는 것'을 뜻하는 동시에 '대학의 위계질서상 어떤 교수의 지위'를 의미하기도 한다. 그리고 'außerordentlich'는 세 가지 의미와 관련이 있는데, 우선 '확고하게 정해진 질서 밖에 위치한 어떤 것'을 의미하며 동시에 '평범하지 않은 탁월한 성과'를 의미하기도 하고, 역시 '대학 내의 서열'을 가리킨다. 말하자면 탁월한 교수는 정규직 교수가 아닌 비정규직 교수를 의미하기 때문에 좋은 직함과는 달리 지위가 매우 낮다. 좋은 직함은 교수 사회의 구성원이 될 자격이나 높은 보수를 보장해주지 않는다.

얼핏 보기에 우스운 말장난처럼 들리는 위트지만 그 탄생 배경은 나름대로 심각했다. 그것은 프로이트의 직업적 상황을 암시할 뿐만 아니라 재미있는 형식을 앞세워서 프로이트가 정신분석을 "정규" 학문 안에서 어떠한 자리에 배정하고 있는지를 보여준다. 그렇다면 이 위트 안에 숨어 있는 생각의 단서를 찾기 위해 개별적인 낱말들과 그 낱말들에 담긴 이중적 의미를 실마리 삼아 프로이트가 추천하는 분석 기술을 따라가보자.

일단 비정규직 교수를 살펴보도록 하자. 프로이트는 목적을 달성하기까지 오랜 시간이 걸렸다. 학술적으로 인정받기 위해 얼마나 많은 노력을 바쳤던가. 그는 모라비아의 소도시 프라이베르크 출신으로, 1860년에 가족과 함께 오스트리아의 빈으로 이주했다. 유대인 양모 상인인 부친 야코브는 그가 대학에서 전공을 선택하는 면에 있어 절대적인 자유를 주었다. 그래서 지그문트 프로이트는 빈대학교에서 의학을 전공했다(1873~1881). 사실 그는 의사가 되고 싶은 마음은 없었다. 일찍이 그는 인간이 어떻게 지금의 모습으로 생성될 수 있었는지를 묻는 철학적·인간학적 문제에 심취해 있었다. 그러나 사변적 추상으로 흐르는 자신의 경향에 압도될까 두려워서 스스로에게 한계를 정했다. 사실에 대해 엄격한 학술적 연구는 정신적인 규율과 사실에 근거한 논증을 요구했다. 그러나 젊은 의학도인 프로이트의 관심을 이끈 것은 비단 육체만이 아니었다. 그는 인간을 더 자세히 알고 싶었고, 그래서 박사시험에 합격한 후에 신경학을 공부하기 시작했다. 그는 수수께끼 같은 육체와 영혼의 관계를 이해하기 위해 신경세포와 신경섬유, 신경조직과 신경 체계를 연구했고, 점점 더 신경병리학적인 장애 부분에 관심이 깊어졌다. 그리고 장애들을 척도로 삼아 신경조직이 정상적인 상태일 때는 어떻게 기능하는지를 알아내려 했다. 프로이트는 1885년 봄, 29세의 나이로 대학의 신경병리학부 사강사Privatdozent가 되었다.

같은 해에 대학 사회에 발을 들여놓은 다른 사강사들의 교수 서열이 꾸준히 상승하는 동안 프로이트의 신분은 상승되지 않았다. 그는 열정적으로 연구에 몰두했고, 신경질환을 치료하는 병원을 개원했다. 그는 의사로서 환자들을 치료하는 동시에 학자로서 관심 있는 경험들을 쌓아갔다. 그리고 매일 다루어야 하는 많은 신경질환의 원인을 탐구하기 시작했다. 프로이트는 자신과 마찬가지로 질병의 성적인 배경에 관심이 많았던 절친한 베를린의 이비인후과 의사 빌헬름 플리스의 도움을 얻어 1895년 가을 무렵『심리학 개요Entwurf einer Psychologie』를 발표했다. 그 당시만 해도 프로이트가 순수한 자연과학적인 연구 프로그램으로 접근했던 『심리학 개요』에서 주요하게 다룬 내용은 신경 체계 내에서 일어나는 물질적인 사건이었다. 즉 영혼은 긴장과 저항과 에너지의 배설이 중요한 역할을 하는 복잡한 뉴론 장치이며, 쾌감은 양적으로 증가한 불쾌감을 감소시키는 "배설 감각"이다.[2]

이와 관련해서 꿈도 중요한 테마로 다루어졌다. 잠을 자고 있는 사람은 꿈의 내용을 신체 활동으로 배출할 수 없기 때문에 꿈을 꿀 때는 사지가 마비된 것처럼 움직일 수 없다. 그러한 이유로 "부분적으로는 불합리하고, 부분적으로는 어리석거나 무의미하지만 멋지게 느껴지는 경우는 거의 없는",[3] 조절되지 않는 꿈들의 결합에 저항할 수 없다.

꿈을 꿀 때는 기묘한 연상의 강박이 작용하는데, 이를 통해 서로 연결되지 않는 것들이 고집스럽게 결합한다. 프로이트는 이러한 강박의 작용과 관련된 "웃기는 사례들"[4]을 모으기 시작했다. 그러다가 깨어 있는 상태에서, 신경질적인 행동 방식에서, 일상적인 실수에서, 기이한 행동과 기발한 착상에서도 그러한 강박증을 발견하기 시작했다.

1897년 5월, 프로이트는 꿈에 관한 책을 쓰기로 결심했다. 우선 환자들이 앓고 있는 질환들의 잠재적인 원인에 대한 단서를 찾기 위해 환자들에게 꿈꾼 내용을 이야기하게 했고, 그 꿈들은 책을 쓰는 데 훌륭한 자료가 되었다. 그 자신도 언제나 꿈을 꾸었다. 이미 어린 시절부터 자신을 낯선 곳으로 데려가서 놀라운 모험을 즐기게 해준 밤의 환각에 매혹되었고, 청년 시절에는 자신이 꿈속에서 체험한 모든 것을 "꿈의 일기"[5]에 기록했다. 그의 꿈속에서는 엉뚱하거나 서로 엉키는 일이 많이 일어나서 무엇이 실제이고 무엇이 상상인지를 구분할 수 없는 경우도 흔했다. 예컨 대 1884년 11월 3일 그는 꿈속에서 뤼베크로 여행을 갔고 그곳 에서 두 친구를 만났다. 친구들은 많이 걸어서 피곤할 테니 일찍 잠자리에 들라고 그에게 말했다. "침대에 누웠는데 이 상황이 혹 시 꿈이 아닐까 하는 생각이 들었다. 그러다가 웃으며 실제 상황 이라는 확신이 들었다. 그리고 잠시 후 잠에서 깨어났다."[6]

그는 기이하게 날뛰는 이 놀이에서 어찌할 바를 몰라서 꿈을 꾸면서 웃었다. 그러나 진지한 분석가로서는 꿈들의 불합리와 무의미 뒤에 어떤 의미, 특히 성적으로 중요한 의미가 숨어 있다 고 확신했다. 문제는 그 의미를 발견하고 발굴하는 데 있었다. 이것이야말로 "너 자신을 알라!"던 델포이 신전의 계명에 부응 할 수 있는 확실한 기회 아닌가?

프로이트는 2년 후에 자신의 첫 독자이자 비평가이며 조언자 이기도 했던 빌헬름 플리스와의 긴밀한 협조 아래 『꿈의 해석 Traumdeutung』을 집필했다. 1899년 9월에 원고를 완성하여 그해 11월 4일에 책이 출간되었으나, 발행인은 출판 발행 연도를 1900년 으로 인쇄하여 독자들에게 세기의 저서를 선사했다.

『꿈의 해석』은 1905년에 발표된 『성 이론에 대한 세 가지 기 고Drei Abhandlungen zur Sexualtheorie』와 더불어 프로이트가 가장 좋아했던 작품이다. 그것은 "소위 20세기의 시작과 함께"(XIII, 405쪽) 정신분석의 탄생을 알리는 신호탄이 되었다. 그렇다면 훗 날 프로이트의 저서 가운데 가장 많이 읽히고 가장 유명해진 이 책은 과연 저자에게 어떤 이득을 주었을까? 총 600부가 인쇄되었지만 첫 6주 동안에 단 123부가 팔렸고 이후 몇 년 동안에도 228부 이상 팔리지 않았다. 프로이트는 209달러를 벌었으며 건실한 학자로서의 위신을 잃었다. 동료들은 아예 무시하거나 무관심한 반응을 보였고, 책을 읽은 몇몇 비평가는 『꿈의 해석』이 혼란스럽고 신비주의적이며 비과학적인 데다 음란하기까지 하다는 혹독한 평가를 내렸다. 더군다나 1900년 5월 14일, 프로이트가 빈대학교에서 꿈과 꿈의 해석들에 관한 발표를 할 때 강의를 들으러 온 사람이 고작 세 명뿐이었다는 사실도 그에게 큰 실망감을 안겨주었다. 1901년에 정신의학과 신경학 월간 전문지에서 "예술가의 상상력 넘치는 관념들이 과학적인 근거에 입각해서 연구하는 학자를 제압했다"[7]는 어느 베를린 심리학자의 평가는 그나마 호의적인 편이었다.

대학교수로서의 프로이트의 전망은 더 가망이 없어 보였다. 그는 15년 넘게 강의료를 받지 않는 사강사로 일하고 있었고, 그의 경력은 교착상태에 빠진 듯했다. 1897년 의과대학 교수 두 명이 교육부 장관이었던 빌헬름 해르텔 남작에게 프로이트를 비정규직 교수로 추천했다. 그러나 정작 두 교수는 교육부가 제안을 받아들이리라 기대하지는 않았던 듯하다. "선생님도 알다시피 상황이 참 어렵습니다. 선생님이 물망에 올랐다는 것 외에 기대할 만한 사실은 그다지 없다고 봅니다. 우리 모두는 장관님이 우리 제안을 받아들일 가능성이 얼마나 희박한지 잘 알고 있습니다."[8] 여기에는 막 싹트기 시작한 반유대주의도 상당히 작용을 했을 것이다. 프로이트는 절망에 빠졌다. 대학사회가 그를 인정하지 않았기 때문에 그가 운영하는 개인병원을 찾는 환자도 많지 않았다. 환자들은 교수 직함이 없는 신경질환 의사를 신뢰할 수 없었던 것이다.

이런 상황에 이르자 1902년 프로이트는 지나치게 신중한 태도를 버리고 결단을 내리기로 마음먹었다. 인정받기 위해 조용히 기다린 세월이 너무 길었다. "그렇게 해서 나는 엄격한 덕을 포기하고 다른 사람들이 그러하듯 목적을 갖고 행동하기로 결심했다. 누군가 나를 구원해야 했고, 나는 스스로 자신을 절망에서 끌어내는 구원자의 직함을 선택했다."9 그는 친구들에게 도움을 요청했고, 그 친구들은 더 높은 지위에 있는 친구들에게 손을 써달라고 부탁했다. 그래서 그의 임명 서류는 황제에게까지 올라갔고, 황제는 그 서류를 승인했다.

프로이트는 46세가 다 되어 "원외 교수"가 되었다. 그 직위로 돈을 벌기는 어려웠지만 그의 명망을 높이는 계기는 되었다. 대학교수의 이론인 만큼 사람들은 이제 성性의 무의식적인 비밀을 밝혀내기 위해 터무니없는 꿈의 세계를 탐구하는 정신분석에 조금씩 관심을 기울이기 시작했다. 1902년 3월 프로이트는 친구인 플리스에게 진지함이 담긴 장난스러운 편지를 보내면서 다음과 같이 자신의 근황을 알렸다. "마치 성의 역할을 폐하께서 공식적으로 인정이라도 한 듯, 또는 꿈의 의미가 내각에 의해 확인된 듯, 3분의 2 이상의 득표율로 히스테리에 대한 정신분석적 치료의 필요성이 의회에서 통과된 듯, 축하 인사와 꽃다발이 갑자기 빗발치고 있네. (…) 나는 신세계가 달러에 의해 지배되는 것과 같이 구세계는 권위에 대한 권위에 의해 지배된다는 사실을 깨달았네. 그런 면에서 나는 권위에 처음으로 무릎을 꿇었고, 그에 합당한 대가를 기대하네."[10]

"정돈된" 연구를 하지 않았다는 것, 프로이트는 친구인 플리스에게 쓴 편지에서 지적했던 것처럼 자신이 "귀가 긴 사람",[11] 즉 사회적인 권위에 잘 보이려 노력하지 않은 당나귀였을지도 모른다고 생각했다. 개인적 신중함이라는 "엄격한 덕"을 더 일찍 포기했더라면 어쩌면 많은 실망과 고통을 피해갈 수 있었을지도 모를 일이었다. 그러나 그는 과학의 권위에 굴복해서 연구의 방법과 방향까지 규정하는 그들의 방법론적인 강압에 구속되고 싶지는 않았다. 프로이트가 제아무리 인간적인, 너무나 인간적인 특성들을 세심하게 파고드는 정확한 관찰자였다 해도 자기의 학문적 가설들이나 이론을 오직 반복 가능한 실험과 일반적으로 추체험할 수 있는 지각의 토대 위에 구축하는, 엄격한 의미에서의 경험주의자는 아니었다. 그는 철학적으로 사유했고, 사변적 경향이 강했으며, 사건과 고찰들을 극적으로 묘사하는 문학적 재능까지 두루 갖춘 상상력 풍부한 연구자였다.

그런 의미에서 사강사이자 비정규 의학교수였던 프로이트는 "정돈된" 연구 성과를 내지 않았다. 그는 학문적인 문제를 제대로 된 방법으로 해결하지 않는 대신, 철학적으로 자신을 불안하게 하고 새로운 도전을 안겨준 수수께끼에 관여했다. 꿈의 해석에 관한 원고를 한창 쓰고 있던 1898년 2월 23일, 그는 플리스에게 자신이 "꽤 멋진" 책을 집필 중이며, 이 작업을 통해 더 깊은 영혼의 비밀을 알게 될 것이라고 했다. "나의 모든 시도는 철학적으로는 종착점에 도달했지만 유기적 성적인 종착점에는 아직 도달하지 못했다."[12] 이로써 프로이트는 자신이 몇 해 전부터 분명히 인식했던 부분을 강조했다. 프로이트가 일으킨 스캔들은 노이로제의 발생사를 단지 성적인 것에서 찾았기 때문만은 아니며, 그를 젊은 시절부터 연구에 몰두하게 했던 철학적 인식 에너지 때문이기도 했다.

70세 무렵 프로이트는 자신이 평생 동안 이룬 업적을 회고하면서 그 부분을 다시 강조했다. "청년 시절에는 세상의 비밀을 이해하고자 하는 욕구와, 가능하면 그 비밀을 푸는 데 기여하고 싶은 욕구가 엄청난 힘으로 나를 압도했다."(XIV, 219쪽) 그에게 의사라는 직업은 인간이라는 수수께끼를 수학적으로 이해하기 위한 일종의 우회로였다고 할 수 있다. 그는 플리스에게 보낸 1898년 1월 1일자 편지에서 의학과 신경학을 통해서 "내 철학의 출발점으로 돌아올 수 있기를 비밀스럽게 희망해보네. 그것이 바로 내가 아직 이 세상에 태어난 이유를 모르고 있을 때부터 원했던 일"[13]이라고 전했다. 그리고 몇 달 후 과학계로부터 완전히 고립된 채 인간에 대한 자신만의 표상을 구상했던 "자발적 고립주의"의 "영웅적 시간"이었던(X, 60쪽) 4월 2일에는 다시 힘주어 이렇게 표현했다. "나는 젊은 시절에 철학적인 인식에 도달하고자 하는 열망밖에 없었네. 그리고 이제는 의학에서 심리학으로 방향을 전환하면서 그 열망을 채워나가려고 하네. 심리치료사는 내가 마지못해 선택한 길이었네."[14]

프로이트는 비정규 교수로서 다른 정규 교수 동료들과 비교하면 "정돈된" 연구 업적을 세우지 못했다. 그러나 그는 그들에 비해 "탁월한 것"을 이룩했다. 그는 인식에 대한 갈증을 해소하기 위해 자신을 거의 벼랑 끝으로 몰아가는 위험한 '자기 분석'[15]을 감행한 것이다. 1897년 자신을 꿰뚫어보겠다는 시도는 그의 삶에서 가장 대담한 시도였다. 특히 꿈들은 삶에서 은폐된 충동의 가장 깊은 뿌리까지 내려가는 극단적인 자기 인식의 길을 열어주는 것이었다. "나의 자기 분석은 어린 시절의 사건들로 나를 데려간 일련의 꿈들로부터 도움을 받았다."(X, 59쪽)

프로이트는 이후에 이러한 자기 분석을 실행하기 위해 정신분석의 방법론적 모델로 발전할 새로운 기술을 개발했다. 그는 자신을 검열 없는 "자유로운 연상"에 내맡겼다. 말 그대로 이해하자면, 불합리하게 서로 뒤엉켜 있으며 모순적인 데다 이해할수도 없고 미쳐 날뛰는 것 같지만 (시간이 경과할수록 현저히 나타나는) 꿈의 텍스트의 개별적인 요인들에 자신을 내맡긴 것이다. 그는 어떤 것들을 떠올렸을까? 이것은 '질서 정연하게' 제어 가능한 과학적인 방법이 아니라 구상력과 기억의 '자유로운' 유희였다. 그 유희의 끝에는 또렷한 격언처럼 우리에게 무엇이 문제인지를 보여줄 수 있는 꿈의 숨겨진 (내재적인) 의미에 대한 통찰이 기다리고 있었다.

그렇다면 도대체 이 모든 것은 우리가 본래 다루고자 했던 주제인 위트와 유머, 웃음과 긴장을 해소시키는 쾌감과 어떤 관계가 있는가? 프로이트가 자기 분석과 꿈의 해석에서 벗어난 이유는 무엇인가? 그것은 자기 분석과 꿈의 해석이 프로이트가 구사했던 위트의 원천이기 때문이다. 자기 자신과 자기 꿈들에 대한 연구는 프로이트로 하여금 웃음과 우스꽝스러운 것에 관심을 갖게 했다.

이때도 빌헬름 플리스가 물꼬를 터주는 역할을 했다. 그는 『꿈의 해석』 원고를 읽기도 전에 프로이트가 "재미없는 위트"[16]를 너무 자주 들려준다며 불만을 터뜨렸다. 프로이트는 그의 불평에 대해서 사과했지만, 환자들이 끊임없이 웃기는 얘기를 늘어놓았기 때문일 뿐 자신에겐 책임이 없다고 했다. 그들이 들려주는 꿈은 우스꽝스러운 말장난으로 가득했다. 의미를 헤아릴 수 없는 단어들의 결합과 독특한 단어의 창작은 일상적인 밤의 연상 강박에 속했다. 어떤 사람이 "진정한 노라에크달 양식"에 대해 꿈을 꾼다는 이야기는 꽤 위트 있고 재미있지 않은가. 말하자면 노르웨이 작가 헨리크 입센의 소설에 등장하는 주인공 노라Nora와 에크달Ekdal의 이름이 결합된 노라에크달Norekdal 양식이라는 새로운 용어를 꿈에서 지어냈다는 것인데, 독특한 재치가 엿보인다. 또 어떤 환자가 꿈속에서 농부들의 축제가 "Maistollmütze"로 변질될 우려를 느꼈다고 한 사례의 위트 역시 프로이트를 실컷 웃게 만들었다. 프로이트의 설명에 따르면 환자는 옥수수Mais, 미친toll, 남자에 미친mannstoll, 올뮈츠Olmütz(체코의 도시 올로모우츠의 독일어 표기), 마이센Meißen(독일의 도시), 불쾌한mies 등과 같은 단어들 사이에서 자유롭게 연상하다가 마지막에 가서 놀라운 무의식적인 착상을 떠올린 것이다. 또는 프로이트 자신의 꿈에서도 작가Autor, 독학자Autodidakt 그리고 악덕Lasker으로 쉽게 분해되어 라살레Lassalle와 알렉산더Alexander를 넘어 작은 가족 드라마로 이어지는 "Autodidakser"라는 단어를 생생하게 떠올릴 때도 똑같은 유쾌함이 생성된다는 것이다.(II/III, 302쪽 이하)

친구가 쓴 『꿈의 해석』에서 이처럼 허무맹랑한 말장난을 무수히 접하게 된 플리스는 갈수록 당황스러워졌다. 그래서 그는 1899년 가을에 단어들의 음절을 분해하고 조합하는 데 즐거움을 느끼는 프로이트에게 꿈을 꾸는 사람들을 우습게 보는 것이 아니냐고 비난했다. 프로이트는 그의 비난에 대해 다음과 같이 응답했다. "꿈을 꾸는 사람이 우습다는 말은 맞네. 그렇다고 그것이 나에게 상처를 주거나 나를 비난할 이유가 될 수는 없네. 꿈을 꾸는 사람들은 참을 수 없을 만큼 우습고, 긴급한 상황에서 탈피할 길이 가로막혀 있기 때문에 부득이하게 웃음을 자극한다네. 자네가 원한다면 저서 어딘가에 다시 짤막하게 언급하겠네. 모든 무의식적인 메커니즘의 표면에 드러난 위트는 위트와 익살스러움의 이론과 긴밀하게 관계되어 있다네."[17]

프로이트는 1992년에 출간된 『꿈의 해석』 제2판에서 긴 사족을 달아 "이 책의 첫 독자이자 비평가"의 질책, 즉 익살을 부린다는 점을 다시 논했다. 그러면서 그는 깨어 있는 상태에서 "풍부한 농담거리"를 제공하는 익살스러운 "음절 결합"의 한 가지 예를 들었다.

"가장 저렴한 방법으로 은Silber을 얻을 수 있는 방법은 무엇인가? 은백양Silberpappeln이 늘어서 있는 가로수 길로 가서 침묵을 명한다. 그러면 '수다Pappeln'가 그치고 은이 분리된다."(II/III, 303쪽)

그러나 플리스의 기분을 상하게 한 것은 프로이트의 "재미없는 농담"만이 아니었다. 그는 무엇보다 프로이트가 무의식적인 꿈 작업을 위한 기본적인 통찰을 획득한 바로 그 꿈에 대해 몹시 화가 나 있었다. 사건은 1895년 7월 23일에서 7월 24일로 넘어가는 밤에 일어났다. 그날 밤 프로이트는 '이르마의 주사에 관한 꿈'을 꾸게 되었고, 빌헬름 플리스는 그 꿈속에서 기이한 역할을 수행해야 했다.

그가 꾼 꿈은 빈에 있는 벨레뷰 레스토랑에서 개최된 어떤 축제에서 젊은 미망인 이르마가 목과 위장과 몸 전체의 심한 통증을 호소하는 내용이었다. 프로이트는 크게 벌린 그녀의 입안을 들여다보았고, "분명히 중비갑개와 비슷한 모양의 기이하게 주름진 형상에 늘어진 회백색의 부스럼"이 붙어 있는 것을 발견했다. 그 부스럼은 프로이트의 친구 중 한 명이 프로피온산인 트리메틸아민을 그녀에게 주사했기 때문이었다. 프로이트는 꿈속에서 "그런 유의 위험한 주사는 아무 생각 없이 놓아선 안 된다"는 말을 되뇌었고 "아마 주삿바늘도 청결하지 않은 상태였을지 모른다"(II/III, 122쪽)고 생각했다.

프로이트는 이 꿈의 의미를 잘 이해할 수 없었다. 그는 특히 질병의 증상이 의아하게 생각되었다. "나는 프로피온산 주사라는 앞뒤가 맞지 않는 아이디어에 웃음이 나왔다."(II/III, 112쪽) 그러나 자유로운 연상은 마치 "산책하며 철학하는 것"[18]처럼 처음의 어두움에서 인생사적인 기묘한 사건과 은밀한 디테일들과 몇 가지 실언과 "재미없는 위트"를 거쳐서 마침내 그를 깨달음에 이르게 했다. 그는 넓게 가지를 뻗친 해석의 끝에서 꿈의 비밀을 풀었다고 확신했다. 꿈들은 대부분의 정규직 교수가 주장하는 것과는 달리 "결코 산산이 부서진 뇌 활동의 표현이 아니다." 왜냐하면 "해석 작업이 완성된 후에는 꿈을 욕망의 성취로 이식할 수 있었기" 때문이다.(II/III, 126쪽)

그리하여 이르마의 주사에 관한 꿈은 정신분석학사에서 중요한 사건이 되었다. 빈의 벨레뷰 레스토랑에서 일어난 무도회 사건처럼 꿈이라는 것은 무의식의 작동 방식 내부를 들여다볼 가능성을 열어주었기 때문이다. 그래서 프로이트는 1900년 6월 12일에 '친애하는 빌헬름'에게 이렇게 편지를 썼다. "언젠가 이 집의 어느 대리석판에 이런 글귀가 새겨질 수 있다는 걸 자네는 믿겠는가? '1895년 7월 24일 이곳에서 / 지그문트 프로이트 박사에 의해 / 꿈의 비밀이 드러나다!' 어쨌든 지금까지는 그럴 가능성이 희박해 보인다네."[19] 이에 대한 친구의 대답은 알려져 있지 않다. 프로이트가 플리스로부터 받은 모든 편지를 폐기해버렸기 때문이다. 추측건대 이러한 아양 떠는 질문은 플리스를 그다지 기쁘게 하지 않았을 것이다.

프로이트는 자신의 꿈과 그것의 해석을 통해 지속적인 통증을 호소하는 자신의 환자 이르마의 고통에 대한 책임을 면제받

지그문트 프로이트와 빌헬름 플리스(1890년 가을). 프로이트는 『위트 그리고 위트의 무의식과의 관계』를 집필할 만큼 훌륭한 위트에 관해 논했다.

으려는 욕망을 성취한 반면, 플리스는 그 꿈속에서 상당히 명예롭지 못한 역할을 수행했다. 꿈을 해석하는 프로이트가 트리메틸아민이라는 성 신진대사의 산물과 연계하여 떠올린 대상은 바로 플리스였던 것이다. 프로이트는 꿈속에서 '트리메틸아민'이라는 글자가 굵은 글씨로 뚜렷하게 나타났다며 중요한 의미를 부여했다. "이 단어에는 중요한 의미가 많이 함축되어 있다. 트리메틸아민은 강렬한 성적 계기를 암시할 뿐만 아니라 내가 내 주장을 외롭게 펼칠 때 그 주장에 동의해줌으로써 나에게 만족감을 안겨준 특정한 사람을 가리키기도 한다. 내 인생에서 그토록 중요했던 그 친구가 꿈에 대한 생각과 관련해서 등장하지 않아 마땅할까? 그렇지 않다. 그는 코와 비강에 자극을 주었을 때 일어나는 효과에 관한 전문가이며, 중비갑개와 여성의 생식 기관의 특이한 연관(이르마의 목에서 발견한 세 개의 주름진 형상)을 발견함으로써 의학 분야에 크게 기여한 사람이다. 나는 혹시 그녀가 호소하는 통증의 원인을 코에서 찾을 수 있을까 싶어 그에게 이르마를 진찰해보도록 권했다. 내가 몹시 걱정스러워하는 일이지만 그 친구 역시 비염을 앓고 있고, 아마도 꿈이 전이될 때 내 머릿속에서 떠오르는 농혈증이 그것을 암시하지 않았나 싶다."(II/III, 121쪽 이하)

프로이트는 자기 사생활의 세세한 부분까지 공개하지는 않았다. 그러나 그가 거듭 언급한 친구의 정체는 알아내기 어렵지 않다. 그도 그럴 것이 빌헬름 플리스는 코에서부터 위를 통해 신장까지 미치는 '비성반사 신경증'을 발견했고, 비점막에 코카인이라는 마약을 투여하여 증상을 제거하려고 시도했다. 본인 코의 염증도 코카인에 중독된 탓이다. 그 외에도 플리스는 이러한 독특한 신경증적 코 질환에 대한 원인을 성적 장애에서 찾았다. 게다가 1897년에는 『생물학적인 의미에서 서술한 코와 여성의 생식 기관과의 관계Die Beziehungen zwischen Nase und weiblichen Geschlechtsorgauen in ihrer biologischen Bedeutung daragestellt』라는 "이상한 책"을 내기도 했다.

이 모든 것은 분명히 플리스의 심기를 건드렸다. 그는 프로이트가 상대하는 꿈꾸는 사람들이 "너무 우습고", 그 꿈을 해석하는 의사는 "위트가 지나치다"고 비난하면서 더 이상 프로이트의 독특한 욕망 성취에는 관계하고 싶지 않다는 뜻을 분명히 밝혔다. 프로이트는 플리스의 주장에 동의하기는 했지만 곧바로 자신을 꿈꾸는 사람과 꿈을 해석하는 사람으로 분리하여 변명했다. "꿈꾸는 사람에게 연관 짓는다면 그의 말은 타당하다. 그러나 꿈을 해석하는 사람에 연관 짓는다면 비난에 지나지 않는다. 깨어 있는 상태의 나에게 '위트가 넘친다'는 술어는 어울리지 않는다. 또한 내 꿈에서 위트가 느껴진다면 그것은 내가 위트 있는 사람이라서가 아니라 꿈이 작동하는 독특한 심리적 조건들 때문이다."(II/III, 303쪽)

친구의 비난에 대한 변명은 정신분석사 서술에서도 매우 중요하다고 할 수 있는 간단한 지적으로 끝난다. 자신의 꿈 해석이 하나의 기발한 위트에 불과한 데다 같은 분야의 전공의들이 평가하는 것처럼 "우스꽝스러운" 졸작에 지나지 않는다는 비난은 프로이트에게 새로운 프로젝트를 구상하게 하는 계기가 되었다. "어쨌든 이런 비난은 내게 위트의 기술과 꿈의 작업을 비교할 동기를 부여했다. 1905년에 발표된『위트 그리고 위트의 무의식과의 관계Der Witz und seine Beziehung zum Unbewußten』는 바로 그러한 비교 연구를 정리한 책이다(『프로이트 전집』VI)."(II/III, 304쪽)

프로이트의 위트 이론으로 넘어가기 전에, 자신은 깨어 있는 상태에서는 전혀 위트 있는 사람이 아니며『꿈의 해석』도 매우 진지한 글이라는 프로이트의 지적을 잠시 살펴보도록 하자. 사실 이것은 반쪽의 진실이다. 물론 프로이트는 웃는 철학자가 아니었다. 그는 뛰어난 업적을 남기기 위해 자신을 혹사하면서 남들보다 더 노력했고, 그의 모든 글에는 인류의 위대한 수수께끼를 풀기 위한 사유의 흔적이 깊이 배어 있다. 그 대가로 그는 무관심, 거부, 오해 그리고 외로움을 감수해야만 했다. 그러나 그는 '꿈 작업'과 '꿈 해석'의 예술 철학적 대가였을 뿐만 아니라 '위트 행위'에도 탁월한 재능을 지녔다. 이것에 대해서 그는 1905년에 이렇게 설명했다. "위트 행위는 누구나 마음대로 발휘할 수 있는 것이 아니며 극소수의 사람에게만 주어진 능력이다. 우리는 그러한 사람들이 지닌 탁월함을 칭찬하며 위트가 대단하다고 말한다. '위트'는 여기서 옛날의 '정신력'과 비슷한 가치의 능력으로 나타난다."(VI, 156쪽)

아마도 프로이트는 그 소수의 탁월한 사람 안에 자신도 포함시켰을 것이다. 아무튼 그는 18세기 이후부터 매우 높이 평가되었던 특별한 위트에 남다른 재능이 있었다. "위트"는 게르만어에서 유래한 단어로 원래는 사고력, 영리함, 판단능력, 상식 등을 의미했다. 처음에는 웃게 만드는 말솜씨와는 아무 상관이 없었다. 위트는 이야기로 만드는 것이 아니라 소유하고 있는 것[20]이었다. 젊은 시절의 섀프츠베리 백작을 가르쳤던 영국의 경험론 철학자 존 로크는 위트가 이후에 발전해나갈 방향을 처음 제시한 인물이다. 로크에 따르면, 위트란 상반되지만 예상치 못한 놀라운 일치가 가능한 착상들을 재빠르게 짝 맞추어서 상상 속에서 기쁠 만한 그림과 기분 좋은 표상[21]을 만들어내는 것이다.

독일어권 철학에서는 이러한 의미의 위트가 대중철학자 크리스티안 볼프에 의해 도입되었다. 1720년에는 『행복 촉진을 위한 인간의 행동거지에 관한 이성적인 고찰들Vernünftige Gedanken von der Menschen Thun und Lassen zur Beförderung ihrer Glückseligkeit』이라는 책으로 그의 독일적 윤리학이 발표되었다. 여기서 볼프가 말하는 행복에는 발견과 발명의 기술이 포함되었다. 누구나 그러한 재능을 지니고 있지는 않으며, 어떤 사람들은 "다른 이들이 노력해서 얻을 수 있는 것보다 더 많은 위트를 타고난다."[22] 왜냐하면 서로 다른 사물들 사이에 존재하는 유사성을 발견하기 위해서는 확정된 상태로부터 자신을 해체시켜야 하기 때문이다. "그러나 많은 경우에 사물들은 눈에 보이지 않는 유사성들을 지니고 있다. 그 유사성을 발견하고자 하는 사람은 상당한 예리함의 소유자여야 하며, 특히 사물들 안에 숨어 있는 보편성을 찾아내는 능력이 요구된다."[23]

이것은 마치 지각 가능한 사실들 "저편"에 "숨겨져 있는" 유사성을 발견하는 정신분석 기술을 자세히 설명하는 것처럼 보인다. 다만 프로이트의 위트에 포함되어 있는 자유로운 연상에 대한 지적이 빠져 있을 뿐이다. 칸트는 1798년에 발표한 『인간학』에서 위트와 연관된 자유로운 연상의 단서를 제공했다. 칸트는 이 책에서 위트를 "특이한 유사화의 능력"[24]으로 구성된 주체의 자연스러운 성향으로 설명했다. 그에 따르면 이러한 능력은 투명한 판단력에 상응하지는 않지만 바로 그렇기 때문에 "지속적으로 즐거우며 고무적이다."[25] "위트는 대개 구상력(연상)의 법칙에 따라 서로 멀리 떨어져 있는 이질적인 표상들을 동화시킨다. (…) 교육과 강요의 메커니즘을 통해서는 위트 있게 말을 하거나 글을 쓰는 것을 배울 수 없다. 위트는 특별한 재능으로서 생각을 교환하는 부분에서 발휘되는 기질의 관대함에 속한다."[26]

칸트가 이해했던 위트는 노동이라기보다 '유희'[27]에 더 가까웠다. 위트는 지성에 생각할 소재를 제공하기도 하지만 동시에 그 생각이 즐겁도록 한다. 위트의 본질은 판단력의 '엄격함'과 대비하여 경쟁을 이루는 '호의'다.

프로이트는 볼프나 칸트를 직접 언급하지는 않았지만 쾨니히스베르크의 현자가 쓴 『인간학』에 대해서 잘 알고 있었다. 그의 '자유로운 연상'은 칸트의 "기질의 관대함"에 대한 해석일지도 모른다. 그 역시 그러한 기질의 관대함을 체계적인 학습이나 교과서적인 가르침, 즉 방법론적인 강요를 통해 배운 것이 아니라 매우 불합리하며 무의미한 꿈들을 분석하는 과정에서 터득한 것으로 보인다.

지그문트 프로이트는 꿈을 잘 꾸는 사람이었다. 그는 1889년 5월 15일에 처음으로 작성한 진찰 기록에 주석을 달면서 꿈 의식의 "자유로운 편재"(I, 123쪽), 즉 유사성이 깊숙하게 숨겨져 있어서 먼저 발견해야만 볼 수 있는, 서로 다른 사물들에 대한 연상의 유희적인 힘에 감탄한다고 썼다. 프로이트는 꿈이든, 위트든, 실책과 공포증이든, 강박관념과 신경증, 망상과 예술작품 또는 종교적인 신앙이든 간에 자신이 수행한 모든 작업에 위트를 동원하여 사유했다. 그는 나약한 남자와 녹아내린 양초 사이의 비슷한 점을 끄집어낸 것에서 신에 맞선 고차원적 수준의 신학적 투쟁을 권위적인 아버지와의 유아기적 갈등으로 연상 해석한 것에 이르기까지, 과학적인 판단력의 엄격한 비판에는 무너질 수 있다 해도 언제나 즐겁고 웃음 짓게 하는 놀라운 유사성들을 발견했다.

프로이트의 텍스트들을 과학적으로 훈련된 이성의 안경을 통해서만 읽는 사람은 프로이트가 자유롭게 연상하며 집중했던 꿈만큼이나 사변적이고 기이한 발상이라고 생각할 것이다. 칸트의 "기질의 관대함"을 낯설게 느끼는 사람은 프로이트의 모든 작품과 연관된 위트도 즐길 수 없다.

프로이트는 『꿈의 해석』이 독자들로부터 거부당하고 학계에서도 인정받지 못하자 위트와 유머에 대한 감각의 부재를 고통스럽게 체험했다. 그러자 그는 "위트의 욕망" 자체를 주제로 다루고, 위트의 원천을 꿈과 동일한 무의식적인 메커니즘에서 찾을 수밖에 없었다. "우리는 동일한 성취에서 인식할 수 있는 똑같은 과정을 여기저기서 발견할 수 있음을 의심할 수 없다. 위트의 기술과 꿈 작업에 대한 광범위한 유추는 전자에 대한 우리의 관심을 높일 것이며, 위트와 꿈을 비교함으로써 위트에 대해 중요한 것을 알아낼 수 있으리라는 우리의 기대심리를 발동시킨다."(VI, 29쪽) 프로이트가 던져준 이 정보를 뒤집어 읽는다면 위트와 꿈의 비교를 통해서 비로소 꿈의 해석의 어떤 부분에 위트가 있는지를 분명하게 알 수 있을 것이다. 프로이트는 꿈에 관한 "재미없는 위트"는 집어치우라는 플리스의 비난에 대해서 여전히 화가 나 있었던 듯하다. 그렇지 않다면 프로이트가 이제부터 "재미있는 위트"[28]만 전해주겠다고 다짐하지는 않았을 것이다. 여기서 "재미있는 위트"란 이미 칸트가 "진부하다"[29]고 생각했던, 즉 단어들이 결합된 단순한 말장난에 그치지 않는, "다른 본질적인 의미의 유사성을 지시하는"(VI, 135쪽) 위트를 말한다.

> "예컨대 번역은 반역이다Traduttore-Traditore!라는 유명한 격언은 이러한 변형된 위트를 보여주는 탁월한 실례다. 거의 동일하다고 할 수 있을 정도로 비슷한 이 두 단어의 유사성은 번역자가 원작자에 대해서 죄를 범할 수밖에 없는 상황을 인상 깊게 전달한다.(브릴Brill도 아주 유사한 변형 위트를 보여주고 있다. 사랑에 빠진 바보Amantes amentes)."(VI, 33쪽)

번역자traduttore가 반역자traditore와 도대체 무슨 관계가 있다는 것인가? 이 두 단어는 우리 표상에서 상반된 의미를 지니고 있는 데다 원전에 충실해서 그 의미를 그대로 다른 언어로 복원해야 하는 번역자의 과제를 생각할 때 서로 엄격하게 분리되어 마땅하다. 그러나 두 단어의 비슷한 발음으로 인해서 재치 있게 특정한 문제를 지시하는 의미의 접근이 일어난다. 외적인 연상은 우리를 놀라게 하고 생각하게 만드는 숨어 있는 개념적 연관을 유도한다.[30] "'번역자'는 '반역자'와 발음이 비슷할 뿐만 아니라 실제로 일종의 반역자이기 때문에 그렇게 불리는 것은 어느 정도 타당하다."(VI, 135쪽) 왜냐하면 모든 번역은 동시에 원전의 언어적 표현에 대한 일종의 반역이기 때문이다. 어쩌면 프로이트는 위트를 언급함으로써 명백한 증상과 텍스트에 대한 다른 언어로의 번역이기도 한 자신의 해석 작업을 암시한 것인지도 모른다. 분석가 역시 그런 의미에서는 일종의 반역자이기도 하니까.

"단어들은 모든 것을 시도해볼 수 있는 조형 재료이다."(VI, 34쪽) 그리고 재미있는 위트는 이러한 형형색색의 잡동사니에 대한 즐겁고 의미 있는 체험을 가능하게 해준다. 사람들은, 칸트가 정확하게 지적했듯이, 위트에 의해서 "기발한 착상들이 날쌔게 붙잡히는"[31] 이 유희를 즐거워하며 웃는다.

─"요즘 어떻게 지내십니까?"라고 눈먼 사람이 절름발이에게 물었다. "보시다시피"라고 절름발이가 눈먼 사람에게 대답했다.

─"상당히 화려하게 사는 부부가 있었다. 어떤 이들에 따르면 남자가 돈을 많이 벌어서 일정한 액수를 뒤로 감추었다zurückgelegt고 한다.

다른 이들에 의하면 여자가 **뒤로 누워서**zurückgelegt **돈을 많이 벌었다**
고 한다."

—베를린의 극장에서 「안티고네」를 공연했는데 비평가들은 극중
안티고네가 고대의 캐릭터와는 너무 다르다고 혹평했다. 베를린 사
람들은 이를 듣고 특유의 입담으로 이런 위트를 만들어냈다. "고대
라고? **그건 아니네**Antik? Oh, nee=Antigone."

—의학계에서는 일종의 유사한 분할 위트가 생겨났다. 예컨대 어떤
젊은 남성 환자에게 마스터베이션을 하느냐고 물으면 틀림없이 이
런 대답이 돌아온다. **무슨 말씀을, 절대로 아닙니다**O na, nie=Onanie.(VI,
31쪽 이하)

이러한 사례들에서는 언어적인 표현의 다양한 쓰임새와 가벼
운 변형에 의해 상이한 표상들이 결합되어 있으며, 그 표상들의
협연을 통해 위트 있는 효과들이 발생한다.

꿈 작업에서와 마찬가지로 대개는 언어적인 재료들의 단순한
농축, 그리고 그 뒤에 복잡한 생각이 함축되어 있을 때 듣는 사
람을 웃게 만든다. 그런 의미에서 하인리히 하이네의 『여행그림
Reisebilder』에 수록된 다음의 일화는 프로이트가 가장 좋아했던
위트 중 하나다.

—어느 날 시인은 허풍 떨기를 좋아하고 자기 자랑에 인색하지 않
은 코믹한 복권 판매업자이자 티눈 수술을 하는 함부르크 출신의
히르슈 히아신스 씨를 만났다. 그는 백만장자 바론 로트실트와도

친분이 두텁다며 하이네에게 자랑스럽게 말한다. "거짓말이 아니라 잘로몬 로트실트는 옆에 앉아 있던 나를 '허물장자같이familionär' 취급했다."(VI, 14쪽)

이 위트에는 어떠한 언어 재료들이 압축되었는지를 쉽게 알 수 있다. '허물없는, 친숙한familiär'이라는 말이 '백만장자Millionär'라는 말과 합성되어 사전에도 없는 "허물장자 같은familionär"이라는 우스운 말이 만들어졌다. 그러나 우스운 말실수로 표현된 발화자의 생각을 조금 더 깊게 독해한다면 그냥 지나칠 수 없는 억울한 마음이 담겨 있음을 알 수 있다. 가난한 그 남자는 부자의 집에 초대되어 가족처럼 허물없는 대접을 받았지만 동시에 그를 경멸하는 백만장자의 교만함을 느끼고 돌아온 것이다. 그런 복권 판매업자의 마음에 새겨진 응어리가 압축된 단어를 통해 우리에게 즐거움을 주는 기발한 위트로 해체된다.

본래 생각의 중심을 옮기는 위치 이동Verschiebungen은 꿈에서만 일어나는 것이 아니라 위트 행위에서도 자주 사용하는 기술이다.

— "어떤 말장수가 손님에게 승마용 말을 추천한다. '이 말을 타고 새벽 4시에 출발하면 6시 반에 프레스부르크에 도착합니다.' '나는 아침 6시 반에 프레스부르크에서 뭘 하죠?'"(VI, 57쪽)

— "유대인 두 명이 공중목욕탕 근처에서 만났다. '자네 목욕했나?Hast du genommen ein Bad?라고 한 유대인이 물었다. 그러자 다른 유대인이

'왜? 누가 욕조를 가져갔나?' 하고 되물었다."(VI, 50)**32**

여기서 독일어 'genommen'은 'nehmen'의 과거형으로 'Bad nehmen'은 '목욕을 하다'라는 뜻이지만 'nehmen'은 '가져간다'는 의미도 있어서 '욕조를 가져간다'는 뜻도 된다. 위트의 효과를 나타내기 위해서 강세가 '목욕 또는 욕조Bad'에서 '목욕하다 또는 가져가다nehmen'로 옮겨졌다. 질문을 던지는 사람은 상대방이 목욕Bad을 했는지를 알고 싶어하지만 상대방은 욕조를 가져갔는지를 묻는 질문으로 이해한 것이다.

> —"유명한 주식투자가이자 은행 총재가 친구와 함께 링 거리 Ringstrasse를 산책하다가 어느 카페 앞에서 친구에게 제안한다. '들어가서 뭐 좀 먹자Gehen wir hinein und nehmen wir etwas.' 그러자 친구가 말렸다. '고문관, 이러면 안 되네. 사람들이 안에 있잖나.'"(VI, 53쪽)

여기서는 'nehmen'이라는 단어가 지니는 다양한 뜻 때문에 우스운 오해가 발생했다. 고문관은 '들어가서 사먹자'는 제안으로 사용한 것이지만 친구는 본래의 '가져간다'는 뜻으로 받아들여 '도둑질하자'는 뜻으로 이해한 것이다.

특히 농축과 위치 이동의 기술은 꿈과 위트를 비슷한 현상처럼 취급하고 위트를 무의식의 세계와 관련시킨다. 그러나 여기에는 분명한 차이도 존재한다. 꿈은 아무리 식별하기 어려울지라도 해석 작업이 끝난 뒤에 비로소 일종의 "욕구 충족"으로서 자신을 드러내는 반면 위트는 간단하게 바로 이해할 수 있는 "유희"(VI, 205쪽)다. 또한 꿈은 꿈을 꾸는 사람이 깨어 있는 상태에서는 아무런 의미가 없음에도 불구하고 지속적으로 "삶의 큰 관심사들"과 연관되어 있는 반면에 위트는 일반적으로 웃음으로 표현된 후에는 빠르게 사라져버리는 "작은 쾌락"(VI, 204쪽)이다.

그러나 가장 중요한 차이는 꿈이 "완전히 비사회적인 영혼의 산물"(VI, 204쪽)이라는 점에 있다. 그것은 개인의 내면에서 일어나며 그 자체로는 이해하기 어렵고, 다른 사람에게는 전혀 흥미롭지 않다. 꿈을 꾼다는 것은 유아적인 행위다. 그것에 비하면 위트는 사회적인 현상이며, 웃음을 통해서 공동의 쾌락을 느낄 수 있는 사교적인 가능성을 제공한다. 위트는 그 자체로 의미가 있는 것은 아니다. 위트의 기능이 작동하기 위해서는 관중이 있어야 하며, 프로이트는 그래서 "제3자"의 역할에 특별한 의미를 부여했다. 위트는 "대부분 세 사람을 필요로 하며, 다른 사람이 위트를 발휘하도록 고무하는 과정에 참여할 때 비로소 완성된다. 그것은 그러니까 상호 이해의 조건에 구속되어 있어야 하고 무의식 속에서 가능한, 농축과 위치 이동을 통한 왜곡을 제3자가 이해하고 회복할 수 있을 정도로만 요구할 수 있다."(VI, 204쪽)

일반적으로 확인된 바와 같이 위트는 혼자서 즐기거나 혼자 알고 있기 위한 게 아니다. 물론 어떤 위트는 속으로 즐거워할 수는 있지만 한껏 소리 내어 웃기는 힘들기도 하다. 어쨌든 위트는 다른 사람에게 전달할 때 비로소 의도된 웃음을 유발할 수 있다. 프로이트가 확인한 바와 같이, 위트 행위의 정신적인 과정은 위트의 기발한 착상과 더불어 끝나는 것이 아닌 듯하다. 위트의 사회적인 계기로 비로소 효력을 발휘하는 "다른 무언가가 남아 있다."(VI, 160쪽)

이를 위해 프로이트는 꼭 필요한 그 관중을 "제3자"라는 명칭으로 개입시켰다. 웃는 제3자들이 바로 위트의 성공 여부를 결정하기 때문이다. 그들은 정신적인 과정을 완결 짓기 위해 반드시 있어야 하는 존재들이다. 프로이트가 제3자의 역할을 규정한 이상 우리는 나머지 첫 번째와 두 번째 대상이 누구인지 묻지 않을 수 없다. 이와 관련해서 프로이트가 코믹과 위트의 차이를 구별한 것은 이 문제를 이해하는 데 도움이 된다. 대개 코믹은 두 사람이면 충분하다. 어떤 것을 코믹하다고 느끼는 나, 그리고 내가 코믹하다고 생각하는 사람(또는 대상)이다. "코믹의 과정은 이 두 사람, 즉 나와 대상 인물로 만족한다."(VI, 161쪽) 그런 반면 위트는 세 번째 인물, 즉 위트를 듣고 웃으면서 위트를 전하는 첫 번째 사람이 의도한 웃음 충동을 더 뚜렷이 보여주는 사람을 필요로 한다. 대개의 경우 첫 번째 사람은 위트의 효과를 망치지 않기 위해 심각한 표정으로 위트를 전달하는 반면에 듣는 사람은 "폭발적인 웃음으로 자신의 웃음 충동"(VI, 163쪽)을 표명할 수 있다.

여기서 프로이트는 첫 번째 사람과 웃는 제3자 사이에 어떠한 일이 일어나는지를 자세하게 분석하고 설명했다. 그의 분석에서 두 번째 사람은 "코믹에서의 대상 인물과 일치하지 않는다"(VI, 161쪽)고만 애매하게 지적함으로써 관심 밖으로 살짝 밀려나 있다. 그러나 이 지적의 자세한 의미는 프로이트가 소개한 위트들을 통해 설명된다. 절름발이와 눈먼 사람, 화려하게 사는 부부, 베를린의 익살꾼, 젊은 환자, 복권 판매인 히르슈 히아신스, 말 장수, 두 유대인과 주식 투자가이자 은행 총재인 로트실트 등은 모두 그들이 등장하는 위트에서 중요한 역할을 맡고 있다. 그들 자체는 코믹하지 않으며 단지 우리가 듣고 웃는 위트의 협조자로서, 그들이 우스운 것이 아니라 그들이 하는 말이나 묘사되는 방식이 우습다. 그런 의미에서 그들은 위트를 말하는 첫 번째 사람과 그것을 듣고 웃는 제3자 사이에서 진행되는 기발한 놀이의 "이차적인" 인물에 불과하다.

그렇다면 프로이트의 설명에 따라 먼저 "위트로써 야기되는 웃음 충동을 위트의 주인공보다 더 선명히 입증해주는"(VI, 162) 세 번째 인물에 주의를 기울이도록 하자. 그가 웃는 이유는 무엇인가? 프로이트는 이 질문에 대한 해답을 찾기 위해 자신의 관찰과 인식을 "철학적으로 정돈"(VI, 165쪽)하는 과정에서 사유의 습관이 되어버린 "배설의 표상"에 의지한다. 프로이트는 활동 초기인 1895년에 출간된 『심리학 개요』에서 쾌감이 하나의 "배설 감각"[33]이라고 썼다. 그는 허버트 스펜서의 『웃음의 생리학 Physiology Laughter』에서 웃음은 장애물에 부딪혀서 웃으면서 일으키는 경련을 통해 발산되는 심적인 흥분 상태의 방출 현상이라는 규정을 발견했다.

프로이트는 이러한 방출이 웃는 제3자에게서 어떻게 작동하는지를 심리학자이자 철학자인 테오도어 립스(1851~1914)의 심리 미학적 고찰을 읽은 후에 확실히 이해했다. 립스의 『코믹과 유머Komik und Humor』는 1898년에 출간되었는데, 프로이트는 자신의 위트 정신분석의 첫 번째 각주에서 그 책이 "나에게 시도를 하도록 용기를 북돋아주고 가능성을 열어주었다"(VI, 5쪽)고 언급한다. 또한 확실치는 않지만 『코믹과 유머』는 바로 그가 처음으로 "허물장자"에 관한 하인리히 하이네의 위트를 접한 책일 가능성이 높다. 립스는 이 위트를 긴장 이론의 각도에서 자세하게 분석했다.

우리의 이성적인 사고나 표현에 따르면 "허물장자"는 의미 없는 말장난일 뿐이다. 그것은 사전에서도 찾을 수 없는 말이다. 그럼에도 그 단어는 하이네가 우리에게 들려주는 부유한 로트실트와 가난한 히르슈 히아신스의 만남에 관한 일화와 관련하여 우리를 한순간 놀라게 한다. 이 이야기를 듣는 사람들은 수수께끼처럼 들리는 단어를 기이하게 여긴다. 그 단어는 우리의 주의를 환기시키며, 우리는 문득 "허물장자"라는 단어에 또 다른 진실이 숨어 있음을 깨닫는다. 가난한 손님을 허물없이 취급하는 백만장자의 표면적인 친절함이 가면일 뿐이라는 사실이다. 그러나 이것이 위트를 듣는 사람을 웃게 만드는 이유는 아니며, 오히려 심각한 문제다. 우리는 하이네의 작은 일화를 익살스럽게 만드는 수단을 꿰뚫어봤거나 또는 이해했기 때문에 웃는 것이다. "우리는 더 이상 '의도가 뭐지?'라고 묻지 않는다. 우리는 더 이상 '이런 뜻이야'라고 대답하지 않는다. 우리는 그렇게 만들어졌다는 것을 알고 있다. 의미가 없는 이 단어가 우리를 놀라게 하고 특이한 의미를 만들어낸다. 이러한 완전한 깨달음, 즉 어떻게 만들어졌는지에 대한 깨달음이, 일반적인 언어 사용에서 의미 없는 한 단어가 이 모든 것을 일으켰다는 통찰, 이러한 완전한 분리, 즉 무無로의 해체가 코믹을 만들어낸다."34

위트에서 무언가가 번개처럼 우리 머리를 스쳐 지나가는 그 순간, 즉 정곡을 찌르는 과정을 이해하는 순간 독특한 단어에 의해 구축된 이야기의 긴장은 해체된다. 긴장은 립스가 칸트를 인용하며 언급했듯이 "무"로 변한다. 프로이트는 이러한 고찰에 관심을 기울여 다시 다루었다. 그러나 프로이트는 위트가 위트 있게 만들어지는 방식을 분석함으로써 그리고 사고와 감정이 잘 통할 때 두 사람 사이에 놀라운 흥분과 배설의 유희가 진행되는, 즉 위트를 전하는 첫 번째 사람과 그것을 듣고 웃는 세 번째 사람의 역할을 자세하게 다룸으로써 칸트와 립스의 사유를 더 발전시켰다. "모든 위트에는 고유의 청중이 있어야 하며 같은 위트를 듣고 웃는다는 것은 정신적인 것이 일치한다는 증거다."(VI, 169쪽)

위트를 발휘하는 사람은 힘이 있어야 한다. 위트를 만들어내고 전하는 것은 에너지를 소모하는 '위트 행위'이기도 하기 때문이다. 예를 들어 그러한 에너지가 없이는 백만장자가 가족 같은 친밀감을 과시하면서 오만하게 행동한다는 복잡한 생각이 "허물장자"라는 위트 있는 단어로 응축될 수 없었을 것이다. 그러나 이러한 에너지의 소모는 직접 배설될 수 없다. 첫 번째 사람이 위트가 떠올라 쾌감을 느꼈다고 해도 세 번째 사람을 웃게 만드는 목표에 도달하기 위해서는 자신이 웃어선 안 된다.

그런 면에서 볼 때 웃는 제3자가 훨씬 수월하다. 그는 재미있는 위트를 만들어내기 위해 노력할 필요가 없다. "듣는 사람, 즉 위트가 작동하기 위해 필요한 세 번째 사람에게서 일어나는 정신적인 과정은 최소한의 비용으로 위트의 쾌락을 획득한다는 표현으로 정확하게 특징지을 수 있다. 말하자면 그에게는 위트의 쾌락이 선물로 주어진다."(VI, 166쪽) 그러나 "제3자에게도 사고 활동이 요구된다면 곧바로 웃음의 효과는 사라진다는 점을 위의 설명에 덧붙일 수 있다. 위트의 암시들은 눈에 띄어야 하며, 생략된 부분은 쉽게 보충될 수 있어야 한다. 의식적인 사고의 관심이라는 인상으로는 위트의 효과가 가능하지 않다."(VI, 168쪽) 위트는 생각을 요하는 것이 아니라 웃음을 유발할 뿐으로, 오래 생각하는 사람은 위트를 이해하지 못한 것이다.

웃는 제3자에게는 재미있는 모든 위트가 하나의 선물이다. 위트를 듣고 웃는 사람들은 스스로 긴장을 구축할 필요가 없으며, 그 긴장에 감정을 맡기기만 하면 된다. 그리고 위트의 웃음 효과가 발휘될 때 긴장의 배설이 야기하는 쾌감을 즐기면 된다. 그러나 이러한 선물에도 이기적인 목적이 내포되어 있다. 즉 첫 번째 사람도 위트로써 이득을 취한다. "위트는 두 주인을 섬기는 표리부동한 장난꾼이다."(VI, 173쪽) 위트를 들려주는 사람은 상대방의 웃음을 통해 자신의 위트 행위가 예상대로 성공했는지를 확인할 수 있다.

그러나 더 중요한 것은 첫 번째 사람 역시 자신이 선사한 선물에 의한 웃음의 효과, 말하자면 배설의 감정이라는 쾌락적인 상태에 돌입한다는 사실이다. 위트 있는 말솜씨에는 긍정적인 반작용 효과가 있다. "웃음은 전염성이 강한 정신적 상태의 표현이다. 내가 위트를 이야기함으로써 상대방을 웃게 만드는 그것은 결국 나 자신이 웃기 위해 상대방의 웃음을 이용하는 것이다. 실제로 심각한 표정으로 위트를 발휘하는 사람이 다음에는 상대방의 폭소에 적당한 웃음으로 동참한다는 사실을 우리는 관찰할 수 있다."(VI, 174쪽)

하지만 첫 번째 사람과 세 번째 사람이 협력해서 획득하는 쾌락을 고독한 사상가의 진지한 사유 행위보다 더 높이 평가하는 위트의 양면성은 위트의 웃음 효과라는 선물이 세 번째 사람에 의해서 기꺼이 받아들여지는 것도, 선물을 주는 사람의 기쁨도 보장하지 못한다.

─익살로 사람들을 즐겁게 해주는 유랑예인이 어느 중소 도시에서 열리는 축제에 초대되었다. 그는 관중을 즐겁게 하고 웃게 만들려고 노력했다. 그러나 관중은 웃지 않고 진지할 뿐이었다. 축제가 끝나자 시장은 그에게 특별한 밤을 선물해주어 고맙다면서 모두들 좋아했다고 말했다. 한 가지 아쉬운 점이 있다면 관중이 폭소를 터뜨리지 않으려고 참느라 무척 힘들었다는 것이다.**35**

─유명한 만담가인 카를리니가 이탈리아 도시 나폴리를 웃음바다로 만들었다. 사람들은 그의 공연을 보며 웃느라고 경기를 일으킬 지경이었다. 그 무렵 어떤 환자가 의사에게 자기 삶을 갉아먹는 심

각한 우울증을 치료할 만한 처방을 부탁했다. 의사는 삶의 활력을 되찾고 싶다면 카를리니의 공연을 보라고 권했다. 그러자 환자는 이렇게 대꾸했다. '제가 바로 카를리니입니다.'[36]

우리는 이 슬프고도 아름다운 일화가 일어났던 나폴리를 떠나 독일 뮌헨의 어느 극장에서 있었던 사건에 주목할 필요가 있다.[37]

WORÜBER
KLUGE
MENSCHEN
LACHEN

Kleine
Philosophie
des
Humors

7장

어느 철학적인
해학가의 기우

카를 발렌틴이
뮌헨에서 기발한 말솜씨로
관중을 웃긴 이유

우리의 언어 형식에 대한 오해에서 발생하는 문제들은
'깊음'이라는 성격을 가지고 있다. (…) 우리 자신에게 물어보자.
우리는 어째서 문법적 위트를 깊다고 느끼는가?(이것이 바로 철학적 깊이다.)**1**

—루트비히 비트겐슈타인

"카를 발렌틴의 특징은 그의 고유한 특징이다."**2** 카를 발렌틴
(1882~1948)은 1935년 2월 8일에 출간된 자서전에서 자신의 성
격을 이렇게 짤막한 동어반복적 문장으로 특징지었다. 독특하게
도 '나'라는 1인칭을 피하고 예명인 '카를 발렌틴'을 사용함으로
써 스스로와의 거리를 두었다. 그의 본명은 발렌틴 루트비히 파
이였고, 1882년 6월 4일 뮌헨 근교의 소도시 아우에서 태어났
다. 그의 부친 요한 발렌틴 파이는 헤센주의 다름슈타트에서 살
다가 뮌헨으로 이주한 사람으로, 도배공으로 일하다가 이후 '팔
크운트페이'라는 가구 운송 회사를 경영했다. 모친인 요하나 마
리아 파이는 작센주의 치타우 출신이었다. 젊은 발렌틴은 "7년

동안의 감옥살이"[3]로 여기던 학교생활을 마친 뒤 요한 할후버라는 목수의 목공소에서 목수 일을 배웠다. 이후 부친의 사망으로 1902년 10월 7일부터 가구 운송 회사의 경영을 맡으며 가업을 이었다. 그의 향후 인생은 이미 결정이 되어버린 듯했다. 그러나 모든 일이 예상과 다르게 벌어졌다. 1906년에 회사가 파산했고, 담보로 잡힌 아우에 있는 부모의 멋진 저택마저 잃었다. 모친은 고향인 작센주로 돌아갔고, 24세의 발렌틴 루트비히 파이는 하루아침에 "불쌍한 빈털터리가 되어 뮌헨 한가운데에 홀로 남겨졌으며, 이후 4년 동안 수공업자들이 묵는 슈투벤폴이라는 여관에서 하루에 30페니히씩 내고 지냈다."[4]

그는 몇 년 전부터 여러 식당이나 소극장 그리고 버라이어티 극장에서 돈벌이로 간간이 펼쳤던 특별한 재주를 직업으로 삼기로 결정했다. 그는 학창 시절부터 권위적인 사람을 보면 웃음을 참을 수 없었으며, 이러한 특성을 자신의 '콤플렉스'로 여겼다. "나에게는 학교 다닐 때부터 어떤 콤플렉스가 있었는데, 교사들이 나를 엄격한 표정으로 바라볼 때마다 웃음이 났다는 것이다. 다행히 나는 군대에 가지 않았다. 장교가 나한테 '자네 왜 웃나?' 하고 물었다면 나는 아마도 박장대소했을 것이다."[5] 발렌틴의 반권위주의적인 성격은 그를 항상 웃게 했다. 자신의 그런 특성을 살리기로 한 그는 항상 재앙의 가장자리에서 심각한 표정으로 사람들을 웃기기로 했다.

그는 이미 1902년에 자신을 "사교계의 대표적인 익살꾼"이라고 불렀고, 자신의 첫 명함에는 이런 문구를 새겼다. "카를 발렌

카를 발렌틴은 위트를 발휘한 것이 아니라 위트 그 자체였다.

틴, 뮌헨의 원조 해학가."[6] 그가 물려받은 회사가 파산한 이후 처음으로 순회공연을 떠난 것은 1907년이었다. 그는 도시들을 돌면서 많은 악기가 합쳐진, 무게가 300킬로그램이나 되는 "살아있는 자동 악기Orchestrion"를 익살스럽게 연주했다. 그의 공연은 실패했고, 악기 운반에 들인 비용조차 회수하지 못한 채 뮌헨으로 되돌아왔다.

사람들이 비썩 마른 몸의 이 기괴한 재담꾼에게 관심을 보이기 시작한 것은 유머러스한 독백으로 구성한 개인 무대를 몇 번 선보였을 때부터다. 발렌틴은 그 당시에 "해골 수탉"이라는 이름으로 무대에 올랐고, 1909년에는 "뮌헨의 가장 유명한 해학가" 또는 "바보의 황제 발렌틴"이라는 신문 광고도 실렸다. 이것을 성공의 신호탄으로 하여 1920년대에 리즐 카를슈타트와 함께 출연하면서 전성기를 맞았다.

그는 흉내 낼 수 없는 남다른 개성을 지니고 있었다. 토마스 만은 초라하게 세상을 떠난 발렌틴의 죽음을 기리면서 그를 "전무후무한 인물"[7]이라고 표현했다. 발렌틴은 마치 계획이라도 한 듯 사육제가 절정인 장미의 월요일(2월 9일)에 사망했고, 발인하는 날은 사순절 첫날(2월 11일)이었다.

"카를 발렌틴의 특징은 그의 고유한 특징이었다." 베르톨트 브레히트가 확인한 것처럼 그는 위트를 발휘한 것이 아니라 위트 그 자체였다.[8] 그렇다면 이 진귀한 인물의 독특함과 개성은 어떤 것이었나? 그의 특별한 유머와 바보스러운 행동을 설명하기 위해 사람들은 그에게 철학자라는 수식어를 붙여주었다. 그러나 그 수식어는 그를 어디에도 분류할 수 없는 어려움에 직면하여 찾아낸 방편에 불과했다. "그는 매우 특별하다. 그를 어딘가에 분류해야 한다면 철학자에 속한다고 해야 할 것이다."[9]

발렌틴이 철학자라고? 과장처럼 들리는 이 말을 곧이곧대로 이해해서는 안 된다. 발렌틴은 자기 분야에서 특별히 철학을 다루지는 않았다. 하지만 그는 칸트를 읽었고, 칸트를 통해 자기 자신에 대한 깨달음에 이르렀다고 한다. 빌헬름 하우젠슈타인은 발렌틴과 관련된 인상 깊은 장면을 소개했다.[10] 어느 날 그는 동갑내기 친구인 발렌틴과 함께 공연을 보고 밤늦게 귀가하다가 포도주를 마시러 주점에 들렀다. 구석자리에 앉아서 담소를 나누던 중 발렌틴은 갑자기 양복 주머니에서 구겨진 책 한 권을 꺼내더니, 친구에게 보여줄 부분을 재빨리 펼쳐놓고 이렇게 말했다고 한다. "여기 좀 보세요, 박사님. 작가가 딱 내 얘기를 썼어요, 딱 내 얘기!" 하우젠슈타인은 자신의 눈을 의심했다. 발렌틴이 꺼낸 책은 칸트의 『심성의 힘에 관하여Von der Macht des Gemüts』로, 그는 그 책에서 자신의 자화상을 발견한 것이다. 그가 지적한 부분은 "신체 중 어떤 특정한 부위에 이상이 있는 것이 아니라 상상력의 산물이어서 상상의 질병이라고도 할 수 있는 심기증心氣症, Hypochondria(자신의 건강에 대하여 필요 이상으로 염려하는 일종의 건강염려증 ─ 옮긴이)"[11]에 관한 설명이었다.

발렌틴의 상태는 특별한 대상 없이 제멋대로 퍼져나가는 심기증과 일치하는 듯했다. 칸트는 심기증의 원인을 납작하고 좁은 가슴에서 찾았는데, 발렌틴은 실제로 가슴이 조여드는 느낌 때문에 평생 고생했다고 한다. 그렇다면 그의 고통의 원인도 칸트가 『머리의 질병들에 관한 연구Versuch über die Krankheiten des Kopfes』에서 심기증 환자의 증상으로 규정한바, 온갖 걱정을 일으키는 상상력의 차원에서 비롯된 것은 아닐까? "심기증 환자의 내적인 망상에 도달한 이미지들은 강도와 기간에 비례하여 견디기 힘든 상태로 만든다. 환자의 머릿속에 우스운 형상이 들어설 경우, (자기 상상력의 산물이라는 것을 환자 스스로 인식하고 있으나) 그 기우가 다른 사람들로 하여금 부적절한 웃음을 터뜨리게 하는데도 본인은 그 원인을 모르는 경우, 온갖 어두운 표상이 나쁜 행동을 저지르도록 충동질을 하고 환자는 그 충동이 행동으로 옮겨지지 않을까 두려워하지만 실제로는 한 번도 이행하지는 않는 경우 등 심기증 환자의 상태는 많은 점에서 정신 이상의 상태와 비슷하지만, 그로 인해서 긴박한 상황이 발생하지 않는다는 차이가 있다."[12]

칸트는 이러한 기우는 저절로 없어지거나 적당한 처방으로 치료될 수 있다고 믿었다. 그렇다면 발렌틴은 어떠했는가? 그는 심기증 환자처럼 걱정하며 이렇게 말했다. "내 상태가 얼마나 좋지 않은지, 또 내가 얼마나 기관지염으로 괴로워하고 강박증에 시달리는지를 사람들이 안다면 나를 더 이상 비웃지 않을 겁니다. 내 인생은 언제나 '웃어야 하는 어릿광대'의 이야기로 진행되었습니다."[13] 발렌틴 역시 결국 그의 머릿속에 자리 잡은 우스꽝스러운 형상과 어두운 표상들을 퇴치할 수 있는 치료제를 발견했다. 그는 그것들을 무대에 올려서 관중으로 하여금 그의 기발한 착상들을 보며 웃게 만들었다.

그렇다고 해서 그가 철학자가 되었다는 것은 아니다. 그러나 그는 레싱이 묘사한 것처럼 철학적인 두뇌를 소유했다. 그러한 두뇌는 철학자가 마땅히 갖추어야 하는 조건이지만 그렇다고 해서 반드시 철학자가 되는 것은 아니다. 게다가 위트, 웃음 그리고 조롱은 진정한 철학자로 발전하는 과정을 방해하는 장애물이라고 레싱은 여겼다. "철학자는 모든 조롱가를 경멸한다. 내가 아는 어느 철학적 두뇌의 소유자들은 한때 조롱을 진실의 시금석으로 사용하려 했다. 바로 그러한 이유에서 그들은 철학자가 아니며, 단지 철학적 두뇌의 소유자들일 뿐이다."[14]

이 "단지"라는 말에도 불구하고 우리는 발렌틴의 작품들을 철학적인 관점으로 읽어보고자 한다. 그의 작품들에는 의심할 여지 없이 철학적 깊이가 있기 때문이다. 그의 모든 대화와 언쟁, 독백과 기이한 연설, 연극 장면과 각본들은 소크라테스에서 비트겐슈타인에 이르기까지 전형적인 철학의 범주로 인식되는 특성들을 보이고 있다. 그것은 갑자기 수수께끼처럼 난해하게 다가오는 언어에 대해 느끼는 낯섦이나 놀람의 특성이다. 그 언어는 자세히 관찰하면 할수록 뒤로 물러서며 귀를 기울일수록 혼란스럽기만 한 "경이로움thaumazein"을 남긴다. 소크라테스, 플라톤 그리고 아리스토텔레스는 '바다의 경이'로 불리는 타우마스Thaumas 신에 대한 기억으로써 이러한 경이로움을 철학함의 원초적인 근거와 원동력으로 규정했다.

"나는 길을 잘 모르겠다Ich kenne mich nicht aus." 비트겐슈타인

에 따르면, 이것은 철학적인 문제 상황을 표현하는 말이다. "나는 혼란에 빠져 있다"[15]라는 혼란스러운 상황이 학문적인 연구에 의해 해결될 수 있다는 뜻은 아니다. 언어학은 이러한 혼란, 어찌할 바를 모름과 방향 상실의 상황에서 언어라는 매개를 통해 길을 제시할 수 없다. 그보다 발렌틴에게 떠올랐던 종류의 문법적 위트들로 인해 우리가 떨어질 나락의 깊이를 들여다보는 일이 더 중요하겠다. 발렌틴은 쾌활함으로써 관중을 웃게 하지 않았다. 그의 위트들은 이중적인 의미에서 "비웃을 수 있는" 언어적인 재앙이자 충격의 계기였다. 관중은 진지하면서도 코믹하게 연기된 이 철학적인 두뇌의 심기증을 보고 웃으면서 위기를 모면한다.[16]

그렇다면 먼저 언어적인 혼란의 다양한 형태를 정리하도록 하자. 카를 발렌틴의 모든 것이 어떻게 해서 우리를 언어적인 함정에 빠뜨리는지를 일곱 가지로 나누어서 살펴보고, 이에 따라 그것들이 어째서 우리 안에 웃음의 충동을 일으키는지 설명하기로 한다.

1. 공간의 문제: 여기, 저기, 어딘가에

감각적인 확신과 직접적인 지각의 단계에서처럼 실행되는 가장 기초적인 세계 안에서의 방향 설정은 현재성과 근접성에 의거한다. 그것은 나-지금-여기라는 삼중의 "기원Origo"에서 출발하는 주관적인 방향 설정이다. 적어도 카를 뷜러의 『언어 이론Sprachtheorie』에 따르면 그렇다. 우리는 모두 이 좌표 위의 세 점에서 출발하기 때문에 아무런 문제없이 세계 안에서 우리의 갈 길을 찾고 소통할 수 있다는 것이다. 나, 지금, 여기. 이 세 단어는 사물 또는 사실을 표현하는 명사가 아니다. 이 단어들은 다른 모든 인물, 시점 그리고 장소를 가리킬 수 있는 지시대명사이다. "이 일이 성공한다는 것, 사고의 기교 없이 성공한다는 것은 하나의 실재 사실Faktum이다."[17] 뷜러에 따르면 뜻이 즉시 분명해져야 한다. 그래서 이 지시대명사들에 "철학적 사변"을 지어내서 개입시키지 말아야 한다는 것이다. "철학적 사변"이 개입할 경우 결과적으로는 "혹평하기"[18]로 비화되기 때문이다.

그렇다면 이 지시라는 것이 실제로 그리 간단한가? "직관적인 여기라는 기원에서부터 언어적으로 다른 모든 위치가 지시되고 지금이라는 기원에서부터 다른 모든 시점이 지시된다."[19] 그렇다면 우리는 어떻게 해서 지시 영역에 놓여 있는, 언제나 주관적인 지각에서부터 사회적이고 공간적이며 시간적인 차원의 세계에 대한 공동의 경험에 이를 수 있는가? 이것은 이미 게오르크 빌헬름 프리드리히 헤겔을 불안하게 했던 문제다. 그는 이 물음을 토대로 복잡한 "감성적 확신의 변증법"으로 시작하는 『정신현상학Phänomenologie des Geistes』을 발전시켰다.

여기는 무엇인가? 지금은 무엇인가? 나는 무엇인가? 우리는 이 지시대명사들을 보이게 해야 한다. 다른 한편 우리가 이 나, 이 지금, 그리고 이 여기를 붙잡으려고 할 때면 언제나 사라져 있지 않은가? "예컨대 여기가 나무라고 하자. 그러나 일단 내가 고개를 돌리면 나무라는 진리는 즉시 사라지고 그와 반대되는 것으로 뒤바뀌고 만다. 즉 여기는 더 이상 나무가 아니고 하나의 집일 수 있다."[20] 그러므로 우리는 이미 시작부터 뒤바뀐 세계에 있다. 그렇다면 우리는 도대체 어떻게 하면 이 순간적인 직접성에서 보여줄 수는 없고 생각하고 말할 수밖에 없는 세계에 이를 수 있는가? 체험이 가능한 나-지금-여기와 경험이 가능한 세계 사이에 쉽게 뛰어넘을 수 없는 틈이, 아니면 심지어 심연이 존재하지 않는가?

이것이 바로 전형적인 발렌틴의 문제였다. 뷜러가 상상한 것 이상의 기교적 사고가 필요한 것처럼 보였다. 발렌틴의 철학적인 두뇌는 움직이기 시작했고 기우를 만들어내기 시작했다. 그러면 먼저 그의 기우들의 공간적 관점을 살펴보자. 발렌틴은 "여기"라는 위치 지시대명사가 알려준 특정한 장소에 있었다. 그것은 그에게 문제가 되지 않으며, 오히려 그 공간에서만은 자신이 안전하고 편안하다고 느꼈다. 그는 고집스럽게 이 공간의 기원을 붙든 채 이 공간을 넘어 다른 곳으로 이동하는 것에 대해 근본적인 우려를 표했다. 불확실한 외지外地와 그에게 "여기"로서 친근하지 않은 다른 곳은 방향 상실의 위험이 있으니 기피하는 것이 상책이었다. 그래서 그에게는 "여기"가 아닌 다른 먼 곳과 연관된 모든 단어가 의심스러웠고 문제가 되었다.

방향 설정이 직접적인 "여기"에 고정되어 있다면 모든 사물은 "여기"라는 장소에서만 친숙할 수 있다. 그래서 발렌틴은 사물들이 임의의 비규정의 장소에 단순히 현존하는 것을, 즉 사물들이 어딘가에 있다는 것을 제대로 이해할 수 없었다. 그런 탓에 장소를 지칭하는 부사들이 불확실하게 사용될 때 그는 혼란을 느꼈다. 있어야 할 특정한 자리에 있지 않은 안경을 찾는 일은 그에게 "어딘가irgendwo"의 의미에 대한 삐딱한 질문을 던지게 만들었다.

> **부인** 안경이 지금 어디 있는지는 나도 모르겠지만 어딘가에 있겠죠.
>
> **남편** '어딘가'라고! 물론 어딘가에 있지. 그런데 어디에 있단 말이지? 어디가 어디지?
>
> **부인** 어딘가가 어디냐고? 그건 나도 모르겠고, 어딘가에 없으면 다른 어디에 있겠죠.
>
> **남편** 다른 어디라고! 다른 어디라는 게 '어딘가' 아닌가?
>
> **부인** 바보 같은 소리 좀 그만하세요. 다른 어디는 다른 곳이면서 어딘가일 수는 없지 않나요?(201쪽)

여기서는 부사들의 불특정한 내용이 해체되었다. 그 부사들은 특정한 공간 내의 위치를 가리키는 명칭으로 이해되었다. "어딘가irgendwo"는 "어디wo"로 구체화되고 "다른 어디woanders"와 긴장을 이룬다. 이곳에 없는 불특정한 것을 표현하는 부사들의 의미는 이해되지 않는다.

> **B** 오늘 시간이 있다고 하니 함께 갑시다.
>
> **V** 어디를요?
>
> **B** 아무 곳에요.

V 거기는 이미 가봤는데요.

B 그래요?

V 네!

B 거기는 이미 가봤다는 말씀이신가요?

V 네, 여러 번 가봤습니다!(223쪽)

"여기"에 대한 본인의 고집으로 인해 상대방의 관점이 흐려진
다. 익숙하지 않은 관점을 받아들이도록 요구하는 지시 단어들
의 사용은 방향감각을 상실하는 결과를 초래했다. 팀파니라는
악기를 다른 장소로 옮기는 일은 누가 어느 쪽에 서서 어느 쪽
을 들어야 할지를 결정할 수 없는 상황에서 상당한 어려움에 봉
착한다. 계속되는 실랑이에 화가 난 악단장이 상황을 정리하려
하지만 위치를 지시하는 단어의 오해로 인해 그의 시도는 실패
하고 만다.

발렌틴 서로 또 오해가 있는 것 같습니다. 저 사람이 악기를 저쪽
에서 들려고 합니다.

악단장 저쪽에 방금 있었잖아요. 왜 다시 저쪽으로 건너갔습니까?

발렌틴 악단장님이 저쪽으로 가라고 하지 않았습니까?

악단장 방금 저쪽에서 들려고 한다고 하지 않았습니까? 저쪽은
내가 보기에 저기 건너편인데요.

발렌틴 그러니까 악단장님 입장에서는 저쪽이 건너편이지만 저 사
람의 입장에서 볼 때는 저쪽이 이쪽입니다. 만약 이쪽에 서 있었다

면 반대로 저쪽이죠.

악단장 이쪽 저쪽, 저쪽 이쪽, 도대체 이 말을 누가 이해한단 말입니까?(316쪽 이하)

장소를 지시하는 부사들을 자기 관점에서만 이해하는 사람에게 사고의 기교를 동원하지 않고도 이해할 수 있다는 것은 과도한 요구처럼 보인다. 주관적인 위치를 완고하게 고집하는 나머지 동일한 대상이 다양한 관점으로 등장할 때 그 대상들의 동일성조차 의심하게 된다. 어떻게 해서 다리는 저쪽에서도 흘렀던 시냇물을 이쪽에서 건너게 만들 수 있단 말인가?

리즐 카를슈타트 그건 내가 보기에도 바보스럽군요.

발렌틴 상당히 바보스럽다고 할 수 있죠.

리즐 카를슈타트 시냇물은 저쪽에서도 이미 냇물이었답니다.

발렌틴 그렇다면 두 시냇물이겠네요.

리즐 카를슈타트 저쪽에서 흐르는 시내가 이쪽에 있는 시내와 동일하지 않을까요?

발렌틴 그게 어찌 가능합니까. 저쪽에 있는 것이 어떻게 해서 동시에 이쪽에도 있을 수 있단 말인가요?(390쪽)

다른 곳woaners에 있는 모든 것에 대한 몰이해는 공간적인 여기와의 거리 상실을 통해서 극단화된다. 여기가 아닌 다른 장소의 구조가 사라진다. 다른 곳은 여기에서의 방향 설정을 가능하게 하는 모든 질서의 구속에서 벗어난다.

악단의 연주자들이 차례로 등장한다. 한 사람씩 지각을 하면서 나타나서는 각자 다른 변명을 늘어놓는다. 첫 번째 연주자는 땀에 흠뻑 젖은 채로 무대 위로 올라와서는 "날씨가 너무 덥다"고 한다. 머리끝에서 발끝까지 젖은 두 번째 연주자는 "폭우가 쏟아진다"는 변명을 늘어놓는다. 발렌틴 자신은 모피 코트를 입고 온통 눈으로 뒤덮인 모양새로 나타나 눈이 "끔찍이도 많이" 내린다고 한다. 불확실한 바깥 날씨에 어리둥절해진 수석 바이올린 연주자는 이 엉뚱한 상황을 실용적으로 마무리 지을 수밖에 없다. "이제 헛소리 그만합시다!"(291쪽)

이러한 터무니없는 짓은 크리스마스트리 장면 도입 부분에서 더욱 불합리하게 나타난다.(323쪽) 집에 혼자 있는 어머니가 "이 순간에" 크리스마스트리를 사러 시장에 간 아버지에게 전화를 건다. "얼른 집에 오세요. 오는 길에 유모차에 치이지 않도록 조심하세요." 누군가 문을 두드린다. "들어오세요. 얼른 전화 끊고 집에 오세요, 제바스티안. (기다리고 있겠어요.) 어서 들어와요, 제바스티안!" 누군가 문을 두드렸다. "들어오세요!" 어머니는 수화기를 내려놓는다. 그러자 같은 순간에 아버지 제바스티안이 크리스마스트리를 들고 들어온다. 이 기괴하고 부조리한 장면은 직관적인 "여기"의 질서에 구속되어 있지 않은 낯선 장소의 무규격성Dimensionslosigkeit을 이용한다. 아버지의 부재는 나-지금-여기의 좌표계에 배열될 수 없기 때문에 아버지는 바로 다시 나타날 수 있다.

발렌틴의 주인공들은 결과적으로 대부분 공간적인 규정성의 좁은 틀 안에서만 행동할 수 있다. 주인공들은 다른 곳에서 어떤 일이 일어나는지를 전혀 알지 못하기 때문에 그들이 머물고 있는 현재의 공간은 다양한 활동의 장소로서의 기능을 상실한다.

먼 올힝에 있는 베르거 파울리 씨 집에 가서 상자들을 가져오라는 지시를 받은 하인 미흘은 파울리 씨가 집에 있을지 없을지 알 수 없어 어찌할 바를 모른다.

농부 그럼 파울리 씨가 올 때까지 기다리게.

하인 파울리 씨가 오지 않으면 그의 부인에게 얼마나 기다려야 하는지 물어볼까요?

농부 물어볼 수는 있지.

하인 차라리 내일 가는 것이 낫지 않을까요. 내일이면 오늘보다 파울리 씨가 더 집에 있을 수 있으니까요.

농부 무슨 멍청이 같은 소린가. 내일이면 오늘보다 더 집에 없을 수도 있지.

하인 이젠 뭐가 뭔지 하나도 모르겠네요. 오늘 가란 말인가요, 내일 가란 말인가요?(224쪽)

"이젠 뭐가 뭔지 하나도 모르겠다"는 표현은 다른 장소의 무규정성Unbestimmtheit을 지시하는 언어적인 기호들의 의미 내용을 구체적인 공간인 여기라는 확실한 관점으로만 이해할 때 "멍청한 소리"를 해댈 정도의 혼란을 표현한 것이다.

2. 시간의 문제: 지금, 미래의, 과거의

직접적인 순간의 "여기"를 넘어서는 시간 형식들에서도 유사한 현상을 발견할 수 있다. 의식 역시 "지금 – 있음"에서 벗어나지 못하고 순수한 현재성의 순간적인 지각에 매몰되어 있다.

시간을 나타내는 부사들은 확정되지 않은 미래의 어느 시점을 가리킬 때마다 엄청난 혼란을 야기한다.

점원 무엇을 도와드릴까요?

발렌틴 라이카 주세요.

점원 죄송합니다만, 지금은 라이카가 없습니다.

발렌틴 그럼 언제 다시 입고될까요?

점원 14일 후에 다시 지나가세요. 그러니까 제 말은 14일 후에 다시 들르세요.

발렌틴 들르는 것은 문제가 안 됩니다. 그럼 그때는 라이카가 있습니까?

점원 아마도 그럴 겁니다.

발렌틴 아마도? 저 역시 아마도 들르지 않고 확실하게 올 텐데 어째서 '아마도'라고 하십니까?

점원 확실하게요? 저는 14일 안에 라이카가 확실히 도착할지는 장담할 수 없습니다.

발렌틴 그렇다면 저도 14일 후에 들를 필요가 없겠네요. 그런데 제가 그보다 조금 더 일찍 왔는데 라이카가 아직 도착하지 않았다면, 그 며칠 후에는 있을까요?

점원 물론이죠.

발렌틴 언제요?

점원 그건 확실하지 않습니다.

발렌틴 그렇다면 언제 확실합니까?

점원 라이카가 도착하면요. 그때는 확실합니다.

발렌틴 그럼 지금은 라이카가 없단 말씀인가요?(266쪽 이하)

발렌틴이 점원에게 고집스럽게 물고 늘어지는 정확한 시점에 관한 질문은 미래의 사건이 완벽히 조건 지어져 있지 않거나 확정되어 있지 않아서 예측 불가능한 상황에서 상대방을 계속 자극할 뿐만 아니라 미래에 열려 있는 셀 수 없는 가능성을 고려할 때 "굉장히 멍청하게" 들릴 수밖에 없다.

확실하게 알 수 없는 "언젠가"는 미래의 사건 자체를 의심하게 되는 지경에 이를 수 있다.

리즐 카를슈타트 이보세요, 불꽃놀이는 언제 시작합니까?

식당 주인 지금은 아니고 나중에 어두워지면요.

리즐 카를슈타트 그런데 아직 전혀 어둡지 않는데요.

식당 주인 그러니까 아직 불꽃놀이를 안 하는 거죠.

리즐 카를슈타트 그런데 오늘 내로 어두워지지 않으면 어쩌죠?(404쪽)

이러한 의심은 '지금'이라는 현재에 대한 무제한적인 확장을 통해서만 불식시킬 수 있다. "오, 하느님 맙소사! 제 아이가 살

수 있을까요?" 이에 대한 발렌틴의 대답은 이렇다. "그건 이 아이가 나이 먹은 것을 보고 나면 알 수 있습니다."(395쪽) 두 눈으로 볼 수 있는 것만이 시간 속의 경험이 주는 신뢰할 만한 부분이다.

아직 일어나지 않은 일에 대한 불안과 동일한 불안은 이미 지나간 과거에 대해서도 작동한다. "지금"에의 집중이 과거를 사라지게 만든 것이다. 과거는 무질서한 혼란으로 변하거나(얼마나 자주 사냥을 즐겼느냐는 질문에 그는 "이따금 자주 드물게"[213]라고 대답한다) 객관적인 구조를 상실하거나("나는 어제부터 오늘까지 4일 동안 잠을 자지 않았다")(380쪽) 또는 아예 망각된다.("여자: 어디서 왔나요? 남자: 그건 말할 수 없어요. 저도 몰라요. 여자: 어디서 왔는지 모른다고요? 남자: 그걸 제가 어찌 알겠습니까?"(204쪽)

결과적으로 발렌틴의 주인공들은 심한 건망증이라는 특징을 타고난 존재들이다. 그 건망증은 원인을 설명할 수 있는 일상생활의 정신병리학적 사건이 아니라 인물들의 성격에 내재된 고유한 특성이다. 그들은 모든 것을 잊어버린다. 장소와 이름들을 잊어버리고, 심지어 아들의 이름과 부인이 사망했다는 사실조차 잊어버린다.

쿠니군데 아니 하인리히! 하인리히 부인은 이미 돌아가셨잖아요.

하인리히 뭐라고? 내 아내가? 그럴 리가!

쿠니군데 맞아요 하인리히! 부인은 벌써 10년 전에 돌아가셨어요.

하인리히 뭐라고? 내 아내가 사망했다고? 그런데 왜 나한테 얘기

도 안 했지? 어쩐지 마지막으로 본 지가 꽤 오래됐다고는 생각하고 있었는데."(557쪽)

주인공들은 자신의 나이도 망각한다.

리즐 카를슈타트 마이어 씨 연세가 어떻게 됩니까?

발렌틴 이제 곧 있으면 제 아내보다 열 살 더 많습니다, 의사 선생님.

리즐 카를슈타트 그러시군요. 그렇다면 부인은 연세가 어떻게 됩니까?

발렌틴 그러니까 제 아내는, 그러니까 제 아내 나이는, 지금 정확히 잘 모르겠습니다.(241쪽)

그리고 기초적인 신체 기능도 잊어버린다.

발렌틴 맥줏집에 가서 소시지를 시켰는데 먹을 수가 없더군.

리즐 카를슈타트 왜 못 먹었나요? 너무 뜨거웠나요?

발렌틴 아니, 뜨겁지는 않았는데 입을 벌려야 한다는 것을 잊었다는 것 아니겠어?(488쪽)

체계적인 기억이 들어서기 위한 공간이 모자랄 정도로 지금이라는 현재는 지각하는 의식을 지배한다. 그래서 역사적인 사건에 대한 서술이나 묘사가 "아주 바보스러운 횡설수설"로 변한다. 역사는 기껏해야 사건이나 인물의 이름이라는 형태로만 존재하는데, 그 이름에는 관련된 역사적 단서들이 암시되어 있기는 하지만 그 이름이 담고 있는 특정한 의미는 더 이상 알 수 없기 때문이다. 역사적 기억은 의미와 내용을 상실한 이름들로 채워져 있기에 그 이름들은 담화에서 임의의 순서대로 나열될 수 있다. "역사적인 것"에 대해서 말하는 것은 어떠한 연관성도 없는 퍼즐로만 가능하다. 역사적인 지식은 언젠가 한번 들어본 것을 다시 *끄집어내는* 것이다. 이때 실제의 역사적인 과정은 중요하지 않다. "이보시오! 당신은 역사적인 사건들에 대해서는 아는 것이 아무것도 없군요"(192쪽)라는 질책으로 시작되는 재킹겐의 트럼펫 연주자에 관한 대화는 역사적인 이름과 사건들이 아무런 맥락 없이 기억 속에 떠돌아다닐 때 나타나는 극도의 방향 상실을 보여준다.

리즐 카를슈타트 방금 재킹겐의 트럼펫 연주자가 생존할 당시에는 슐레시엔의 산신령이 살아 있지 않았다고 하지 않았습니까?

발렌틴 그랬을 수도 있습니다. 둘 중 하나는 살아 있지 않았습니다. 그건 제 경험으로 알고 있습니다. 돌아가신 제 부친께서 재킹겐의 트럼펫 연주자가 30년 전쟁 당시에 북 치는 사람이었다고 자주 이야기하셨답니다.

리즐 카를슈타트 그런 엉터리가 어디 있습니까? 트럼펫 연주자가 어떻게 북 치는 사람이 될 수 있나요?

발렌틴 그러니까 제 말 좀 들어보세요. 재킹겐의 트럼펫 연주자는 원래 북 치는 것을 배웠는데, 1333년 전투에서 악한 훈족의 병사

한 명이 북을 빼앗고는 망가뜨렸다고 합니다. 그래서 화가 난 나머지 트럼펫을 배웠다고 합니다.(193쪽)

'지금'이라는 현재에 있는 나에게는 과거에 대한 대화가 무의미한 "헛소리"일 뿐이다. 자기주장을 뒷받침하기 위해 아버지의 권위를 빌려봤자 무의미하기는 마찬가지다. 과거에 대한 대화는 현재를 벗어난 낯선 경험에 관한 것이므로 신빙성을 주장할 수 없다. 현재와 과거 사이에 놓여 있던 다리는 이미 무너졌다. 이러한 방향성의 상실은 서로 연관성 없는 파편들의 나열로만 이루어진 역사학 강연에서 절정에 이른다. 그 강연은 이렇게 끝난다. "네로 황제는 반항심에서 비텔스바흐 우물 봉헌식 기념으로 망팔 계곡에서 흘러나오는 물 1000리터를 기증했다. 이에 몹시 분개한 늙은 디오게네스는 자신의 발을 팔아서 로엔그린과 함께 백조를 타고 라인강을 따라 로렐라이에 이르러서 바위를 향해 소리쳤다. '왜 그런지 그 까닭을 알 수 없네……' 상식적인 사람이라면 누구나 이 강연을 듣고 '정말이지 알 수 없네!'라고 생각할 일이다."(61쪽)

시간은 지속적인 '지금'으로 드러난다. 그 결과 시간성 자체가 더 이상 조직적인 구조로서 세 차원인 과거, 현재, 미래에서 경험되지 않는다. 시간성은 형태가 해체되고 체계가 없어진다. 기차가 이미 떠난 후에 도착한 여자는 "3분만 더 일찍 왔어도 기차를 탈 수 있었을 것"이라는 말에 이렇게 대답한다. "그럼 다시 집으로 돌아가서 3분 일찍 오겠습니다."(484쪽) '일찍'이라는 의미가 시간적인 경과의 역동적인 구조성과 분리된 생각이다.

시간성을 경험할 수 없는 무능력은 집에 있는 남편이 요양원에 있는 부인에게 쓴 편지에서 더 확실히 드러난다. "다음에 나한테 편지를 보낼 때는 몇 시인지 써주기를 바라오. 요즘은 너무 정신이 없어서 시간도 모르고 산다오."(46쪽)

발렌틴이 연기한 공간의식과 시간의식의 특징은 그의 방향 설정이 오직 '나–지금–여기'라는 좌표를 둘러싼 지시 영역 안에서만 가능했다는 사실을 보여준다. 그리하여 존재하는 것에 대한 긍정적인 확인을 벗어나는 모든 언어 형식 역시 혼란을 야기한다. 우리는 이것을 몇 가지 문법적 위트를 통해서 살펴보고자한다.

3. 이것이냐, 저것이냐

의미 있는 언어의 척도로서 직접적으로 주어진 지각은 양자택일이 표현되어 있는 논리적 관계에 대한 오해를 불러일으킨다. 선언選言 명제 '이것이냐, 저것이냐entweder-oder'는 두 명제로서 결합된 명제의 어느 하나가 참이면 그 결합명제는 참眞이 되는 명제함수의 경우로부터 자신을 분리하기 때문에 많은 어려움을 가져다준다. 양자택일은 인지되지 않는다. 이것은 발렌틴이 왜 종종 '또는oder'을 부가적인 '그리고'로 해석하는지를 설명해준다. 예를 들어 2성부聲部로 연주하는 악기에서 한 연주자가 첫번째 또는 두 번째 성부를 연주해야 할 경우에 (그리고 거기에 따라 다른 연주자가 다른 성부를 연주해야 할 경우에) 문제가 발생한다. 어떤 사람이 어떤 성부를 연주해야 하는가에 대한 합의가 전혀 이루어지지 않는 것이다. 두 연주자 다 반복해서 같은 음으로 연주한 후에 마지막 해결책을 찾기 위한 시도가 이루어진다.

발렌틴 내가 분명히 말하지 않았습니까? 한 사람은 첫 번째 음을 다른 사람은 두 번째 음을 연주하라고요.

리즐 카를슈타트 그래서 제가 그 성부를 연주하지 않았습니까?

발렌틴 그 성부는 제가 연주했습니다. 당신이 다른 것을 연주했어야죠. 아무튼 저는 상관없습니다. 첫 번째도 연주할 수 있고 두 번째도 연주할 수 있으니까요.

리즐 카를슈타트 그럼 저는 필요가 없겠네요. 집에 가겠습니다.

발렌틴 그런 뜻은 아닙니다. 제 말은, 제가 첫 번째를 연주할 수 있고 두 번째도 연주할 수 있다는 뜻입니다.

리즐 카를슈타트 제 경우도 마찬가지입니다.(528쪽)

‘이것이냐, 저것이냐’에 내포되어 있는 양자택일의 의미는 말로 표현할 수 없는 상황이다. 그 양자택일은 합계로 변해서 성과 없이 ‘그리고’로 표현되려고 한다. 어떤 때는 선택의 가능성이 혼란을 극복하기 위한 목적으로 사물처럼 취급된다. 예를 들어 음반 가게에 들른 발렌틴이 여행용 축음기를 추천받는 장면에서 그러하다.

발렌틴 저는 여행을 거의 다니지 않습니다. 지금까지 여행을 가본적이 별로 없습니다.

점원 이 기기는 집에서도 사용하실 수 있습니다.

발렌틴 집에서도 작동하나요?

점원 물론이죠.

발렌틴 여행을 다닐 때도 사용할 수 있고요?

점원 그럼요.

발렌틴 동시에요?

점원 아니요. 둘 중에 하나입니다. 집에 있을 때 사용하시거나 여행을 다닐 때 사용하셔야 합니다.

발렌틴 그럼 이것은 '둘 중에 하나 축음기'네요.(520쪽)

상반관계의 논리적인 형식은 대상적인 개체로서만 파악되고 이해(오해)될 수 있다.

4. 여러, 모든

정확하게 규정되지 않는 수량과 관련해서 열려 있는 선택의 가능성을 지시하는 부정대명사에 대한 "바보스럽기 그지없는" 방어 행동에서도 이와 비슷한 양상이 드러난다. 발렌틴은 모자를 사려 하는 잠재 고객으로서 (물론 거래는 예상처럼 성사되지 않지만) 점원이 추천한 몇 가지 제품을 거절한 상태다. 그러자 점원은 마지막으로 그에게 스스로 선택하도록 여러 제품을 선보인다.

점원 손님, 아주 까다로우시군요. 그렇다면 이제 제가 손님께 여러 모자를 보여드리겠습니다.

발렌틴 왜 여러 모자를 보여주려고 하죠? 저는 딱 하나만 필요합니다. 모자를 쓸 수 있는 머리도 딱 하나지 않습니까?

점원 손님께서 선택하시도록 여러 제품을 보여드린다는 뜻입니다.

발렌틴 글쎄, 저는 선택이 필요한 게 아니라 내게 맞는 모자가 필요하다니까요.(261쪽)

또한 경마에 참여하는 모든 기수가 승리하고자 하는 희망이 부정不定의 성격을 띤다는 것도 규정 내에서만 사고하는 사람으로서는 이해하기 힘들다.

여자 모두 일등을 하려고 하겠죠?

남자 물론 다 일등을 하려고 하죠! 그래서 모두 경마에 참여하는 것 아니겠어요?

여자 모두 다 일등을 한다면 모두 다 상을 받아야 하는 것 아니겠어요?

남자 무슨 바보 같은 말을 하는 거예요? 모두 다 일등을 할 수는 없죠.(438쪽 이하)

5. 가능성의 문제

무의미한 말들은 어떤 것을 가정하여 생각했을 때 많이 주고받게 된다. 가능한 결과를 도출하기 위해서 단순히 가능성이 있는 현실과 연관지어 "만약 이 일 또는 다른 일이 일어났더라면"

과 같이 발언된 내용은 전혀 이해되지 않는다. 발렌틴은 한 치의 양보도 없이 접속법으로 표현되는 가능성의 세계에 대해 이의를 제기했다. 그는 거듭해서 가정에 기초한 추측과 추론을 처음부터 무의미한 것으로 만들어버리는 실제의 사건만을 보여주었다.

> 사진사가 고용한 조수들은 주인이 나가자마자 문을 잠그고 허튼짓을 해대기 시작했다. 그러나 주인은 얼마 안 되어 돌아왔고, 조수들에게 왜 문이 잠겨 있는지를 추궁했다.
>
> **주인** 내가 없는 이틀 동안 자네들이 가게를 어떻게 봤을지 심히 염려스럽네.
>
> **알폰스** 주인님이 일찍 돌아오실 줄 알았으면 우리도 문을 금방 열어놓았을 겁니다.
>
> **주인** 하지만 손님이었더라면 어쩔 셈이었나?
>
> **하인리히** 손님이 아니었잖습니까?
>
> **주인** 만약 손님이었더라면?
>
> **하인리히** 하지만 손님이 아니었잖습니까?(410쪽 이하)

그리고 얼마 후 이 상황이 반복된다.

> **주인** 만약 손님이었더라면 어쩔 셈이었나?
>
> **하인리히** 손님이 아니라 주인님이셨잖아요.
>
> **주인** 하지만 만약 손님이었더라면 말이다.

하인리히 절대로 그럴 리가 없습니다.(412쪽)

현실에 대한 고집스러운 주장은 우연에 관한 "철학적인" 논쟁을 일으킬 정도다. 예를 들어 자전거를 타는 사람에 관한 대화를 악단장과 나누고 있을 때 실제로 자전거 한 대가 지나간 것은 순전히 우연으로 받아들일 수 있다. 따라서 그 순간에 얼마든지 다른 것에 대해 대화를 나눌 수도 있었으리라는 가정도 가능하다. 그러나 이 가능성은 현실성에 대한 지적으로 반대에 부딪힌다.

발렌틴 하지만 우리는 다른 것에 대해서 대화를 나누지 않았잖습니까?

악단장 저도 알고 있습니다. 제 말뜻은 만약 우리가 비행사에 관한 대화를 나누고 있었더라면 어땠을까 하는 겁니다.

발렌틴 우리는 비행사에 관한 대화를 나누고 있지 않았습니다. 자전거 타는 사람 얘기를 하고 있었죠.

악단장 그건 저도 압니다. 하지만 만약 비행사에 대해서 얘기를 나누었는데 저 하늘에 갑자기 비행기 한 대가 지나갔다면 그건 순전히 우연이었겠죠.

발렌틴 우리는 저 하늘을 올려다보지도 않았는데요.

악단장 그러니까 제 말뜻은 만약 당신이 자전거 대신 비행기에 대해서 얘기를 했더라면 어땠을까 하는 거죠!

발렌틴 어째서 그렇죠? 제가 비행사에 관해서 얘기를 하면서 동시에 자전거 타는 사람에 대해서도 얘기를 할 수 있나요?

악단장 그러니까 제 말은 당신이 자전거 타는 사람에 대해서 얘기한 것처럼 똑같이 비행사에 대해서도 얘기했을 수도 있다는 것이죠.

발렌틴 절대로 그럴 리가 없습니다.(319쪽)

실제로 위의 경우처럼 사상적으로 부정하는 비현실적인 조건문 사용의 거부는 가능성뿐만 아니라 무엇보다 부정이 현존의 구체적인 충만과 밀도에서 설 자리가 없다는 것을 보여준다.

6. 무無

'여기'와 '지금'은 철저한 긍정이다. 그것은 여기에 있다. 여기에 있지 않은 것에 대해서 의미 있는 말을 한다는 것은 발렌틴으로서는 가장 깊은 언어의 심연이다. 그는 비존재Nicht-Sein를 명명하는 언어 사용에 관여하고 싶지 않았다. 그러나 철학적인 두뇌의 소유자로서 철학 내부에서 해결되지 않은 논쟁에 자신도 모르게 참여했다.

무는 존재하는가, 존재하지 않는가 하는 문제는 유럽 철학사에서 식을 줄 모르는 관심사다. 발렌틴의 기우는 이탈리아 엘레아 출신의 현자 파르메니데스가 기원전 500년경에 구상한 존재론과 일치한다. 이 고대 사상가는 위대한 철학시 「자연에 관하여Peri physeos」에서 진리에 대한 인식에 이르는 유일한 길을 처음으로 확인했다. 진리의 여신이 그에게 계시를 내렸다는 것이다. 그는 존재하지 않는 것은 지각할 수도 없고 보여줄 수도 없기 때문에 결국은 존재하는 것만 지각할 수 있다고 보았다. 그렇다면 존재하지 않는 것들은 어떻게 설명해야 하는가? 파르메니데스는 그럴듯한 대안을 제시한다. 어떤 것은 존재하거나 존재하지 않는다. 그럼에도 그 존재하거나 존재하지 않는 것에는 한 가지 길, 즉 존재하는 것에 이르는 길만이 열려 있다.

"존재하는 것은 존재한다고 말을 하고 그렇게 사유해야 한다. 왜냐하면 그것은 존재할 수 있기 때문이다. 무는 존재하지 않는다. 이것을 분명히 해야 한다."[21]

물론 이 주문은 많은 반대에 직면했다. 웃는 철학자 압데라의 데모크리토스는 최초로 무를 말한 사람이다. 그에 따르면 세계는 존재하는 것으로만 이루어져 있지 않기 때문이다. "만물의 근원은 원자와 공허다."[22] 그래서 한편으로는 공간을 채우고 있는 사물들이 있는 것처럼 텅 비어 있는 공간, 즉 무가 있다. 다른 한편 원자로 구성된 사물들은 "무보다 더 많이"[23] 존재하지 않는다.

이로써 지금까지 결론이 나지 않은, 존재의 철학자들과 무의 철학자들 사이에 논쟁이 붙기 시작했다. 발렌틴으로서는 어느 쪽을 지지해야 할지 분명했다. 무는 존재하지 않는다. 왜냐하면 존재하지 않는 것은 지각할 수 없기 때문이다. 발렌틴은 철학의 강단이 아니라 대중문화 속에서 파르메니데스가 세운 이정표를 따랐다.

악단장 이제 마지막으로 서곡 「시인과 농부」를 연주해봅시다.

발렌틴 오늘은 북 치는 사람이 자리에 없기 때문에 서곡을 연주할 수 없습니다.

악단장 저도 보입니다.

발렌틴 북 치는 사람이 자리에 없답니다.

악단장 저도 북 치는 사람이 없다는 것이 보입니다.

발렌틴 없다는데 어째서 보인다고 하십니까?

악단장 누가 보인다고 했습니까?

발렌틴 악단장이 그러셨잖습니까.

악단장 아니, 내 말은 그가 없다는 것이 보인다는 거죠. 자리에 없는데 어째서 보이겠습니까.

발렌틴 제 말이 그 말이라니까요.

악단장 그러니까요. 아니면 당신은 그가 보입니까?

발렌틴 아휴, 못살아…(315쪽)

지각할 수 있는 것은 현재 존재하는 것이다. 지금 이 순간에 이곳에 있지 않은 것은 지각될 수 없다. "그는 자리에 없다"라는 부정의 표현은 확실한 근거가 없는 듯 공중에 떠 있는 것 같다. 장폴 사르트르는 이 문제를 1943년에 발표된 그의 대작 『존재와 무Das Sein und das Nichts』에서 매우 중요한 철학적인 문제로 다루었다. 이미 널리 알려진 바와 같이, 이때 사르트르의 길잡이는 무의 "무화하는" 힘이 가장 중요한 역할을 하는 마르틴 하이데거의 무의 형이상학이었다. 우리에게 아무런 비존재를 드러내지 않는 제한된 일상적인 경험에 반대해서, 그리고 실제로 있는 바의 것에만 집중하는 과학에 반대해서 불안하게 하는 무가 역설된다. 그 무에 인간은 "휩싸여 있다."[24]

하이데거에 열광했던 사르트르에게 존재하지 않는 것은 볼 수 없다는 발렌틴의 파르메니데스식 부정은 상당히 도발적으로 들렸을 것이다. 사르트르가 실제로 발렌틴의 무대를 관람했는지는 알 수 없다. 그러나 『존재와 무』에 등장하는 유명한 식당 장면은 발렌틴의 문법적 위트를 관심 있게 다루면서도 원작과는 다른 당혹스러운 반전으로 처리한다.

사르트르는 페터와의 약속에 30분이나 늦었다. 페터는 언제나 시간을 정확하게 지키는 사람이라서 그가 약속 장소에서 사르트르를 기다리다가 가버렸는지 어쨌는지 알 수 없는 상황이다. "나는 식당을 둘러보고 사람들을 유심히 쳐다보면서 이렇게 말한다. '그가 이곳에 없군.' 그렇다면 그가 이곳에 없음을 확인한 나는 페터의 부재를 직접적으로 인식한 것인가?"[25] 발렌틴은 아마도 "절대로 그렇지 않다"고 대답했을 것이다. 페터의 부재는 눈에 보이지 않기 때문이다. 그러나 사르트르는 가끔 그것 때문에 어지럽기는 해도 세상을 다른 눈으로 보았다. 그는 페터를 식당에서 만날 것으로 기대했기 때문에 그의 기대는 "페터의 부재를 마치 식당과 관련 있는 실제적인 사건처럼 일어나게 한다. 페터의 부재는 현재 객관적인 사실이다. 나는 그 사실을 발견했다."[26] 사르트르와 식당에 있는, 확실하게 실재하는 사물들 사이로 페터라는 무가 유령처럼 고개를 내민다. 식당의 실재하는 사물들은 이 과정에서 의미를 상실하며 "무화되고" 사라진다. 왜냐하면 사르트르는 "무로서 식당의 무화하는 배경과 대비를 이루며 두드러지게 나타나는 형상인 페터가 그곳에 없다는 것을 알아차렸기 때문이다. 직접적인 인식 앞에 펼쳐지는 것이 무의 어른거림, 즉 배경의 무일 정도로 페터라는 무의 형상이 부각된다. 배경의 무는 그 무화로 형상의 현상을 불러오고 요구하며 하나의 무처럼 배경의 표면 위로 부유하는 무 형상을 불러온다."[27]

페터의 비존재가 그곳에 있음을 알아차린 사르트르에게서 공포를 유발했던 것과 "존재를 엄습하는 무"[28]는 발렌틴이 생각하기에 그저 우스울 뿐이다. 사르트르의 철학적인 진지함 자체가 우습지 않은가? 그것만 보더라도 파리의 식당보다는 시골의 건초더미 위에서 일어나는 일들이 훨씬 더 재미있다.

아니와 지멀은 밤늦은 데이트를 즐기기 위해 건초더미 앞에서 만나기로 약속했다. 둘 다 정확한 약속 시간에 그곳에 도착했다. 하지만 곧바로 서로 알아보기에는 날이 이미 너무 어두웠고, 그래서 문제가 발생했다.

아니 지멀, 지멀! 어디 있니?

지멀 여기!

아니 어디?

지멀 여기!

아니 안 보여.

지멀 그래서 여기 있잖아.(189쪽)

지멀의 목소리는 아니가 그를 보지 못하는 상황에서 그가 그곳에 있음을 알리는 신뢰할 수 있는 유일한 증거다. 그러나 이것은 두 사람으로 하여금 아무 말도 하지 않는다면 듣는 것은 어떻게 될까 하는 장난스러운 문제로 고민하게 만든다. 말해진 것에도 무가 있는가?

지멜 내가 아무 말 하지 않아도 내가 들려?

아니 그건 나도 잘 모르겠어. 한번 아무 말도 하지 말아봐. 들리는지 보게.

지멜 자, 그럼 이제 아무 말도 하지 않겠어. 내가 아무 말도 하지 않는 것이 들려?

아니 응, 완벽했어. 그리고 그다음에는 '내가 아무 말도 하지 않는 것이 들려?'라고 말한 것을 뚜렷하게 들었어.

지멜 그 말을 들었다고? 그럼 다른 말은 못 들었니?

아니 무슨 말?

지멜 그러니까, 내가 아무 말도 하지 않은 말.

아니 글쎄, 듣기는 들었는데 아무것도 들리지 않던데.

지멜 듣는다는 것이 정말 우습지 않니?(190)

7. 구체주의

이제 마지막으로, 셀 수 없을 만큼 많은 예를 보여주는 발렌틴의 언어 사유의 특징 하나를 살펴보기로 한다. 그의 언어 사유 바탕에는 언어적 의미에 대해서 구체적인 '여기'와 '지금' 안에서의 방향 설정을 가능하게 하는 동일한 규정과 친숙을 요구하는 언어 이해가 공동으로 깔려 있다.

발렌틴은 직접적으로 이해할 수 있는 분명한 의미를 지니지 않은 단어들의 다의성을 성가시게 여겼다. 그는 대화 중 혼란에 빠지지 않기 위해 고집스럽게 모든 다의성을 확인하면서 의도된 뜻이 아닌 의미 내용들을 의식적으로 배제했다. 그는 생각이 본론에서 벗어날 수 있는, 언어적으로 여러 의미를 포함하는 부분에 대한 연구를 "Ilobrasekoledation", 즉 다의성을 지닌 단어들의 동질적인 발음의 일치라는 학문으로 뒷받침하기도 했다. 이 분야의 대표적인 독일어 연구자인 발렌틴은 "독일어가 상당히 까다롭다고 여기는 사람들"[29]의 주장이 어느 정도 타당하다고 인정할 수밖에 없다. "축제는 도시 대신 농촌에서 개최된다 Das Fest findet statt in der Stadt auf dem Lande statt"는 문장에서 'Statt'는 '대신'이라는 뜻으로, '개최한다'는 의미의 'stattfinden'과 앞부분의 음이 일치한다. "어떤 소년들은 조숙하다Mancher Knabe ist frühreif"와 "들판에 아침 서리가 내렸다Auf dem Feld liegt Frühreif"에서는 'frühreif'라는 대표적인 다의성 단어가 사용되었는데 '조숙하다'는 뜻이기도 하고 '아침 서리'라는 의미도 있다. "나는 지렁이를 미끼로 뷔름강에서 고기를 낚는다Mit Würm fisch ich in der Würm"(232쪽)에서 'Würm'은 지렁이라는 뜻이면서 바이에른주에 있는 강의 이름이기도 하다. "그때 나는 뼈가 50개라는 사실을 알아냈고 뼈마다 골수가 있기 때문에 나의 값어치는 50마르크다da hab ich rausgefunden, daßich fünfzig Knochen hab, und weil ich in jedem Knochen a Mark hab, bin ich fünfzig Mark wert"(15쪽)에서 'Mark'

는 '골수'라는 뜻이기도 하고 독일의 통화 단위인 '마르크'를 가리키기도 한다.

> **악단장** 제가 이미 말씀드렸는지는 모르지만 2년 전쯤에 저희 악단에서 함께 연주했던 조그맣고 뚱뚱한 연주자가 애인과 **함께** 총으로 자살했다는군요.
>
> **발렌틴** 그것은 말도 안 됩니다. 그런 일은 있을 수 없습니다.
>
> **악단장** 왜 그런 일이 있을 수 없죠?
>
> **발렌틴** 세계 어느 곳에도 그런 일은 있을 수 없으니까요.
>
> **악단장** 왜 있을 수 없는데요?
>
> **발렌틴** 애인으로 자신을 쏘아 죽일 수 없는 것 아니겠습니까? 총으로만 그렇게 할 수 있죠!**30**

여기서의 오해는 '~와 함께'라는 뜻을 지니기도 하고 '~으로'라는 의미로 사용하기도 하는 'mit'라는 단어의 이중 의미에서 발생한다. 그래서 뚱뚱한 연주자가 애인과 함께 자살했다고 말한 악단장의 말을 발렌틴은 총이 아닌 애인으로 쏘았다는 뜻으로 오해한 것이다. 이러한 다의성의 영역에는 특히 숨어 있는 외설스러운 이중 의미를 이용하는 음담패설의 활약이 돋보인다. 물론 누구나 다 그 의미를 금방 알아차릴 만큼 감각이 발달한 것은 아니다. 빌헬름 하우젠슈타인은 "그의 입에서는 한 번도 음담패설이 튀어나온 적이 없으며, 외설스러운 말이나 심지어 조금이라도 에로틱한 것을 암시할 만한 애매한 말을 발설한 적이 없다."[31]고 발렌틴을 칭찬했다. 그러면서 그는 다음과 같은 이야기는 의식적으로 외면했다. "두 번째 차장: 앞쪽은 꽉 찼습니다. 뒤에다가 넣어주십시오. 발렌틴: 그렇게 애매하게 말씀하지 마십시오."(602쪽) "늙은 교수가 세울 수 있는 것은 우산밖에 없다는 사실을 알고 계십니까?"(630쪽)

발렌틴은 부인을 위해 핸드백을 사러 갔다.

점원 잠시만 기다려주세요. 아주 예쁜 핸드백이 있습니다.

발렌틴 좀더 예쁜 것으로 보여주세요. 더 예쁜 것은 없습니까?

점원 물론 더 예쁜 물건이 있죠. 보여드릴까요?

발렌틴 아가씨, 어떤 남자가 더 예쁜 물건을 마다하겠습니까?

점원 네, 여기 있습니다. 잘 닫히기도 합니다.

발렌틴 내 아내도 그런 것을 갖고 있지. 내 아내의 것은 이제 그리 잘 닫히지는 않습니다. 자주 사용하다보면 느슨해지기 마련이죠.(226쪽)

그런 다음에 우산이 화제에 오른다.

점원 갖고 계신 것과 비슷한 모양을 원하십니까?

발렌틴 아니요. 이렇게 힘없이 처진 놈은 말고 이제는 빳빳하게 잘 서는 걸로 갖고 싶습니다.

점원 하지만 요즘은 빳빳하게 서 있는 것보다 힘이 없이 처진 것이 더 유행이랍니다.(226쪽 이하)

언어적 다의성과의 유희 이외에도 특히 구체적인 것에 대한 표현이 발렌틴의 언어철학적 경향을 자극했다. 그는 단어와 사물들, 즉 기표와 기의 사이에 복잡하고 간접적인 "임의의arbiträr"[32] 연관만이 존재한다는 주장을 납득할 수 없었다. 그는 구체적인 상황들의 직접성 속에서 살았고, 그것들이 지칭하는 사물들과 딱 들어맞는 것처럼 보이는 이름에 대해서는 어린아이처럼 반복해서 그 뜻과 유래를 물었다.

사물들이 왜 그것을 지칭하는 이름을 갖게 되었는지에 대한 물음 역시 오래된 철학적 전통이 있는 물음이다. 플라톤은 이미 기원전 390년과 기원전 370년 사이에 그의 대화록 『크라틸로스 Kratylos』에서 이름의 정확함에 대해 논의했다. 이름은 크라틸로스가 주장한 바와 같이 실제로 그것들이 지칭하는 사물들의 본질과 일치하는가, 아니면 헤르모게네스의 주장처럼 관습상 합의를 이룬 자의적인 표현일 뿐인가? 이 문제에 대해서 불가사의한 행동으로 청중을 놀라게 한 소크라테스의 조언을 구하기로 했다. 소크라테스가 제시한 어원학적인 단어의 파생은 전문 지식에 근거했다기보다는 마치 농담을 하는 것처럼 유희를 즐긴 느낌이다. 어쨌든 크라틸로스와 헤르모게네스는 이름들의 유래에 대한 자신의 착상과 영감을 개진하는 소크라테스의 미친 듯한 "열광 mania"(396a)에 무척 당황스러워했다. 소크라테스 역시 자기가 떠올린 이름에 관한 착상들에 대해 "우스꽝스럽게"(402a) 여겼다.

발렌틴 또한 이러한 소크라테스의 영감을 추종했다. 그러나 그는 일반적으로 관련된 단어들의 개별적인 의미 부분을 기의記意에 대한 자연스러운 표현으로 오해했다. 그래서 예를 들어 '뛰는springen' 것을 멈춘 분수가 여전히 '분수Springbrunnen'인지를 가리는 말싸움이 벌어지곤 했다.(205쪽) 또는 다음과 같은 얼토당토 않은 설명이 등장했다.

리즐 카를슈타트 우리 안의 5번은 코뿔소. 왜 코뿔소라고 부르죠?

발렌틴 코에 뿔이 달려 있기 때문이죠.

리즐 카를슈타트 그러면 코끼리의 경우는 어떻습니까?

발렌틴 코끼리는 코가 끼리죠.

리즐 카를슈타트 아니에요. 코끼리는 머리에 코가 붙어 있으니까 머리코라고 불러야 맞겠어요.

발렌틴 그렇게 말해주세요!

리즐 카를슈타트 누구한테요? 코끼리한테요?

발렌틴 아니요, 동물원 주인한테요.(198쪽)

발렌틴은 말을 문자 그대로 이해하기 좋아했고, 그로 인해 다소 무해한 오해들이 발생했다.

목사 고문관님, 오셔서 저를 좀 거들어주십시오.

고문관 그건 어렵지 않습니다(목사의 두 팔 밑을 번쩍 든다).(620쪽)

여기서 거들어준다unter die Arme greifen는 말을 문자 그대로 이해하면 '두 팔 밑을 번쩍 든다'는 뜻이 된다.

발렌틴 그 사람 어디가 불편한가?

베르네르 종기가.

발렌틴 종기가 모자라다고?

베르네르 아니, 종기가 모자란 것이 아니라 종기가 생겼다네.(553쪽)

이 대화 가운데 불편하다, 상태가 좋지 않다etwas fehlen의 동사 'fehlen'은 모자라다, 무엇이 없다는 뜻으로 해석된다. 그러나 이러한 말을 문자 그대로 이해하면 치명적인 결과를 초래할 수 있다.

아버지는 크리스마스트리에 불을 붙여서 집 전체를 불태울 참이다. 그 순간 어머니가 달려와 소리를 지른다.

어머니 도대체 무슨 짓을 하는 거예요? 지금 나무를 태우고 있잖아요!

아버지 나무에 불을 붙이라고 하지 않았소?

어머니 나무에 걸려 있는 초에다가 불을 붙이라고 했죠.

아버지 나무라고 했잖소.

어머니 보통 그렇게 말하죠.(327쪽)

게오르크 제슬렌은 우연히 하필이면 7장으로 이루어진in zufällig ausgerechnet 7 Kapiteln 카를 발렌틴의 수난사Leidensgeschichte를 다음과 같은 사실 확인 또는 추측으로 시작한다. "희극배우만큼 진지하게 다룰 만한 주제도 없다. 그것은 아마도 그들이 철학과 가깝기 때문일 것이다."[33] 발렌틴이 우리에게 일곱 번 보여준 그의 난센스 제작은 제슬렌의 추측을 확인해준다. 뮌헨의 희극배우 발렌틴에게 철학이 직업은 아니었다 하더라도 그가 일상적으로 괴로워하는 문제들은 언제나 비트겐슈타인이 말한 것처럼 철학적 혼란이었다. 공간의 지시대명사에서부터 수수께끼 같은 무를 넘어 언어적 구체주의에 이르기까지 이 철학적인 두뇌의 소유자는 7가지의 경우 모두 우리의 언어 형식들을 "보통 그렇게 말하는" 당연함으로 받아들이기 어려웠다.

다소 동일한 유형을 따르는 그의 다양한 문법적 위트들은 누구나 이해할 수 있는 언어적 표현을 이해할 수 없는 어려움에서 출발한다. 이것은 특히 대화에서 가장 분명하게 나타난다. 발렌틴의 대화에서는 보통 두 명의 파트너 또는 상대자가 등장한다. 그중 한 명은 통용되는 언어의 사용 규칙들을 제대로 준수하면서 이성적으로 말하는 반면 다른 한 명은 끈질기게 언어를 구체적인 상황의 감각적인 현존Präsenz으로 끌어오려는 시도로 "아주 미련한" 소리를 해댄다.

발렌틴은 언어의 간계奸計로 관중을 웃게 만들었다. 그 언어의 간계는 직접적으로 체험 가능한 사실과 언어적으로 말해진 것의 비직관성, 추상성, 부재 사이에 있는 틈새에 자리하고 있었다. 언어는 그것이 다른 장소이든 다른(과거 또는 미래의) 시점이든, 어떤 무규정성이든 미해결성이든, 무화Nichtigkeit든 또는 단순한 가능성이든 간에 어떤 부재 또는 비존재를 대표함으로써 문제를 일으킨다. 발렌틴의 대화에서 익숙하고 이성적인 언어 사용보다 한 수 위인 비이성적이고 바보스러운 말들은 많은 경우에 거리감이 없다. 그것은 나-지금-여기라는 좌표 안에서 제대로 작동했다. 발렌틴은 감각적 현존과 언어적 대표로 이루어진 변증법이 아직 익숙하지 않았다. 그러면서도 그는 많은 사람을 웃게 만들었다. 그의 언어적인 오해들은 코믹스러웠다.

그렇다면 우리가 언어라는 매개 안에서 방향을 상실하는 것에 대해 웃는 이유는 무엇인가? 우리는 왜 "뭐가 뭔지 하나도 모르겠다"는 것에 대해서 웃음을 터뜨리는가? 발렌틴 자신이 이 질문에 대한 해답을 찾을 단서를 제공했다. 그는 자신의 코믹의 원천이 "어린아이의 잘못된 표상"에 대한 기억에 있다고 했다. 그 기억은 "나이 들어서는 책임질 수 없지만 적절하게 이용할 수는 있다."(73쪽) 그는 아주 정확하게 자신을 희극배우이자 "한때 어린아이로 기존한 아이gewesenes Kind"(91쪽)라고 불렀다.

이것은 문법적인 오류를 가장한 매우 특이한 자기 묘사다. '어린아이로 존재했던'에서 "기존既存, Gewesen"은 적어도 언어 규칙을 지킨다면 형용사로서 사용할 수 없는 어법이다. 어른들은 한때 어린아이이기는 했지만 이제는 어린아이가 아니기 때문이다. 그럼에도 이러한 규칙의 위반은 발렌틴의 머릿속에 미쳐 날뛰면서 난센스를 만들어내는 기우의 본질을 정확하게 관통하고 있다.

그의 심오한 언어 위트는 우연찮게 마르틴 하이데거와 장폴 사르트르의 철학에서도 핵심적인 "기존-존재Gewesen-Sein" 덕분에 힘을 발휘할 수 있었고 오랫동안 유지될 수 있다. 지난 것은 과거가 아니다. 한때 존재했던 것은 물론 과거이기도 하지만 아직 틀림없이 우리 현재이기도 하다.[34]

발렌틴은 한때 어린아이였던 아이로서 특히 언어를 많이 다루었다. 이성적인 어른들의 관점에서 "아주 미련한 소리"로 들리는 것 속에는 어린아이의 언어가 되살아났다. 그리고 모든 어른은 한때 어린아이였던 시절이 있었다. 발렌틴이 다시 생기를 불어넣은 언어는 어른 속에 숨어 있는 어린아이의 언어이며 여전히 매력을 잃지 않은 언어다. 발렌틴의 대화들의 생명은 어린아이의 오류에 대해서 책임을 지지 않고 사용함으로써 발생하는 퇴행적인 긴장이다.

여기서 중요한 것은 어린아이처럼 구사할 수 있는 표현 방식들을 실제로 새롭게 하거나 반복하는 문제가 아니다. 발렌틴은 철학적인 두뇌의 소유자로서 더 이상 어린아이로 존재하지 않는다. 그는 어른으로서 자신의 존재를 "거꾸로 가는 방향으로 초월하는"[35] 과거를 소유한다. 발렌틴은 대화와 장면들의 퇴행적인 부분들을 연기하는 배우로서 어린아이로 연기하거나 어린아이로 말하지 않는다. 그는 그보다 어른들의 "이성적인" 언어와 행동 방식이 퇴보의 소용돌이에 휘말리도록 유혹해서 그러한 이성적인 언어를 혼란에 빠지도록 한다. 그의 코믹은 서로 분리된 원칙들의 외부적인 충돌에 의해서 발생하는 것이 아니라 모든 주체의 내부에 조성되는 긴장의 결과다. 그래서 다소 무모한 억측일지라도 발렌틴의 코믹을 통해 아직도 유효한 자신의 어린 시절을 기억하는 사람만이 그의 코믹을 보고 웃을 수 있다고 말하고 싶다.

그러한 이유로 관중은 상대방의 질서 정연한 언어 이성에 반대하는 발렌틴의 당황스러운 오류들에 대해서 웃을지언정 발렌틴을 비웃는 것은 아니다. 발렌틴 코믹의 생명은 우리를 직접적인 삶의 현실 및 우리 자신으로부터 거리를 두게 하는 언어 법칙과 언제나 여기 이곳에 있는 어린아이 같은 환경 사이의 대립이다. 발렌틴의 창의적인 어린아이 같은 태도에는 아직 언어적 상징성과 정신적 상징성이라는 위대한 문화적인 성취에 의해 각인되지 않은 삶이 내비치기 때문에 사람들은 그와 연대감을 느낀다.

아마도 발렌틴은 칸트의 '심기증'뿐만 아니라 쇼펜하우어의 철학적 발언들에 대해서도 이렇게 말했을지 모른다. "딱 내 얘기네, 딱 내 얘기!" 그도 그럴 것이 쇼펜하우어가 생각하는 웃음은 고되고 진지하며 염려하는 "사유"와 "의지를 직접적으로 만족시키는 모든 것이 자신을 드러내는" 원초적인 인식 방식으로서의 "직관"의 대립에서 나오기 때문이다. "그것은 현재의 매개이며, 향유와 유쾌함의 매개다." 발렌틴은 사유보다 직관을 선호했다. 그는 이성에 그 분수를 깨우쳐주었고, 쇼펜하우어의 진단을 인정했다. "이 엄격하고 지칠 줄 모르며 지나치게 부담스러운 교육자인 체하는 이성을 이제 한 번만이라도 불충분한 것으로 폭로하는 것은 매우 유쾌한 일임에 틀림없다."[36]

지그문트 프로이트는 쇼펜하우어가 체계적으로 대립시켜놓은 것을 발생심리학적으로 해석했다. 즐겁게 직관되는 것은 어린아이 같은 것이다. 엄격하고 진지하게 사고되는 것은 어른스러운 것이다. 그리고 뮌헨의 희극배우 발렌틴은 마치 빈의 정신분석학자의 글들을 읽기라도 한 것처럼 위트에 관한 프로이트의 이론을 수용했다. 어른이 된 발렌틴은 "어린아이로 기존한 아이"로서 "어린아이 같은 것"을 실마리로 삼아 관중을 웃게 만들었다. "일반화할 수 있다면 우리는 우리가 찾고 있는 코믹의 특수한 성격을 어린아이 같은 것의 소생으로 전이시키고 코믹을 '잃어버린 어린아이의 웃음'으로 이해하려는 유혹을 느낀다. 그렇다면 우리는 타인에게서 어린아이를 발견할 때마다 나와 타인 사이의 소모성의 차이에 대해서 웃는다. 또는 더 자세하게 표현하자면, 코믹으로 가는 완전한 비교는 다음과 같을 것이다.

"저 사람은 저렇게 하네. 나는 다르게 하는데. 저 사람은 내가 어렸을 때 했던 것처럼 하네."[37]

신사 숙녀 여러분,
모두 보셨죠?
전부 다 엉터리, 엉터리, 엉터리입니다.
저를 곡해하지 마세요!

8장

형이상학의
종막극

아무 내용 없는
작은 철학적인
익살극

우리가 사는 지구는 마치 엄청난 우주로부터 격리된
모든 멍청이가 수용된 거대한 정신병원 같다.

—이마누엘 칸트[1]

등장인물은 존재사유가 마르틴 하이데거, 언어논리학자 루돌
프 카르나프 그리고 사회비평가 막스 호르크하이머다. 여기서 희
곡 형식으로 변형시킨 표현들은 전부 형이상학의 극복에 관한
유명 저서들에서 빌려온 것이다. 위뷔 박사의 대사는 여러 공상
적인 텍스트에서 유래한다. 무대 뒤에서 흘러나오는 목소리는 이
철학적인 익살극의 마지막 부분에서 들을 수 있다.

시간 오늘
장소 밖을 볼 수 없는 텅 빈 공간. 두 개의 탁자, 몇 개의 의자가
있다.

마르틴은 휠체어에 앉아 미동도 않고 있다. 그의 오른쪽에는 큰 탁자가 있다.

마르틴

(뭔가 골똘히 생각하고 있다.)

인간은 ─다른 존재자들 중의 존재자로서─ 과학을 "한다."
이러한 "행동"에서 다름 아닌 존재자의 돌연한 침입이 일어난다.
이 돌연한 침입 안에서 그리고 이 침입을 통해서 존재자는 자신이 존재하는 것으로서 그리고 존재하는 방식으로서 불쑥 나타난다. 불쑥 나타나는 침입은 나름의 방식으로 존재자로 하여금 가장 먼저 자기 자신을 얻게 한다.

(루돌프가 왼쪽에서 입장한다. 그는 먼저 두 탁자를 살핀다.)

루돌프

(기록을 하면서)

첫째, 이 탁자는 저 탁자보다 더 높다.

둘째, 이 탁자의 높이는 저 탁자의 높이보다 높다.

마르틴

(혼잣말로)

저기 등장하는 분열된 인간은 누구신가?

루돌프

여기서는 "더 크다"라는 단어는 첫째 사물들 간의 관계, 둘째 숫자들 간의 관계로 사용된다. 그러니까 두 가지 상이한 통사론의 범주로 사용된다.

여기서는 오류가 비본질적이다.

예컨대 오류는 "더 크다 1"과 "더 크다 2"라고 씀으로써 제거될 수 있다.

마르틴

(루돌프에게 말을 걸려고 한다.)

우리는 여기와 지금을 우리 자신에게 묻는다네. 과학이 우리의 열정이 되어버린 한 우리에게 현존재의 근본에서 어떠한 본질적인 것이 일어나고 있는가?

루돌프

(마르틴 옆의 더 큰 탁자에 앉는다.)

이 탁자는 저 탁자보다 더 크다.

한 명제는 그 명제에서 증명될 수 있는 것만 의미한다네. 그래서 한 명제가 일반적으로 어떤 것을 말한다면 그 명제는 오직 경험적인 사실만을 무엇이라고 말하고 있다네.

마르틴

소위 과학의 객관성과 우월성은 우스꽝스러운 것으로 되는데…….

루돌프

(사실을 고집하면서 마르틴의 말을 끊는다.)

이 탁자의 높이는 저 탁자의 높이보다 더 높다네.

마르틴

자네가 무를 진지하게 고려하지 않는다면…… 무가 확실하기 때문에 과학은 존재자 자체를 연구 대상으로 삼을 수 있네. 도대체 왜 존재자이고, 무는 아닌가?

루돌프

그런 반론에 대해서 우리는 다음과 같이 고려해야 할 것이네. 만일 한 단어의 의미를 말할 수 없거나 혹은 어휘 순서를 통사론적으로 구성하지 못한다면 그것은 아무런 물음으로 성립할 수 없네.

마르틴

그럼에도 불구하고 우리는 무에 대해서 물어야 하네.

무란 무엇인가?

(소심하게 문을 두드리는 소리가 들린다.)

루돌프

밖에는 무엇이 있는가?

마르틴

(집요하게 반복하면서)

도대체 왜 존재자이고, 무는 아닌가?

루돌프

밖에는 아무것도 없다.

정확한 언어에서는 동일 목적을 위해서 특정한 이름이 아니라 어떤 명제의 논리적인 형식이 중요하다.

"외부에 있는 것은 없다(존재하지 않는다, 눈앞에 존재하지 않는다)."

$\sim(?x)\cdot dr(x)$

마르틴

무는 단지 '~이 아니다', 즉 부정이 있기 때문에 있는가?

아니면 그 반대인가?

부정과 '~이 아니다'는 무가 있기 때문에 있는 것인가?

루돌프

이러한 명제들의 형성은 '무'라는 단어가 사물의 이름처럼 사용되는 오류에 근거한다.

마르틴

우리는 다음과 같이 주장한다.

무는 '~이 아니다'와 부정보다 더 근원적이다.

(누군가 문을 두드린다. 이번에는 더 힘차게 오래 두드린다.)

루돌프

밖에는 아무것도 없다.

밖에 있는 것은 없다.

마르틴

만일 지성의 힘이 무와 존재에 대한 물음의 영역에서 꺾인다면 그것으로서 철학 안에서 '논리학'이 지배하는 운명은 결정된다. 논리학 자체의 이념은 더 근원적인 물음의 소용돌이 속으로 이행한다.

루돌프

그러나 과연 냉정한 과학이 비논리적인 물음의 소용돌이에 동의할까?

마르틴

자신 있게 가르치는 것처럼 과학은 형이상학으로부터 존재할 때만 자신의 본질적인 과제를 새롭게 획득할 수 있다.

존재자를 그 자체로 그리고 전체적으로 이해를 위해서 되돌려받기 위하여 존재자를 넘어서서 묻는 것은 형이상학적이다.

무에 대한 물음에서는 이러한 전체의 존재자로서 존재자를 넘어섬이 일어난다.

루돌프

원칙적으로 경험 너머에 있는 어떤 것은 말해질 수도 생각될 수도 물을 수도 없다. 그러므로 이 질문에 대한 모든 대답은 처음부터 가능하지 않다. 왜냐하면 이 질문은 필연적으로 다음과 같은 형식 안에서 움직이기 때문이다.

무는 이것과 이것으로 "존재한다."

질문과 대답은 무와 관련해서 동일하게 서로 모순된다.

(또다시 누군가 문을 오래, 지속적으로 두드린다.)

루돌프

(소리를 지르며)

밖에는 아무것도 없다.

마르틴

이것으로써 무의 존재가 인정되었다.

루돌프

(얼른 말을 바꾸면서)

밖에 있는 것은 존재하지 않는다.

마르틴

무는 부정에 의해서 생기는 아니라, 부정이 무의 무화에서 생겨나는 무에 근거한다. 무 자체가 무화한다.

루돌프

(웃으면서)

무가 무화한다.

처음부터 아무런 의미도 없는 새로운 단어가 도입되는 아주 희귀한 경우를 보는군.

마르틴

(은밀하게 중얼거리며)

존재자의 존재 안에서 무의 무화가 일어난다.

(드디어 막스가 허겁지겁 밖에서 안으로 뛰어 들어온다. 정확히 왼쪽에서 온다. 흥분한 막스는 온몸을 떨면서 앉아 있는 두 사람에게 다가온다.)

마르틴

(매우 놀라며 불안해한다.)

불안은 우리에게서 말문을 막아버리네.

루돌프

(요동도 하지 않은 채 아무런 상관이 없다는 듯)

이 물건이 떨고 있네.

마르틴

불안은 여기 있네. 불안의 호흡은 끊임없이 현존재를 통해 전율

하고 있네.

(막스는 마르틴과 루돌프와 함께 탁자에 앉는다. 그는 관심 있게 주위를 둘러보면서 서서히 안정을 되찾는다.)

막스

양식도 부족하고 편안하게 잠을 잘 수 있는 곳도 부족합니다. 정신병자들을 위한 삼류 수용소 분위기가 퍼져 있어요. 생각하는 개인은 스스로 살아가는 방법을 찾아야 합니다.

마르틴

(안도하면서)

생기발랄한 기억이 담고 있는 시선의 밝은 빛 속에서 우리는 다음과 같이 말해야 하네.
우리가 불안해하는 대상과 이유는 "본래적으로" 무였네. 실제로 무 자체는—그 자체로—여기에 있었네. 이 무는 어떻게 되었는가?

막스

모든 개인은 자기 세계의 중심에 서 있습니다. 그리고 동시에 현실 세계에서는 자신이 불필요하다는 것을 알고 있습니다. 개인의 영혼 속에 묻힌 이러한 일상의 경험으로부터 형이상학적 꿈들은 하나의 탈출구를 만들어야 합니다.

루돌프

그것들은 생명감을 표현하는 데 도움이 되네.

마르틴

우리가 말하는 그 '감정'이란 게 도대체 무엇인가?

루돌프

(그의 말을 끊는다.)

여기서 우리 고찰을 위해서 본질적인 것은 생명감을 표현하는 수단으로서 예술은 적합하고 형이상학은 적합하지 않다는 것뿐 이네.

형이상학자들은 음악적인 재능이 없는 음악가들이네. 그 대신에 그들은 이론적인 것을 매개로 한 노동과 개념과 사상들을 연결 하려는 경향이 너무 강하네.

이제 우리의 테제는 자칭 형이상학의 명제들이 논리적인 분석을 통해 가상 명제들로 폭로된다고 주장하네.

막스

(변증법적으로 미소를 지으며)

형이상학은 새로운 공격을 자랑스러워해도 됩니다. 그것은 흔히 사유로 잘못 생각됩니다.

(마르틴은 무슨 말을 하려 하지만, 그러기에는 너무 혼란스럽다. 그는 체념한 채 혼자 중얼거렸다.)

마르틴

⋯⋯무의 본질: 무화.

(그는 입을 다물고 실망한 나머지 말장난뿐이라고 생각하는 두 사람의 대화에서 빠져나와 자기 존재로 되돌아간다.)

막스

과학과 형이상학은 서로 일치시키기 매우 어렵습니다.

루돌프

형이상학의 명제들이 가상 명제라는 우리의 테제가 정당하다면 논리적으로 정확하게 구성된 언어에서는 형이상학이 표현될 수 없네.

막스

아주 자신 있게 말하는군요. 그런 의심스러운 언어 정화로 세상의 문제들을 해결할 수 있을 거라 믿는군요.

(다시 누군가가 소심하게 문을 두드린다.)

루돌프

밖에 무엇이 있느냐?

막스

과학의 역할이 미래의 사실들을 예견하기 위해서 주어진 사실들을 확인하고 정돈하는 데 그친다는 견해는 인식을 고립시키고 그 고립을 다시 지양하지 않습니다. 그 결과는 경험주의자들에 의해 유령처럼 일그러진 세계상이며 경험주의자들을 그 일그러진 세계상을 인식하지 못합니다.

루돌프

밖에 비가 있네. 이 비는 어떻게 된 것인가?(즉, 비는 무엇을 하는가? 또는 이 비에 대해서 진술할 수 있는 것은 무엇인가?) 우리는 비를 알고 있네. 비가 내리네.

막스

고개를 흔들며 과학의 결과들을 위반하는 것이 그릇된 일일지라도 오로지 과학의 결과에 따라 사유하고 말한다면 그것 또한 순진하고 분파적입니다.

루돌프

"비가 내린다."
문법적으로나 논리적으로나 흠잡을 데가 없네. 그래서 의미가 있네.

막스

비타협적으로 논리적으로 본다면 반론의 여지가 없는 이러한 과학의 완결은 현존 또는 사실의 추상적 개념을 실체화합니다.

루돌프

우리가 지금 개진하고 있는 내용이 근거하고 있는 논리적이고 인식 이론적인 견해에 대해서 잠시 언급하기로 하세.

비트겐슈타인, *Tractatus logico-philosophicus*, 1922

카르납Carnap, *Der logische Aufbau der Welt*, 1928

바이스만Waismann, *Logik, Sprache, Philosophie*(출간 예정)

참조할 것.

막스

학파를 대표하는 몇몇 사상가의 정직한 심성과 그들이 이룩한 전문적인 업적의 통찰력이 그들의 철학을 더 좋은 철학으로 만들지는 않습니다.

(다시 누군가가 문을 두드린다. 마르틴만이 그 소리를 듣는 듯하다. 그러나 그는 너무 지루하고 무관심해서 꼼짝도 하지 않는다. 막스는 자신의 발언에 도취되어 아무런 방해도 받지 않는다. 그리고 루돌프는 상대방을 설득할 수 있는 새로운 예문을 생각하느라 방해받고 싶지 않다.)

루돌프

다음 단어들의 순서를 예로 들어보세.

1. "시저는 '그리고'이다."

2. "시저는 '소수'이다."

단어 순서 1은 통사론과 어긋나네. 통사론에 따르면 두 번째 자리에 접속어가 아닌 술어가 놓여 있어야 하네. 예컨대 다음의 단어 순서는 통사론과 일치하네.

"시저는 '지휘관'이다."

그러나 단어 순서 2 역시 방금 언급한 문장과 동일한 문법 형식을 갖추었기 때문에 통사론과 일치하네. 그럼에도 2는 의미가 없네. '소수'는 숫자의 특징이기 때문에 사람에게는 쓸 수 없네.

막스

(낄낄거리며)

엄밀한 과학에는 엄밀한 과학의 관심이 점점 더 고립되면서 해결책의 순진성이 엄밀한 과학의 과학적인 연구 절차의 차별성과 극단적인 불균형을 이루는 경향이 있습니다.

(두 번이나 아무런 반응 없이 문을 두드린 위뷔 박사가 드디어 등장한다. 루돌프와 막스는 놀라며 의아해한다. 마르틴은 다시 말문이 열리고 형이상학의 근본문제로 돌아간다.)

마르틴

무에 대한 물음은—물음을 묻는 자들인—우리 자신을 물음의 대상으로 하네. 그 물음은 형이상학적이네.

위뷔 박사

마르틴 씨, 당신은 그렇게 생각하실지 모르지만 저는 위대한 공상학자입니다.[39] 공상학이라는 학문은……

프랑스 극작가 알프레드 자리의 5막 산문극인 「위뷔 왕」의 삽화

마르틴

철학은 결코 과학의 이념이라는 척도로 측정할 수 없네.

위뷔 박사

공상학은 형이상학을 넘어 확장된 영역에 관한 과학입니다. 또는 공상학은 형이상학이 물리학을 넘어서는 것처럼 사방으로 자유롭게 형이상학을 넘어섭니다.[40]

마르틴

그럼에도 우리는 무에 대해서 묻네. 무는 무엇인가?

위뷔 박사

왔다 갔다 하며 조개를 갖고 장난치면서 공상학은 무로부터 존재의 한계를 빼앗고 비존재의 영역에 포함시키겠다는 구실로 그것을 한정지을 것입니다. 그러나 공상학은 이것과 저것, 둘 다 초월합니다.[41]

루돌프

(신경질적으로)

"초월"이라고? 오 신이시여.

위뷔 박사

신은 영에서 무한으로 가는 가장 짧은 길입니다. 우리는 어느 방향으로 가느냐고 물을 수 있습니다.

(우리는 그의 첫 번째 이름이 쥘Jules이 아니라 플러스와 마이너스라고 대답할 것이다.)

그리고 누가 뭐라 해도 신은 두 방향으로 모두 영에서 무한으로 가는 가장 짧은 길입니다. 다시 다음을 상기해봅시다.

"$\infty - O - a + a + O = \infty.5$"[42]

막스

(집게손가락을 치켜들며)

당신의 학문 체계는 다름 아닌 시민 개인의 세련된 경험에 지나지 않아요. 형이상학적인 환상과 고등 수학은 하나도 빠짐없이 당신의 성향의 요인들입니다.

위뷔 박사

하하하.

(이것이 그가 마지막으로 웃으면서 내뱉은 말들이었다.)[43]

무대 뒤에서 들리는 목소리

이러한 사유는 추락하는 순간에 형이상학과 연대한다.[44]

주

짧은 서곡 또는 '철학이란 웃음이다'

1_ Sören Kierkegaard, "Abschließende unwissenschaftliche Nachschrift", Zweiter Teil, In: *Gesammelte Werke* Band 7, Jena, 1910, 3쪽.

2_ Michail Bachtin, *Rabelais und seine Welt, Volkskultur als Gegenkultur*, Frankfurt a.M. 1995 참조.

3_ Thomas Rütten, *Demokrit, Lachender Philosoph und sanguinischer Melancholiker*, Leiden/New York/Kobenhavn/Köln, 1992, 그림 부분을 참조.

4_ Friedrich Nietzsche, *Werke III*, Herausgegeben von Karl Schlechte, Frankfurt a.M./Berlin/Wien, 1972, 1047쪽.

5_ Platon, *Theaitetos*, 174 a, b. 하이데거의 번역에서 트라키아 출신의 하녀는 "유머가 넘치며" "예쁘다." Martin Heidegger, *Die Frage nach dem Ding*, Tübingen, 1962, 2쪽.

6_ Hans Blumenberg, *Das Lachen der Thrakerin*, Frankfurt a.M. 1987,

149쪽. 아울러 Hans Blumenberg, "Der Sturz des Protophilosophen-Zur Komik der reinen Theorie", In: Wolfgang Preisendanz und Rainer Warning(Hg.), *Das Komische*(=Poetik und Hermeneutik Band VII), München, 1976, II, 64쪽 참조.

7_ Adriana Cavarero, *Platons Töchter, Frauengestalten der antiken Philosophie*, Hamburg, 1997, 86쪽.

8_ Sigmund Freud, "Der Humor", In: *Gesammelte Werke XIV*, 382~389쪽, 389쪽.

1장 철학으로부터 웃음의 추방

1_ Alfred North Whitehead, *Prozeßund Realität*(1929), Frankfurt a.M. 1984, 91쪽. 나는 이하 플라톤에 대한 모든 인용을 슐라이어마허의 플라톤 전집 번역본에 따른다. Friedrich Schleiermacher, "Plotons Sämtliche Werke", In: hg. von Walter F. Otto, Ernesto Grassi und Gert Plambück in sechs Bänden, *Rowohlts Klassiker*, Hamburg, 1957~1959.

2_ Diogenes Laertius, *Leben und Meinungen berühmter Philosophen III* 26(=Erster Band, Drittes Buch), Hamburg, 1990, 3. Aufl., 161쪽.

3_ 같은 책, II, 40(=Erster Band, Zweites Buch), 93쪽. Platon, *Apologie*, 24b 참조. 아울러 소크라테스의 전기와 유형학에 대해서는 Johanna Braun und Günter Braun, *Der unhandliche Philosophie*, Frankfurt a.M. 1983; Gernot Böhme, *Der Typ Sokrates*, Frankfurt a.M. 1988 참조.

4_ Platon, *Der siebente Brief*, 326c. Stuttgart, 1998, 7쪽.

5_ Aristophanes, *Die Wolken*, Vs. 1005~1008, Stuttgart, 2001, 65쪽.

6_ Diogenes Laertius, *Leben und Meinungen berühmter Philosophen II*, 37, Hamburg 1990, 3. Aufl., 102쪽.

7_ Sören Kierkegaard, *Über den Begriff der Ironie, Mit ständiger Rücksicht auf Sokrates*(1841), Frankfurt a.M. 1976, 19쪽.

8_ R. M. Hare, *Platon*, Stuttgart, 1990, 29쪽.

9_ Xenophon, *Das Gastmahl*, Stuttgart, 2003, 5쪽.

10_ 논문 "Parasitos", In: *Paulys Realencyklopädie der classischen Altertumswissenschaft*, Neue Bearbeitung 36, Halbband, Stuttgart-

Waldsee, 1949. Sp. 1381~1405.

11_ 논문 "Gelotopoioi", In: *Paulys Realencyklopädie der classischen Altertumswissenschaft*, Neue Bearbeitung 13, Halbband, Stuttgart, 1910. Sp. 1019~1021; Wilhelm Süß, *Lachen, Komik und Witz in der Antike*, Zürich-Stuttgart, 1969; Gerhard Fink(Hg.), *Götter, Spötter und Verrückte, Antike Anekdoten*, Frankfurt a.M.-Leipzig 1995; Jan Bremmer, "Witze, Spaßmacher und Witzbücher in der antiken griechischen Kultur", In: J. Bremmer und Herman Roodenburg(Hg.), *Kulturgeschichte des Humors, Von der Antike bis heute*, Darmstadt, 1999, 18~31쪽; Karl-Werner, *Weeber, Humor in der Antike*, Stuttgart, 2006 참조.

12_ Xenophon, *Das Gastmahl*, Stuttgart, 2003, 9쪽.

13_ 같은 책, 23쪽.

14_ 같은 책, 65쪽.

15_ 같은 책, 31쪽.

16_ 같은 책, 71쪽.

17_ 같은 책, 53쪽.

18_ 같은 책, 11쪽.

19_ Andreas Thierfelder(Hg.), *Philogelos, Der Lachfreund-Griechisch-deutsch mit Einleitungen und Kommentar*, München, 1968. 나는 위트 3번(29쪽); 11번(33쪽); 13번(33쪽); 18번(35쪽); 22번(37쪽)을 인용했다. 이와 관련해서는 Gerhard Ritter, *Studien zur Sprache des Philogelos, Diss*, Basel, 1955 참조.

20_ Aristoteles, *Über die Glieder der Geschöpfe(Die partibus animalium)*, 3권 10절(Das Zwerchfell), Herausggben, übertragen und in ihrer Entwicklung erläutert, von Paul Gohlke, Paderborn, 1959, 124쪽 이하.

21_ Aristoteles, *Rhetorik*, Übersetzt und herausgegeben von Gernot Krapinger, Stuttgart, 1999, 112쪽.

22_ Aristoteles, *Nokomachische Ethik* Band IV, 12~14, Übersetzt, eingeleitet und kommentiert von Franz Dirlmeier, Frankfurt a.M./ Hamburg, 1957, 97~102쪽.

23_ Umberto Eco, *Der Name der Rose*, München/Wien, 1982 참조.

24_ Aristoteles, *Poetik*, Stuttgart, 1986, 17쪽. 아울러 Hellmut Flashar, "Aristoteles, Das Lachen und die Alte Komoedie", In: Siegfried

Jäkel und Asko Timonen(Hg.), *Laughter down the Centuries* Vol. I, Turku, 1999, 59~70쪽 참조.

25_ Michael Mader, *Das Problem des Lachens und der Komödie bei Platon*, Stuttgart/Berlin/Köln/Mainz, 1977 참조.

2장 웃는 철학자에 관한 이야기

1_ Christoph Martin Wieland, "Geschichte der Abderiten"(1774), In: *Sämmtliche Werke VI*, Hamburg, 1984, 86쪽.

2_ Diogenes Laertius, *Leben und Meinungen berühmter Philosophen*, Hamburg, 1990, 3. Aufl., Abschnitt IX, 37(=제2권, 178쪽).

3_ 같은 책, III, 25(=제1권, 160쪽)

4_ 같은 책, IX, 40(=제2권, 180쪽)

5_ 같은 책, IX, 38(=제2권, 179쪽)

6_ Demokrit, "Fragmente zur Ethik, Griechisch/Deutsch", *Neu übersetzt und kommentiert von Gred Ibscher*, Stuttgart, 1996, 123쪽.

7_ Diogenes Laertius, IX, 36(=제2권, 178쪽)

8_ Albert Lange, *Geschichte des Materialismus und Kritik seiner Bedeutung in der Gegenwart*(1866), Frankfurt a.M. 1974, 14쪽 인용.

9_ Wilhelm Capelle(Hg.), *Die Vorsokratiker*, Stuttgart, 1968, 44쪽 인용.

10_ Diogenes Laertius, IX, 44(=제2권 182쪽). 데모크리토스의 원자론에 관해서는 Hans-Georg Gadamer, "Antike Atomtheorie"(1935), In: H. G. Gadamer, *Der Anfang des Wissens*, Stuttgart, 1999, 101~128쪽; Sousanna-Maria Nikolaou, *Die Atomlehre Demokrits und Platons* "*Timaios*", Stuttgart, 1998 참조.

11_ Wilhelm Capelle(Hg.), *Die Vorsokratiker*, Stuttgart, 1968, 399쪽 인용.

12_ Demokrit(1996), 29쪽.

13_ 같은 책, 31쪽. 데모크리토스의 물리학과 윤리학의 관계에 대해서는 Gregory Vlastos, "Ethics and Physics in Demokritus", In: *Philosophical Review* 54(1945), 529~578쪽; 55(1946), 53~64쪽; Salomon J. Luria, *Zur Frage der materialistischen Begründung der Ethik bei Demokrit*, Berlin, 1964 참조.

14_ Diogenes Laertius, IX, 45(=제2권 182쪽).

15_ Demokrit(1996), 31쪽.

16_ 같은 책, 79쪽.

17_ G. W. F. Hegel, "Vorlesungen über die Geschichte der Philosophie I", In: *Werke in zwanzig Bänden* Band 18, Frankfurt a.M. 1971, 366쪽.

18_ Friedrich Albert Lange(1866), 13쪽 이하.

19_ Gred Ibscher, "Demokrits Wege des Denkens", In: *Demokrit, Fragmente zur Ethik*, 134~211쪽, 180쪽 이하.

20_ 이러한 오랜 역사에 관해서는 Salomon Jakovlevic Luria, *Democritea*, Leningrad, 1970; Angel M. Gomez, *The legend of the laughing philosopher and its presence in Spanish literature(1500~1700)*, Cordoba, 1984; Thomas Rütten, *Demokrit, Lachender Philosoph und sanguinischer Melancholiker*, Leiden/New York/Kobenhavn/ Köln, 1992; Reimar Müller, "Demokrit-der 'lachende Philosoph'" , In: Sigfried Jäkel und Asko Timonen(Hg.), *Laughter down the Centuries* Band I. Tuku, 1994, 39~51쪽 참조.

21_ Demokrit(1996), 35쪽.

22_ 같은 책, 41쪽.

23_ Marcus Tullius Cicero, *De oratore, Über den Redner*, Stuttgart, 1997, 3. Aufl., 346쪽 이하.

24_ 같은 책, 359쪽.

25_ 같은 책, 367쪽.

26_ 체계화를 시도하고 있는 것과 관련해서는 Edwin Rabbie, *Cicero über den Witz. Kommentar zur De oratore II*, 216~290. Amsterdam, 1986 참조.

27_ Cicero(1997), 377쪽.

28_ Aristoteles, *Rhetorik*(제3권, 2절), Stuttgart, 1999, 177쪽.

29_ Cicero(1997), 385쪽.

30_ 같은 책, 377쪽.

31_ 같은 책, 385쪽. 메텔루스는 시력이 나쁜 사람들이 로마에서도 볼 수 있을 만큼 매우 호화로운 시골 별장을 지었다고 한다. 이러한 사치는 우스꽝스러운 것으로 폭로된다. 그러나 메텔루스는 그것에 대해서 아무런 변명도 할 수 없다.

32_ 같은 책, 359쪽.

33_ Aristoteles, *Über die Glieder der Geschöpfe*, Hg., übertragen und in ihrer Entstehung erläutert von Paul Gohlke, Paderborn, 1959,

124쪽.

34_ 같은 책, 124쪽 이하.

35_ Horaz, *Ars Poetica, Die Dichtkunst*, Stuttgart, 1980, 5쪽.

36_ Horaz, "Epistularum Liber II", Briefe Zweites Buch, In: Horaz, *Sämtliche Werke*, München/Zürich, 1985, 10. Aufl., 515~517쪽.

37_ Stobaeus, *Florilegium III*, 20, 53. 여기서는 Thomas Rütten(1992), 14 쪽에서 인용.

38_ Seneca, *Von der Ruhe der Seele und andere Essays*, München, 1991, 108쪽. 스토아주의에 대해서는 Manfred Geier, *Das Glück der Gleichgültigen*, Reinbek bei Hamburg, 1997, 85~111쪽 참조.

39_ Seneca(1991), 108쪽. 이에 관해서는 Cora E. Lutz, "Democritus and Heraclitus", In: *The Classical Journal* 49(1953/54), 309~314쪽 참조.

40_ Diogenes Laertius IX, 3(=제2권, 160쪽)

41_ Seneca(1991), 256쪽.

42_ 같은 책, 257쪽.

43_ Robert Philippson, "Verfasser und Entstehungszeit der sogen-annten Hippokrates-Briefe", In: *Rheinisches Museum* 77(1928), 293~328쪽.

44_ Hermann Diels, "Hippokratische Forschungen V", In: *Hermes* 53(1918), 57~87쪽, 84쪽 이하.

45_ *Die Werke des Hippokrates, Corpus Hippocraticum-Ergänzungsteil*: *Die Briefe des Hippokrates*, Stuttgart, 1938.

46_ *Philogelos, Der Lachfreund-Griechisch-deutsch mit Einleitungen und Kommentar*, hg. von Andreas Thierfelder, München, 1968. 나는 이 책에서 위트 110번, 112번, 120번을 인용했다.

47_ Juvenal, *Satiren*, Hg., übersetzt und mit Anmerkungen versehen von Joachim Adamietz, München, 1993, 209쪽.

48_ 같은 책, 229쪽.

49_ 같은 책, 205~207쪽.

50_ Lukian, *Hermotimos oder Lohnt es sich, Philosophie zu studieren?*, Hg., übersetzt und erläutert von Peter von Möllendorf, Darmstadt, 2000. 루키아노스는 유프라테스 유역의 콤마게네에 속했던 사모사타에서 태어났다. 콤마게네는 당시에 로마 지방 시리아의 동부 경계지역이었다. 이 지역에서는 그리스 문화와 시리아-아랍 문화가 공존했다. 루키

아노스는 여러 해 동안 소피스트 유랑 웅변가로서 그리스와 이탈리아를 거쳐 갈리아까지 여행했다. 그는 그리스어로 수많은 희극과 풍자극을 집필했고, 생전에 "사람들을 웃게 만드는 것을 진지한 과제로 생각했던" 철학적인 작가로 존경을 받았다. 그는 특히 소크라테스와 플라톤의 철학적인 대화들을 훌륭하게 개작했다. 그런 의미에서 『헤르모티모스Hermotimos』와 함께 다음의 작품들도 루키아노스의 걸작으로 높이 평가된다. 그의 대표작은 『향연Symposion』 『니그리누스Nigrinus』 『거짓의 친구들Philopseudeis』 『기식자 또는 기식하는 것이 예술이라는 증거』 등이다. 루키아노스의 전집은 크리스토프 마르틴 빌란트에 의해 1788/89년 라이프치히에서 독일어로 번역되었다. 이후 3권으로 1971년 다름슈타트에서 출판되었다. 루키아노스의 철학적 웃음에 관해서는 특히 Clay Diskin, "Lucian of Samosata: Four Philosophical Lives", In: *Aufstieg und Niedergang der römischen Welt, Teil II: Principat* Band 36/5, Berlin/New York, 1992, 3405~3450쪽; Heinz-Günther Nesselrath, "Kaiserlicher Skeptizismus in platonischem Gewand: Lukians Hermotimos", In: *Aufstieg und Niedergang der römischen Welt, Teil II: Principat* Band 36/5. Berlin/New York, 1992, 3451~3482쪽 참조.

51_ Lukian von Samosata, *Lügengeschichten und Dialoge*, Aus dem Griechischen übersetzt und mit Anmerkungen und Erläuterungen versehen von Christoph Martin Wieland, Nördlingen 1985(=Die andere Bibliothek, Hg. von Hans Magnus Enzensberger, 제1권), 11쪽.

52_ 같은 책, 48쪽.

53_ 같은 책, 42쪽. Martin Ebner, Holger Gzella, Heinz-Günther Nesselrath und Ernst Ribbat, *Lukian, Die Lügenfreunde oder: Der Ungläubige*, Darmstadt, 2001, 44쪽 이하.

54_ Lukian von Samosata(1985), 342쪽.

55_ 같은 책, 344쪽.

56_ A. M. Garcia Gomez, *The legend of the laughing philosopher*, 45쪽 이하 참조. 웃음에 반대하는 기독교 교회의 비판적·부정적 자세에 대해서는 Ernst-Robert Curtius, *Europäische Literatur und lateinisches Mittelalter*, Bern/München, 1863, 4. Aufl., 419~434; Jacques Le Goff, *Das Lachen im Mittelalter*, Stuttgart, 2004 참조.

57_ 신약성서 누가복음 6장 25절, 탄식의 외침.

58_ Erasmus von Rotterdam, *Das Lob der Torheit*, Stuttgart, 2004, 3쪽.

59_ 같은 책, 5쪽.

60_ 같은 책, 6쪽.

61_ August Buck, "Democritus ridens et Heraclitus flens", In: August Buch, *Die humoristische Tradition in der Romania*, Bad Homburg, 1968, 101~117쪽 참조.

62_ Francois Rabelais, *Gargantua und Pantagruel*, Frankfurt a.M./ Leipzig, 1994, 34쪽. 이에 대해서는 Henning Mehnert, "Democritus ridens und Heraclitus flens-Zur thematischen Tiefenstruktur der Rabelaisschen Bücher", In: Henning Mehnert, *Melancholie und Inspiration*, Heidelberg, 1978, 311~325쪽 참조.

63_ Michail Bachtin, *Rabelais und seine Welt*, Frankfurt a.M. 1995. Michail Bachtin, *Literatur und Karneval*, Frankfurt a.M./Berlin/ Wien, 1985 참조.

64_ Francois Rabelais(1994), 86쪽.

65_ Michel de Montaigne, "Über Demokrit und Heraklit", In: *Essais*, Erste moderne Gesamtübersetzung von Hans Stilett, 제1권 50절, Frankfurt a.M. 1988, 154쪽.

66_ Christoph Martin Wieland, "Der Schlüssel zur Abderitengeschichte", In: *Sämmtliche Werke VI*, Hamburg, 1984. Band 20, 297쪽. J. G. Gruber, *Wielands Leben*(1827), Sechstes Buch, Hamburg, 1984, 423쪽; Friedrich Sengle, *Wieland*, Stuttgart, 1949; Irmela Brender, *Christoph Martin Wieland*, Reinbek bei Hamburg, 1990 참조.

67_ Christoph Martin Wieland, "Geschichte der Abderiten", In: *Christoph Martin Wieland, Sämmtliche Werke VI*, Hamburg, 1984, Bände 19 und 20. Klaus Bäppler, *Der philosophische Wieland*, Bern/München, 1974 참조.

68_ Immanuel Kant, "Der Streit der Fakultäten", A 138. In: *Werke in sechs Bänden*, Hg. von Wilhelm Weischedel, Frankfurt a.M. 1964. Band VI, 354쪽.

69_ Gotthold Ephraim Lessing, "Hamburgische Dramaturgie"69, Stück, den 29, Dezember 1767. In: *Gesammelte Werke* Zweiter Band, München, 1959, 627쪽 이하. 철학적인 문제들을 문학적으로 다루고 소설을 철학화하여 정신사를 선도한 빌란트의 역할에 대해서

는 Silvio Vietta, *Literarische Phantasie, Theorie und Geschichte, Barock und Aufklärung*, Stuttgart, 1986, 165~209쪽 참조.

70＿ Christoph Martin Wieland, "Musarion", In: *Sämmtliche Werke III*, Hamburg, 1984, Band 9. 98쪽.

71＿ Johann Wolfgang von Goethe, "Dichtung und Wahrheit, Siebentes Buch. In *Goethes Werke* Fünfter Band, Frankfurt a.M. 1981, 245쪽.

72＿ J. G. Gruber(1984), 573쪽 이하.

73＿ 같은 책, 573쪽.

3장 개처럼 살던 철학자의 조롱하는 버릇

1＿ Diogenes Laertius, *Leben und Meinungen berühmter Philosophen*, Hamburg, 1990. 시노페의 디오게네스에 관해서는 제1권 6장 2절에서 다루고 있다. 1769년 5월 25일 빌란트가 에르푸르트의 리델에게 보낸 편지는 빌란트의 서신 교환 제4권(Berlin 1979)의 1쪽. 아울러 Siegfried Scheibe, "Wielands Ankunft in Erfurt", In: *Wieland-Studien II*, Sigmaringen, 1994, 127~129쪽 참조.

2＿ J. G. Gruber(1984), 561쪽에서 인용.

3＿ Christoph Martin Wieland, *Sämmtliche Werke IV*, Hamburg, 1984.

4＿ Claudius Aelinus, *Variae historiae*, 24, 33. 여기서는 Georg Luch, *Die Weisheit der Hunde-Texte der antiken Kyniker in deutscher Übersetzung mit Erläuterungen*, Stuttgart, 1997, 97쪽에서 인용(디오게네스에 관해서는 2장에서 다루었다).

5＿ Heinrich Niehues-Pröbsting, *Der Kynismus des Diogenes und der Begriff des Zynismus*, Frankfurt a.M. 1988, 282쪽에서 인용. 이와 관련해서는 Heinrich Niehues-Pröbsting, "Wielands Diogenes und der Rameau Diderots", In: Peter Sloterdijks *Kritik der zynischen Vernunft*, Frankfurt a.M. 1987, 73~109쪽, 그중에서도 특히 85쪽 이하 참조.

6＿ J. G. Gruber(1984), 571쪽 이하 인용.

7＿ 신탁의 주화 은유와 관련해서는 Heinrich Niehues-Pröbsting(1988), 55~96쪽; Michel Onfray, *Der Philosoph als Hund-Vom Ursprung des subversiven Denkens bei den Kynikern*, Frankfurt a.M./New York/Paris, 1991, 127~137쪽 참조.

8_ Klaus Heinrich, "Antike Kyniker und Zynismus in der Gegenwart", In: Klaus Heinrich, *Parmenides und Jona*, Basel/Frankfurt a.M. 1983, 129~160쪽. 이러한 견유학파의 "야성화", 무엇보다 먹고 마시는 것과 관련해서는 Michel Onfray, *Der Bauch des Philosophen*, Frankfurt a.M./New York/Paris, 1990, 33~45쪽 참조.

9_ Peter Sloterdijk, *Kritik der zynischen Vernunft* Erster Band, Frankfurt a.M. 1983, 210쪽.

10_ 같은 책, 314쪽.

11_ 같은 책, 303쪽.

12_ 같은 책, 210쪽.

13_ 같은 책, 205쪽.

14_ Platon, *Sophistes*, 246a.

15_ Heinrich von Kleist. In: Kleist, *dtv-Gesamtausgabe* Band 5, München, 1964, 27쪽.

16_ 특히 C. W. Weber, *Die Botschaft aus der Tonne*, Frankfurt a.M./Berlin, 1990; Malte Hossenfelder, *Antike Glückslehren*, Stuttgart, 1996(견유주의에 대해서는 1~38쪽); Hans Schöpf, *Gehmiraus der Sonne! Die Weisheiten des Diogenes*, Düsseldorf/Zürich, 2005 참조.

4장 횡격막의 치유 활동

1_ Immanuel Kant, "Kritik der Unteilskraft(1790)", A 225. In: Kant, *Werke in sechs Bänden*, Herausgegeben von Wilhelm Weischedel, Band V. Wiesbaden, 1957, 439쪽.

2_ Jan Philipp Reemtsma, *Der Liebe Maskentanz-Aufsätze zum Werk Christoph Martin Wielands*, Zürich, 1999, 49쪽.

3_ Wolfgang Schmidt-Hidding(Hg.), *Humor und Witz. Europäische Schlüsselwörter* Band I, München. 1963; Dieter Hörhammer, "Art, Humor", In: Ästhetische Grundbegriffe, *Historisches Wörterbuch in sieben Bänden* Band 3, Stuttgart/Weimar. 2001, 66~85쪽 참조.

4_ Michail Bachtin, *Rabelais und seine Welt*, Frankfurt a.M. 1995, 88쪽.

5_ 같은 책, 165쪽.

6_ Friedrich Nietzsche, "Menschliches, Allzumenschliches", In: *Werke I*, Hg. von Karl Schlechta, Frankfurt a.M./Berlin/Wien, 1980, 944쪽.

7_ Daniela Weiss-Schletterer, *Das Laster des Lachens-Ein Beitrag zur Genese der Ernsthaftigkeit im deutschen Bürgertum des 18. Jahrhunderts*, Wien/Köln/Weimar, 2005, 9쪽.

8_ Johann Christoph Gottsched, "Versuch einer Critischen Dichtkunst vor die Deutschen", In: *Schriften zur Literatur*, Stuttgart, 1982, 38쪽.

9_ 같은 책, 186쪽.

10_ Wielands Briefwechsel, Hg. *von der Akademie der Wissenschaften der DDR durch Hans Werner Seiffert*, Dritter Band, Berlin, 1975, 161쪽.

11_ Charles Elson, *Wieland and Shaftesbury*(1913), New York, 1966, 14쪽에서 인용. 섀프츠베리의 일생과 철학에 관해서는 E. Wolff, *Shaftes- bury und seine Bedeutung für die englische Literatur des 18. Jahrhunderts*, Tübingen, 1960; Robert Voitle, *The Third Earl of Shaftesbury*(1671~1713), Baton Rouge/London, 1984; Angelica Baum, *Selbstgefühl und reflektierte Neigung*, Stuttgart/Bad Cannstatt, 2001 참조.

12_ Charles Elson(1966), 105쪽에서 인용.

13_ Thomas C. Starnes, *Christoph Martin Wieland, Leben und Werk*, Aus zeitgenössischen Quellen chronologisch dargestellt 3 Bände, Band 1, 94쪽에서 인용.

14_ 같은 책, 125쪽.

15_ Shaftesbury, "Vermischte Betrachtungen"(1711), In: *Standard Edition I Works* Band 2, Stuttgart/Bad Cannstatt, 1989, 123쪽.

16_ Shaftesbury, "Ein Brief über den Enthusiasmus"(1708), Hamburg, 1980, 6쪽.

17_ Wielands Briefwechsel, *Erster Band*, Berlin, 1963, 363쪽.

18_ 같은 책, 363쪽.

19_ Shaftesbury, "Sensus Communis-Ein Versuch über die Freiheit von Witz und Laune"(1709), In: *Standard Edition I, 3*, Stuttgart/ Bad Cannstatt, 1992, 19쪽.

20_ Shaftesbury(1980), 9쪽.

21_ 같은 책, 16쪽.

22_ 같은 책, 17쪽.

23_ 같은 책, 12쪽.

24_ 보편적인 인간 지성으로 이해되는 상식common sense과 달리 섀프츠베리가 사회화하며 사회성을 갖는 개인의 경향으로 파악하는 공통감각Sensus Communis에 관해서는 Shaftesbury, *Standard Edition*, I, 3쪽 참조. 공통감각은 공공복지, 공동의 관심과 이해, 본성적인 호의, 인간에 대한 사랑 그리고 모든 종류의 자각의 의미로 사용된다. "이것은 인류와 피할 수 없는 평등을 공유하는 권리에 합당한 감각이며, 이것에서 동일한 종의 창조물을 만날 수 있다."(71쪽) Shaftesbury, *Der gesellige Enthusiast*, Hamburg, 1990 참조.

25_ Shaftesbury(1980), 6쪽.

26_ 같은 책, 20쪽.

27_ 같은 책, 20쪽.

28_ Erich Lobkowicz, *Common Sense und Skeptizismus*, Weinheim, 1986, 119쪽.

29_ 같은 책, 18쪽 이하.

30_ Shaftesbury(1992), 22쪽 이하.

31_ 같은 책, 22쪽.

32_ 같은 책, 23쪽.

33_ 같은 책, 36쪽 이하.

34_ Lawrence E. Klein, *Shaftesbury and the Culture of Politeness*, Cambridge Univ. Press, 1996 참조.

35_ Die heilige Schrift, Altes Testament, Das Buch Hiob 40, 25~41, 26 참조. 이와 관련해서는 Carl Schmitt, *Der Leviathan in der Staatslehre des Thomas Hobbes*, Hamburg, 1938 참조.

36_ Thomas Hobbes, *Leviathan*, Frankfurt a.M./Berlin/Wien, 1976, 44쪽.

37_ Thomas Hobbes, *Vom Menschen-Vom Bürger*, Hamburg, 1959, 33쪽.

38_ Shaftesbury(1992), 55쪽.

39_ 같은 책, 59쪽.

40_ Max Horkheimer und Theodor W. Adorno, *Dialektik der Aufklärung*(1944), Lichtenstein, 1955, Exkurs II.

41_ Klaus Heinrich, "Theorie des Lachens", In: Dietmar Kamper und Christoph Wulf(Hg.), *Lachen-Gelächter-Lächeln*, Frankfurt a.M. 1986, 17~38쪽, 17쪽.

42_ Hartmut Böhme und Gernot Böhme, *Das Andere der Vernunft*, Frankfurt a.M. 1983, 482쪽.

43_ Manfred Geier, *Kants Welt*, Reinbek bei Hamburg, 2003 참조.

44_ *Werke in sechs Bäden*, Hg. von Wilhelm Weischedel, Band I, 914쪽.

45_ In: *Kant's gesammelte Schriften*, Hg. von der Berlin-Branden burgischen Akademie der Wissenschaften, Band XVIII, 436쪽.

46_ Immanuel Kant, *Briefwechsel*, Auswahl und Anmerkungen von Otto Schöndörffer, Hamburg, 1986. Dritte, erw. Aufl., 59쪽.

47_ Kant, *Werke IV*, 313쪽.

48_ Ludwig Ernst Borowski, "Darstellung des Lebens und Charakters Immanuel Kant's", In: Felix Gross(Hg.), *Immanuel Kant-Sein Leben in Darstellungen von Zeitgenossen* Darmstadt, 1993, 69쪽.

49_ Reinhold Bernhard Jachmann, "Immanuel Kant geschildert in Briefen an einen Freund"(1804), In: Ebd., 145쪽 이하. 흥미로운 『신들의 대화』는 빌란트의 작품이 아니라 고대의 조롱자 루키아노스에 의거한다. 칸트는 그것을 빌란트가 번역한 독일 번역본을 통해 알게 되었다. 이에 대해서는 Lukian von Samosata, *Lügengeschichten und Dialoge-Aus dem Griechischen übersetzt und mit Anmerkungen und Erläuterungen versehen von Christoph Martin Wieland*, Nördlingen, 1985, 455~542쪽 참조.

5_ Immanuel Kant, *Briefwechsel*(1986), 335쪽.

51_ 같은 책, 337쪽.

52_ Kant, *Werke VI*, 354쪽.

53_ Johann Gottfried Herder, In: Rudolf Malter(Hg.), *Immanuel Kant in Rede und Gespräch*, Hamburg, 1990, 57쪽.

54_ L. E. Borowski(1993), 76쪽.

55_ R. B. Jachmann(1804), 115쪽.

56_ 같은 책, 157쪽.

57_ 같은 책, 158쪽.

58_ Kant, Werke I, 829쪽.

59_ Kant, *Akademie-Ausgabe XXIV*, 324쪽 이하, 332쪽 이하.

60_ Kant, *Werke I*, 888쪽.

61_ 1773년 말경에 마르쿠스 헤르츠Marcus Herz에게 보낸 편지. In: Kant, *Briefwechsel*(1986), 115쪽.

62_ Immanuel Kant, "Vorlesungen zur Anthropologie", Erste Hälfte, Wintersemester 1772/73. Nachschrift Collins, In: Kant, *Akademie-*

Ausgabe XXV, Berlin, 1997, 1~238쪽, 111쪽 이하.

63_ 같은 책, 1쪽

64_ 같은 책, 11쪽.

65_ 같은 책, 112쪽 또는 117쪽.

66_ 같은 책, 116쪽.

67_ 같은 책, 113쪽.

68_ Sieben Bände, Berlin, 1764~1777.

69_ Kant, *Vorlesungen zur Anthropologie*(1997), 69쪽.

70_ 같은 책, 142쪽.

71_ 같은 책, 144쪽.

72_ 같은 책, 145쪽.

73_ 같은 책, 145쪽.

74_ 같은 책, 145쪽.

75_ Kant, *Werke V*, 435쪽.

76_ 이러한 철학적 핵심 문제에 대해서는 Panajotis Kondylis, *Die Aufklärung im Rahmen des neuzeitlichen Rationalismus*, Hamburg, 2002 참조.

77_ Kant, *Werke V*, 436쪽 이하.

78_ 같은 책, 437쪽.

79_ 같은 책, 437쪽 이하.

80_ 같은 책, 438쪽.

81_ Kant, *Vorlesungen zur Anthropologie*(1997), 145쪽.

82_ Kant, *Werke V*(*Kritik der Urteilskraft*), 439쪽.

83_ Volker Gerhardt(Hg.), *Kant zum Vergnügen*, "Man merkt leicht, dass auch kluge Leute bisweilen faseln."Stuttgart, 2003, 65~77쪽; Birgit Recki, "So lachen wir, Wie Immanuel Kant Leib und Seele zusammenhält", In: Ursula Franke(Hg.), *Kants Schlüssel zur Kritik des Geschmacks*, Hamburg, 2003, 177~187쪽, 184쪽 참조.

84_ Kant, *Werke V*, 439쪽.

85_ 같은 책, 439쪽.

86_ 같은 책, 439쪽.

87_ 같은 책, 436쪽.

88_ Kant, *Werke VI*(*Anthropologie in pragmatischer Hinsicht*), 594쪽.

89_ 같은 책, 594쪽 이하.

90_ 같은 책, 538쪽.

91_ 같은 책, 619쪽.

92_ 같은 책, 596쪽.

93_ 같은 책, 620쪽 이하.

5장 교활한 웃음을 짓게 하는 문제

1_ Henri Bergson, *Das Lachen*(1900). 여기서는 Steffen Dietzsch(Hg.), *Luzifer lacht, Philosophische Betrachtungen von Nietzsche bis Tabori*, Leipzig, 1993, 33쪽에서 인용.

2_ Kant, *Werke II*, 701쪽.

3_ Kant, *Werke VI*, 399쪽.

4_ 칸트: "나는 무지한 천민을 멸시했다. 그러나 루소가 나에게 올바른 길을 가르쳐주었다. 그래서 특권의식은 사라지고 나는 사람들을 존중하는 법을 배웠다."(1765) In: Kant, *Akademie-Ausgabe XX*, 44쪽.

5_ Kant, *Akademie-Ausgabe XXV*, 141쪽.

6_ John Morreal, *Taking Laughter Seriousky*, Albany/New York, 1983; John Morreal(Hg.), *The Philosophy of Laughter and Humor*, Albany/New York, 1987 참조.

7_ Charles Baudelaire, "Über das Wesen des Lachens", In: *Gesammelte Schriften* Band 3, Dreieich, 1981, 223~266쪽, 241쪽.

8_ 같은 책, 236쪽.

9_ 같은 책, 247쪽.

10_ 같은 책, 229쪽.

11_ 신약성서 누가복음 6장 25절.

12_ Friedrich Nietzsche, "Der Wanderer und sein Schatten", In: *Werke I*, 880쪽.

13_ Peter L. Berger, *Erlösendes Lachen*, Berlin/New York, 1998, 219~255; Rene Völtzel, *Das Lachen des Herrn*, Hamburg/Bergstedt, 1961 참조.

14_ Marcus Tullius Cicero, *De oratore, Über den Redner*, Stuttgart, 1997, 3. Aufl., 359쪽.

15_ Michel de Montaigne, *Essais*, Frankfurt a.M. 1988, 154쪽.

16_ Rene Descartes, *Die Leidenschaften der Seele*, Hamburg, 1996, 2. Aufl., 277쪽 이하.

17_ 같은 책, 279쪽.

18_ Thomas Hobbes, *Leviathan*, Hamburg, 1996, 47쪽.

19_ 같은 책, 47쪽.

20_ R. Descartes(1996), 279쪽 이하.

21_ Anthony Ashley Cooper, "Third Earl of Shaftesbury: Sensus Communis", In: *Standard Edition I* 3, Stuttgart/Bad Cannstatt, 1992, 22쪽과 37쪽.

22_ Albert James Smith, *Metaphysical Wit* Cambridge Univ. Press, 1991 참조.

23_ "Alexander Pope an Oliver Cromwell"In: *Pope Correspondence*, Hg. von George Sherbum, Band I, Oxford, 1956, 111쪽 이하.

24_ Wolfgang Schmidt-Hidding, "Wit and Humour", In: Wolfgang Schmidt-Hidding(Hg.), *Humor und Witz* Band 1, München, 1963, 114쪽에서 인용.

25_ Francis Hutcheson, "Hibernicu's Letters", In: *Collected Works*, Hildesheim, 1969~1971, Band VII, 116쪽.

26_ Kant, Akademie-Ausgabe XXV, 143쪽.

27_ 같은 책, 140쪽.

28_ 같은 책, 141쪽 이하.

29_ Kant, *Werke V*, 438쪽.

30_ Kant, *Akademie-Ausgabe XV*, 622쪽.

31_ Kant, *Akademie-Ausgabe XX*, 101쪽.

32_ '계몽은 무엇인가?'라는 물음에 대한 답변. In: Kant, *Werke VI*, 53쪽.

33_ Kant, *Werke VI*, 195쪽.

34_ Jean Paul, "Vorschule der Ästhetik", In: *Werke in zwölf Bänden*, Band 9, München/Wien, 1975, 124쪽 이하.

35_ Arthur Schopenhauer, *Der handschriftliche Nachlaß*, Band I. Frühe Manuskripte(1804~1818), Frankfurt a.M. 1966, 158쪽. 어머니와 아들의 드라마틱한 갈등에 관해서는 Rüdiger Safranski, *Artuhr Schopenhauer und Die wilden Jahre der Philosophie*, München/Wien, 1987, 251~258쪽 참조.

36_ Arthur Hübscher(Hg.)·Arthur Schopenhauer, *Gespräche-Neue, stark erweiterte Auflage*, Stuttgart/Bad Cannstatt, 1971, 23쪽에서 인용.

37_ 같은 책, 23쪽.

38_ Erinnerung von Bernhard Miller(1859년 9월). In: Ebd., 348쪽.

39_ Arthur Schopenhauer, *Die Welt als Wille und Vorstellung*, Erster Band(Züricher Ausgabe, Werke in zehn Bänden. Band I), Zürich, 1977, 96쪽.

40_ 같은 책, 96쪽.

41_ Arthur Schopenhauer, *Die Welt als Wille und Vorstellung*, Zweiter Band(Werke in zehn Bänden. Band III), Zürich, 1977, 111쪽.

42_ 같은 책, 112쪽.

43_ 같은 책, 111쪽.

44_ 같은 책, 115쪽.

45_ 같은 책, 116쪽.

46_ 같은 책, 117쪽.

47_ 같은 책, 117쪽 이하.

48_ Joakim Garff, *Soeren Kierkegaard*, München, 2004, 426쪽 이하.

49_ Soeren Kierkegaard, *Abschließende unwissenschaftliche Nachschrift*, Zweiter Teil.(Gesammelte Werke, Band 7), Jena, 1910., 2쪽 이하.

50_ 같은 책, 198쪽 이하.

51_ 같은 책, 201쪽.

52_ 같은 책, 202쪽.

53_ 같은 책, 200쪽, 201쪽, 202쪽.

54_ Heinri Bergson, Das Lachen. Meisenheim am Glan 1948, 11쪽.

55_ 같은 책, 18쪽 이하.

56_ 같은 책, 16쪽.

57_ 같은 책, 17쪽.

58_ Klaus Heinrich, "Theorie des Lachens", In: Dietmar Kamper und Christoph Wulf(Hg.), *Lachen-Gelächter-Lächeln*, Frankfurt a.M. 1986, 27쪽.

59_ Rita Bischof, "Lachen und Sein-Einige Lachtheorien im Lichte von George Bataille", In: Dietmar Kamper und Christoph Wulf(Hg.), *Lachen-Gelächter-Lächeln*, Frankfurt a.M. 1986, 57쪽.

60_ Henri Bergson(1948), 109쪽.

61_ Manfred Geier, *Martin Heidegger*, Reinbek bei Hamburg, 2005 참조.

62_ Max Scheler, *Die Stellung des Menschen im Kosmos*, Darmstadt, 1928 참조.

63_ Helmut Plessner, *Lachen und Weinen*, Bern/München, 1961, 3. Aufl., 특히 45쪽, 47쪽 이하, 199쪽.

64_ 같은 책, 89쪽.

65_ 같은 책, 14쪽. 플레스너에 관한 연구학술서 『웃음과 울음Lachen und Weinen』이 출간되기 1년 전인 1940년에 요아힘 리터Joachim Ritter의 논문 「웃음에 관하여Über das Lachen」가 발표되었다. 리터 또한 역설적인 방식으로 일치하는 질서 속에서 진행되는 위기적인 불일치로부터 출발한다. 정돈된 것과 본질적인 것에는 무성적인 것das Nichtige, 대비되는 것, 제외된 것, 빠져 있는 것과 동떨어진 것이 대비된다. 그러나 이것 또한 현존재에 속하며 본질적으로 무성적인 것으로 웃음을 유발한다. "웃음으로 마음껏 활용되고 이해되는 것은 현 존재에 무성적인 것이 비밀스럽게 속해 있다는 것이다. 현 존재 안에 무성적인 것은 무성적인 것으로서 자신으로부터 멀리 떨어뜨리려 하는, 배제하는 진지함의 방식이 아니라 그 무성적인 것이 배제되는 질서 안에서 무성적인 것이 동시에 소속되어 있는 것으로 보이고 들리는 방식으로 이해되고 마음껏 활용된다." Joachim Ritter, "Über das Lachen" In: Joachim Ritter, *Subjektivität*, Frankfurt a.M. 1974, 62~92쪽, 76쪽.

66_ Henri Bergson(1948), 106쪽.

67_ Helmut Plessner(1961), 152쪽.

68_ Marcus Tullius Cicero, *De oratore, Über den Redner*, Stuttgart, 1997, 377쪽.

69_ Kant, *Werke V*, 437쪽.

70_ Herbert Spencer, "The Physiology of Laughter", In: *Essays: Scientific, political and speculative* Vol. II(=The Works of Herbert Spencer XIV), Osnabrück, 1966, 452~466쪽, 462쪽.

71_ 같은 책, 463쪽.

72_ Sigmund Freud, *Der Witz und seine Beziehung zum Unbewußten*, Frankfurt a.M./Hamburg, 1958, 118쪽.

73_ 같은 책, 119쪽.

6장 웃음의 쾌락

1_ Sigmund Freud, *Gesammelte Werke. Chronologisch geordnet* (London, 1940)에서 권수와 쪽수를 인용한다.

2_ Sigmund Freud, *Aus den Anfängen der Psychoanalyse*, Briefe an Wilhelm Fließ. Abhandlungen und Notizen aus den Jahren 1887~1902, Frankfurt a.M. 1962, 320쪽.

3_ 같은 책, 343쪽.

4_ 같은 책, 343쪽.

5_ 1883년 7월 19일. Ernest Jones, *Das Leben und Werk von Sigmund Freud*, Band I. Berlin/Stuttgart, 1960, 408쪽에서 인용.

6_ 1884년 11월 3일. 같은 책에서 인용.

7_ 같은 책, 418쪽.

8_ 1898년 2월 23일 플리스에게 보낸 편지. Sigmund Freud,(1962), 165쪽. 프로이트의 대학 관련 경력에 대해서는 Peter Gay, *Freud*, Frankfurt a.M. 1995, 158쪽 이하 참조.

9_ 1902년 3월 11일자 플리스에게 보낸 편지. Sigmund Freud(1962), 294쪽.

10_ 같은 책, 295쪽 이하.

11_ 같은 책, 296쪽.

12_ 1898년 2월 23일 플리스에게 보낸 편지. Ernest Jones(1960), 413쪽에서 인용.

13_ 1898년 1월 1일 플리스에게 보낸 편지. Sigmund Freud(1962), 125쪽.

14_ 같은 책, 142쪽.

15_ "자기분석"에 대해서는 E. Jones(1960), 373~382쪽 참조.

16_ Ernest Jones, *Das Leben und Werk von Sigmund Freud*, Band II. Berlin/Stuttgart, 1962, 396쪽.

17_ 1899년 9월 2일 플리스에게 보낸 편지. S. Freud(1962), 255쪽.

18_ 1899년 8월 8일 플리스에게 보낸 편지. 같은 책 249쪽 이하.

19_ 1900년 6월 12일 플리스에게 보낸 편지. 같은 책, 277쪽.

20_ 위트의 원본 형태에 대해서는 Wolfgang Preisendanz, *Über den Witz*, *Konstanz*, 1970; Lutz Röhrich, *Der Witz*, Stuttgart, 1977; Otto f. Best, *Der Witz als Erkenntniskraft und Formprinzip*, Stuttgart, 1989; Ted Cohen, *Jokes, Philosophical Thoughts on Joking Matters*, Chicago, 1999 참조.

21_ *The Works of John Locke*, In ten volumes, Aalen, 1963. Vol. II, 9장 2절.

22_ Christian Wolff, *Gesammelte Werke I*, Abteilung, Band 4, Hildesheim/New York, 1976, 203쪽.

23_ 같은 책, 205쪽.

24_ Kant, *Werke VI*, 538쪽.

25_ 같은 책, 539쪽.

26_ 같은 책, 538쪽.

27_ 같은 책, 539쪽.

28_ Elliot Oring, *The Jokes of Sigmund Freud*, University of Pennsylvania Press, 1984도 참조.

29_ Kant, *Werke VI*, 540쪽.

30_ Sarah Kofman, *Die lachenden Dritten, Freud und der Witz*, München/Wien, 1990, 45~76쪽 참조.

31_ Kant, *Werke VI*, 539쪽.

32_ 프로이트는 이 유대인 위트에서 처음으로 "마조히스트적인" 자기비판의 한 계기를 인식했다. 왜냐하면 웃기는 소리를 하는 유대인은 동시에 조롱의 표정을 지을 것이기 때문이다. 이에 대해서는 Theodor Reik, "Freud and Jewish Wit", In: *Psychoanalysis 2*(1954), 12~21쪽 참조. 유대인 위트와 유머의 문화사에 대해서는 Theodor Reik, *Jewish Wit*, New York, 1962; Elena Loewenthal, *Ein Hering im Paradies*, München/Zürich, 1999; Ezra BenGershom, *Der Esel des Propheten*, Darmstadt, 2000; Gisela Dachs und Alex Levac(Hg.), *Jüdischer Almanach: Humor*, Frankfurt a.M. 2004 참조.

33_ S. Freud(1962), 320쪽.

34_ Theodor Lipps, *Komik und Humor*, Leipzig, 1922, 2. Aufl., 95쪽.

35_ Klaus Heinrich, "'Theorie'des Lachens", In: Dietmar Kamper und Christoph Wulf(Hg.), *Lachen-Gelächter-Lächeln*, Frankfurt a.M. 1986, 31쪽 이하.

36_ Alfred Stern, *Philosophie des Lachens und Weiness*(1945), Wien/München, 1980, 30쪽. 우울증에 걸린 만담가의 일화는 랠프 월도 에머슨에 의거한다.

37_ 지그문트 프로이트는 1927년에 다시 한번 위트와 유머를 연구했다. 그러면서 그는 이 두 가지를 엄격하게 구분했다. 위트는 오로지 쾌락을 추구하는 반면에 유머에서는 자기애의 승리가 중요하다. 억압적이거나 압도하는 현실 앞에서 자아의 신성 불가침이 유머 속에서 자신을 주장한다. 이때 '초자아'는 도움을 주며 이 과정을 지원한다. "만약 유머 속에서 주눅이 잔뜩 든 자아에게 사랑스럽게 말을 건네고 위로하는 것이 실

제로 초자아라면 우리는 이 초자아에 대해서 아직 배워야 할 점이 상당히 많다는 것을 잊지 말아야 한다. 그렇다고 해도 모든 사람이 유머러스한 자세를 견지하는 것은 아니다. 유머러스한 자세는 훌륭하고 희귀한 재능인데, 많은 사람은 그들에게 매개된 유머의 쾌락을 즐길 능력조차 없는 실정이다." S. Freud, "Der Humor". In: *Gesammelte Werke XIV*, 382~389쪽, 389쪽.

7장 어느 철학적인 해학가의 기우

1_ Ludwig Wittgenstein, "Philosophische Untersuchungen III", In: *Schriften*, Frankfurt a.M. 1960, 343쪽.

2_ 카를 발렌틴의 자서전. In: Karl Valentin, *Sämmtliche Werke in acht Bänden*, Band 7, München, 1996, 13쪽.

3_ Karl Valentin, "Wie ich Volkssänger wurde", In: Wolfgang Till(Hg.), *Volks-Sänger? DADAist?*, München, 1982, 98쪽. 카를 발렌틴의 전기에 대해서는 Michael Schulte, *Karl Valentin*, Reinbek bei Hamburg, 1968, 6. Aufl. 2000; Michael Schulte, *Karl Valentin*, *Eine Biographie*, Hamburg, 1982 참조.

4_ K. Valentin(1982), 98쪽.

5_ K. Valentin, "Meine Komplexe", In: Karl Valentin, *Sämmtliche Werke in acht Bänden*, Band 7, München, 1996, 18쪽.

6_ K. Valentin(1982), 315쪽.

7_ 토마스 만은 1948년 2월 20일 자신의 형 빅토어 만에게 보낸 편지에서 다음과 같이 쓰고 있다. "발렌틴의 죽음은 나에게 충격이었습니다. 그는 전무후무한 인물이었습니다." Elisabeth Veit(Hg.), *Das Beste von Karl Valentin*, München/Zürich, 2001, 391쪽에서 인용.

8_ Bertolt Brecht, "Karl Valentin"(Oktober 1922), In: Schriften zum Theater I, *Gesammelte Werke* Band 15, Frankfurt a.M. 1967, 39쪽.

9_ Franz Blei, "Der Clown Valentin"(1925), In: *Karl Valentin*, *Volks-Sänger? DADAist?*, München, 1982, 10쪽. 이와 관련해서는 Erich Engel, *Philosophie am Mistbeet:Ein Karl-Valentin-Buch*, München, 1969 참조. 에른스트 카시러의 『상징형식의 철학』에서 정위된 철학적 관점에서 게르하르트 괴너는 카를 발렌틴과 공간, 시간 그리고 수 범주와의 관계를 분석했다. 발렌틴이라는 인물은 "철학적 실험

을 가능하게 한다. 이 실험은 단순한 확실성에 대한 구성적 범주들을 의심스럽게 하며, 그리고 이러한 방식으로 그 등장인물들과 함께 (적어도 잠시 동안이라도) 수용자들도 근본적인 불안정에 내몰리는데 아마도 웃음의 행위를 통해서만 이러한 불안정이 주는 공포에서 벗어날 수 있다." G. Gönner, "Vom Wahr-Lachen der Moderne, Karl Valentins Semantik paradoxer Lebensformen, In: *Deutsche Zeitschrift für Philosopie 38/12*(1990), 1202~1210쪽, 1204쪽. 아울러 루트비히 비트겐슈타인의 의미에서 철학자로서의 발렌틴에 대한 진지한 논문으로는 Thomas Rentsch, "Am Ufer der Vernunft, Die analytische Komik Karl Valentins", In: Helmut Bachmaier(Hg.), *Kurzer Rede langer Sinn*, Texte von und über Karl Valentin, München/Zürich, 1990, 13~42쪽 참조.

10_ Wilhelm Hausenstein, *Die Masken des Komikers Karl Valentin*(1948), München, 1980, 25쪽.

11_ Immanuel Kant, "Von der Macht des Gemüts, durch den bloßen Vorsatz seiner karankhaften Gefühle Meister zu sein"(1976), In: *Werke VI*, 378쪽. 발렌틴의 "심기증"에 관해서는 Anton Kuh, "Der Vorstadthypochonder", In: *Karl Valentin: Volks-Sänger? DADAist?*, München, 1982, 18~21쪽을 보라.

12_ Kant, "Versuch über die Krankheiten des Kopfes"(1764), In: *Werke I*, 395쪽.

13_ K. Valentin, "Meine Komplexe", In: Karl Valentin, *Sämmtliche Werke in acht Bänden*, Band 7, München, 1996, 18쪽.

14_ G E, Lessing, "Über eine Aufgabe im Teutschen Merkur", In: *Gesammelte Werke*, Erster Band, München, 1959, 954쪽. "진리의 시금석"은 섀프츠베리의 "우스꽝스러움의 시험"에 대해 비판적이다.

15_ Ludwig Wittgenstein, "Philosophische Untersuchungen 123 bzw" 153, In: *Schriften*, Frankfurt a.M. 1960, 345쪽과 357쪽.

16_ 재앙의 불안과 재앙의 극복 사이에서 웃음의 역할에 대해서는 Klaus Heinrich, "'Theorie'des Lachens", In: Dietmar Kamper und Christoph Wulf(Hg.), *Lachen-Gelächter-Lächeln*, Frankfurt a.M. 1986, 17~38쪽 참조.

17_ Karl Bühler, *Sprachtheorie*(1934), Frankfurt a.M./Berlin/Wien, 1978, 103쪽.

18_ 같은 책, 104쪽 이하.

19_ 같은 책, 107쪽.

20_ G. W. F. Hegel, "Phänomenologie des Geistes"(1807), In: *Werke in zwanzig Bänden*, Band 3. Frankfurt a.M. 1970, 85쪽.

21_ Parmenides, *Vom Wesen des Seienden-Die Fragmente, Herausgegeben, übersetzt und erläutert von Uvo Hölscher*, Frankfurt a.M. 1986, 17쪽. 이와 관련해서는 Manfred Geier, "Nichts ist nicht, Parmenides und die ontologische Bannformel", In: Ders., *Das Sprachspiel der Philosophen*, Reinbek, 1989, 31~62쪽 참조.

22_ Diogenes Laertius, *Leben und Meinungen berühmter Philosophen* IX, 44(=제2권, 182쪽).

23_ Wilhelm Capelle(Hg.), *Die Vorsokratiker*, Stuttgart, 1968, 402쪽에서 인용.

24_ Martin Heidegger, *Was ist Metaphysik?*(1929). Frankfurt a.M. 1975, 11쪽. 아울러 Ludger Lütkehaus, *Nichts*, Frankfurt a.M. 2003, 408~430쪽 참조.

25_ Jean-Paul Sartre, *Das Sein und das Nichts*, Hamburg, 1962, 46쪽. 덧붙여 Ludger Lütkehaus, *Nichts*, Frankfurt a.M. 2003, 666~681쪽 참조.

26_ J. P. Sartre(1962), 48쪽.

27_ 같은 책, 48쪽.

28_ 같은 책, 49쪽

29_ Karl Valentin, "Der Sprachforscher", In: *Sämmtliche Werke* Band 6, München, 1996, 132쪽.

30_ Karl Valentin, *Sämtliche Werke* Band 7, München, 1996, 148쪽.

31_ Wilhelm Hausenstein, *Die Masken des Komikers Karl Valentin* (1948), München, 1980, 65쪽.

32_ 임의성에 대한 표상은 언어이론에서 관철될 수 있다. 특히 제네바 출신의 언어학자 페르디낭 드 소쉬르의 "보편 언어학의 근본문제"와 관련되어 있다. Ferdinand de Saussure, *Grundfragen der allgemeinen Sprachwissenschaft*, Berlin, 1967, 2. Aufl., 79쪽 이하.

33_ Georg Seeßlen, *Karl Valentin-Eine Leidensgeschichte in zufällig ausgerechnet 7 Kapiteln*, Frankfurt a.M. 1991, 7쪽.

34_ Martin Heidegger, *Sein und Zeit*, Tübingen, 1972, 381쪽 이하 참조.

35_ J. P. Sartre(1962), 168쪽.

36_ Arthur Schopenhauer, *Die Welt als Wille und Vorstellung* Zweiter Band, Erster Teilband, Zürich 1977, 118쪽.

37_ Sigmund Freud, *Der Witz und seine Beziehung zum Unbewußten*, Frankfurt a.M. 1958, 184쪽.

38_ Immanuel Kant, "Vorlesungen zur Anthropologie", Wintersemester 1771/73, Nachschrift Collins. In: *Akademie-Ausgabe XXV*, 117쪽. 여기서 중요하게 응용된 마르틴, 루돌프 그리고 막스의 논문들은 다음 과 같다. Martin Heidegger, "Was ist Metaphysik?"(1929년 7월 24일 프라이부르크대학 대강당에서의 철학교수 취임 강연). In: *Gesamtausgabe* Band 9. Wegmarken(1919~1961), 103~122쪽; Rudolf Carnap, "Überwindung der Metaphysik durch logische Analyse der Sprache", In: *Erkenntnis*2(1931), 219~241쪽; Max Horkheimer, "Der neueste Angriff auf die Metaphysik"(1937), In: *Kritische Theorie der Gesellschaft* Band II. Frankfurt a.M. 1968, 82~136쪽.

39_ Alfred Jarry, "Ubu Hahnrei"(1891), Erster Akt/Dritte Szene, In: Alfred Jarry, *Ubu, Stücke und Schriften*, Frankfurt a.M. 1987, 165쪽.

40_ Roger Shattuck, "Die Pataphysik ist das Ende aller Enden", In: Alfred Jarry, *Der Alte vom Berge*, München, 1972, 133쪽.

41_ 산도미어 박사의 엄숙한 대학 총장 취임 연설. In: Alfred Jarry, *Der Alte vom Berge*, München, 1972, 122쪽.

42_ Alfred Jarry, *Heldentaten und Lehren des Doktor Faustroll* (*Pataphysiker*), *Neowissenschaftlicher Roman*, Berlin, 1968, 101쪽.

43_ 공상학적인 "하하하"에 대해서는 Manfred Geier, "Die Revolution der pataphysischen Sprache", In: Manfred Geier, *Dr. Ubu und ich. Pataphysische Begegnungen*, Rheinbach/Merzbach, 1983, 23~40 쪽 참조.

44_ Theodor W. Adorno, *Negative Dialektik*, Frankfurt a.M. 1966, 398쪽.

사람이 사는 방법은 천차만별이지만 공통점이 하나 있다면 모두가 행복을 추구한다는 것이다. 행복은 사람이 사는 목적이다. 이 말에 이의를 제기할 사람은 아무도 없을 것이다. 그렇다면 행복이란 무엇일까? 우리말 사전에는 '생활에서 충분한 만족과 기쁨을 느끼어 흐뭇함, 또는 그러한 상태'라고 정의되어 있다. 우리는 일상에서 충분한 만족과 기쁨을 느끼면 '웃음'이라는 현상을 만나게 된다. 그런 점에서 삶의 궁극적인 목적은 '웃음'을 얻고자 하는 것이라 해도 무방할 것이다. 이처럼 인간 삶의 전부라고 할 정도로 웃음은 인간에게 중요한 것임에도 불구하고 웃을 여유를 갖지 못하고 아등바등 살고 있는 것이 우리의 현실이다.

우리는 왜 웃을까? 웃는 이유는 무엇일까? 일반적인 관점에서 보면 웃음의 동기나 원인은 다양하게 정의되고 있다. 철학사전이나 백과사전 등에서 흔히 볼 수 있는 웃음에 대한 정의는 다음과 같다. 첫째, 웃음은 긴장이 풀어진 상태에서 발생하는 쾌감을 수반하는 정서적 반응이다. 예를 들면 승리감, 우월감, 양호한 건강 상태, 안정된 사회적 환경에 따르는 행복감이나 즐거움이 웃음을 유발한다. 이때의 웃음은 미소와 같은 일종의 자연적인 표출 운동이며 웃음의 원형이라 할 수 있다. 둘째, 우스꽝스러움이나 우스운 이야기도 웃음을 유발한다. 이때의 웃음은 주로 연구 대상이 되며 이에 대한 설명 원리는 연구자에 따라 각기 다르다. 셋째, 부끄러움, 당황함 등의 불균형한 상태도 웃음을 자아내게 한다. 넷째, 의식적으로 구사하는 상징이며, 전달 행위인 연기로서의 웃음이다. 인사할 때의 미소 또는 아부할 때의 웃음 등이 이 분야에 속한다. 다섯째, 웃음에서는 다소 강한 호흡운동이 따르며, 극단적일 때에는 '울음'의 극단적인 예와 비슷한 징후를 나타내기도 한다.

또한 웃음은 생리학적인 측면에서 보면 뇌의 특정 부위를 자극하는 데서 비롯되는 것이다. 즉 웃기는 이야기나 상황으로 자극을 받은 뇌의 복합적인 작용에 의해서 유발되는 것이 웃음이다. 웃는 모습에 따라서 드러나는 양상이 모두 다르다. 활짝 웃는 것은 만족감을 나타내는 것이고, 입술 꼬리가 비틀리며 웃는 것은 마음속에 조롱을 담고 있는 것이다. 너무 소리 내어 깔깔거리는 것은 사람이 가벼워 보이며 호탕하게 웃는 것은 남성미가 넘치고 대범하게 느껴진다. 어린아이의 웃음은 감정에 따라 좌우되는 어른들의 웃음과는 달리 단순한 신체적, 감정적 표현이다. 그런 까닭에 간지럽거나 불편할 때, 특히 생리적인 현상이 일어날 때 흔히 볼 수 있다. 이런 시기를 거치고 나면 단순한 웃음에서 벗어나 좀더 복잡한 웃음으로 바뀐다. 즉 성장하면서 정신적이고 사회적인 웃음이 더 많아지며 표현도 점점 더 복잡한 의미를 담은 미소로 변한다. 청년기 이후가 되면 웃음의 단순한 동기나 모습에서 탈피해 그 웃음을 생산하는 주체가 되며, 그 웃음을 통해서 자기를 객관화하고 좀더 사회 친화적으로 대인관계를 맺으려는 의지를 발전시키기도 한다.

　이렇듯 오늘날 웃음의 유형에 대한 현상학적 분석은 웃음을 다양한 방식으로 정의하고 있지만 웃음 그 자체에 대한 명쾌한 해답은 여전히 숙제로 남아 있다. 그렇다면 다시 물어야 한다. 웃음이란 무엇인가? '웃음'의 근거가 되는 것은 무엇인가? 말장난, 광대의 익살, 소극笑劇의 웃음거리, 혹은 고상한 희극의 장면을 통해 우리는 대체 어떤 공통적인 근거를 찾을 수 있을까? 때로는 역겨운 냄새로, 때로는 신묘한 향기로 이루어진 수많은 웃음거리 속에 하나의 동일한 요소를 찾으려면 어떤 방법이 요구될까? 저자는 이러한 물음과 함께 서양 철학사에서 웃음의 문제는 어떻게 이해되고 있는지를 계보학적 방식을 차용해 특정 철학자를 중심으로 펼쳐 보인다.

　고대 그리스 철학자 플라톤 이래로 수많은 위대한 철학자는 웃음이 무엇인지, 그 근거는 무엇인지 등의 물음과 대결해왔다.

하지만 그때마다 그 모든 노력은 수포로 돌아가고 올바로 파악되지 못한 채 여전히 철학자들의 주변을 배회하고 있다. 사실 철학을 한다는 것은 아이들이 모래성을 쌓는 일과 별반 다르지 않다. 우리는 철학을 하면서 삶에 대해 성찰하고, 적극적으로 자신에게 되돌아가고자 한다. 우리는 스스로에게 질문을 던지고, 자신을 분석하고, 자신에게 말을 걸고, 자신을 다독거린다. 그러면서 자신의 정체성과 행동 방침, 실존에 의미를 부여하려 한다. 우리는 자신을, 자신의 한계, 세계 내에서의 자신의 위치를 의식한다. 우리는 사유를 펼치고, 비교하고, 판단하고, 평가한다. 우리는 자신의 의지와 욕망을 이끌어내고 또 확인한다. 요컨대 우리는 자신에 의한, 자신에 대한 작업에 몰두하고 탐구한다. 이렇듯 철학함은 호기심과 물음 그리고 스스로 해답을 찾으려는 진지함이 어울리는 '과정' 내지 '사이'에서 이루어진다. 이 과정에서 웃음은 어디서도 찾을 수 없다. 표면적으로 보면 오직 진지함과 엄숙함만 존재한다. 이것이 그 수많은 철학자가 처했던 문제이며, 오늘날 우리가 철학에 대해 오해하고 있는 상황이다.

이런 문제 상황에 직면하여 저자는 독일의 현대 철학자이자 수사학자인 한스 블루멘베르크의 '수사'를 불러들인다. "철학은 웃음이다. 그리고 무지할 때 웃는다." 그는 이 표현을 통해 오직 하늘의 별만 바라보며 걷다가 발아래를 보지 못한 채 웅덩이에 빠진 그리스 철학자 탈레스를 보고 웃는 하녀의 비웃음을 거부했던 플라톤에서부터 오늘날에 이르는 긴 이야기의 여정을 은유하고 있다. 그래서 저자는 묻는다. "바보스러운 사람들만이 철학과 철학의 전문가들을 보고 웃을 수 있다는 말이 아닌가? 그렇다면 철학 안에 웃음을 위한 자리는 없다는 것인가? 철학적인 관심을 지니면서도 웃음의 금기를 거부하는 영리한 사람들은 정말 없단 말인가?"

저자는 당연히 있다고 장담한다. 그렇지만 그 해답은 지금까지 철학사에서 배제되거나 숨겨져왔다. 그러므로 우리는 그것들을 애써 찾아내야 하고, 그 과정에서 때로는 철학사의 중심 흐름에서 벗어나 숨겨져 있던 은밀한 곳으로 들어가야 하는 노고도 잊지 말아야 한다. 오랜 철학 전통에서 웃음을 금기시한 채 진지함과 엄숙함으로 무장한 플라톤과 그의 수많은 추종자가 견고하게 쌓아놓은 거대한 성벽이 버티고 있기 때문이다. 그러나 저자는 이 성벽이 축조되기 전에 플라톤의 철학적 엄숙함과 대결했던 철학자들, 즉 데모크리토스와 디오게네스를 전면에 내세워 철학적 경이를 해학으로 승화시킴으로써 철학사에서 웃음의 진정한 의미를 복원하고자 한다. 철학사에서 웃음의 의미를 복원하려는 저자의 야심찬 기획은 데모크리토스에서 시작해 칸트, 키르케고르, 프로이트를 거쳐 카바레티스트, 극작가, 영화 제작자로 활동한 독일의 현대 희극배우 카를 발렌틴에 이르기까지 무려 2000년의 서양 철학사를 횡단하는 작업이다.

저자에 따르면, 인간의 웃음은 삶을 실천적으로 이해한 세상의 가장 아름다운 작업 가운데 하나다. 따라서 이 책은 삶을 실천적으로 이해한 세상의 가장 아름다운 작업인 웃음의 원인을 탐색하는 데 그 목적을 두고 있다. 이를 위해 저자는 두 가지 방법으로 그 원인을 찾아 긴 여정에 나선다. 하나의 길은 "사람들이 왜 웃는지, 그리고 무엇에 대해서 웃는지를 해명"하는 것이고, 다른 길은 "'근사하고 흔하지 않은 재능'인 유머가 인생과 작품에서 중요한 역할을 했던 웃는 철학자들도 존재한다는 사실"을 세상에 드러내는 일이다. 이 작업은 2000년이라는 긴 시간의 흐름 속에서 진행되는 수고로움의 호흡이다. 웃음은 어떤 특정한 정의 속에 가둘 수 없으며, 하나의 살아 있는 생물이다. 따라서 웃음에 대한 진지한 관찰은 인간의 사유와 상상력의 참다운 생태를 파악할 수 있게 할 것이다. 특히 사회적, 집단적 혹은 대중적인 사유와 상상력의 활동을 깨닫게 해줄 것이다. 웃음은 현실 생활 속에서 태어났지만 동시에 예술에 가까운 면모를 가지고 있다. 그렇기 때문에 진정으로 웃음을 이해하는 것은 웃음이 사라진 시대, 마음껏 웃을 수 없는 시대를 살아가고 있는 우리에게 자신의 삶에 대한 이해, 즉 철학을 더욱 깊고 단단하게 만들어줄 것이다.

끝으로 이 번역서가 초역이 되고도 오랫동안 세상의 빛을 보지 못한 채 옮긴이의 서가에 묵혀 있던 것을 세상 밖으로 꺼내도록 도와준 노승현 선생에게 깊은 신뢰와 감사의 마음을 전한다.

궁산자락에서
이재성

찾아보기

웃음의 철학

초판인쇄   2018년 2월 22일
초판발행   2018년 3월 2일

지은이   만프레트 가이어
옮긴이   이재성
펴낸이   강성민
편집장   이은혜
편집   이승은 박은아 곽우정 김지수 이은경
편집보조   임채원
마케팅   이숙재 정현민 김도윤 오혜림 안남영
홍보   김희숙 김상만 이천희

펴낸곳   (주)글항아리 | 출판등록 2009년 1월 19일 제406-2009-000002호

주소   10881 경기도 파주시 회동길 210
전자우편   bookpot@hanmail.net
전화번호   031-955-1936(편집부) 031-955-8891(마케팅)
팩스   031-955-2557

ISBN   978-89-6735-481-7   03100

이 도서의 국립중앙도서관 출판예정도서목록(CIP)은 서지정보유통지원시스템 홈페이지(http://seoji.nl.go.kr)와 국가자료공동목록시스템(http://www.nl.go.kr/kolisnet)에서 이용하실 수 있습니다.(CIP제어번호: CIP2018003259)